U0592141

公共图书馆用户权利义务规范配置研究

Research on the Allocation of Users' Code of Rights and Obligations in Public Libraries

■ 付立宏 等 著

WUHAN UNIVERSITY PRESS

武汉大学出版社

图书在版编目(CIP)数据

公共图书馆用户权利义务规范配置研究/付立宏等著.—武汉:武汉大学出版社,2021.11
数字时代图书馆学情报学研究论丛
ISBN 978-7-307-22668-5

Ⅰ.公… Ⅱ.付… Ⅲ.公共图书馆—图书馆服务—研究
Ⅳ.G258.2

中国版本图书馆 CIP 数据核字(2021)第 214801 号

责任编辑:詹 蜜 黄河清 责任校对:李孟潇 版式设计:韩闻锦

出版发行:**武汉大学出版社** (430072 武昌 珞珈山)
(电子邮箱:cbs22@whu.edu.cn 网址:www.wdp.com.cn)
印刷:武汉市金港彩印有限公司
开本:720×1000 1/16 印张:19.5 字数:279 千字 插页:3
版次:2021 年 11 月第 1 版 2021 年 11 月第 1 次印刷
ISBN 978-7-307-22668-5 定价:68.00 元

　　付立宏，男，1965年生，1988年、1995年和2001年相继在武汉大学图书馆学专业（本、硕）、情报学专业（博）获得文学学士、理学硕士和管理学博士学位。现在郑州大学信息管理学院任教，郑州大学特聘教授，博士生导师，省级骨干教师。至今已主持完成国家社会科学基金项目3项，主持完成普通高等教育"十一五"国家级规划教材1部，在核心期刊上发表论文100余篇，其中17篇论文被人大复印报刊资料全文转载。

前　　言

公共图书馆用户权利义务规范的配置既关系到用户的切身利益，也关系到公共图书馆的可持续发展。然而，我国公共图书馆用户权利义务规范的配置还不够完善，实施效果也不是很理想，与国家文化改革发展的要求、用户日益增长的文化需求、丰富民众精神生活的要求还有不适应的地方。因此，研究公共图书馆用户权利义务规范配置问题具有重要意义。

本书是国家社会科学基金项目"公共图书馆用户权利义务规范配置研究"（17BTQ007）的研究成果。

本书的特色在于：（1）新颖系统。尽管国内外学术界的不少研究成果涉及"图书馆用户权利""图书馆用户义务""图书馆读者权利""图书馆读者义务"等主题，但是将"公共图书馆用户""权利义务规范"和"配置"这三个主题融合在一起进行研究的成果则相当匮乏。此外，研究图书馆用户权利或义务的成果绝大部分是期刊论文，较少见到系统化程度高、学术性强和富有深度的学位论文或专著，本书是一份学术性和系统性兼顾的研究成果。（2）研究方法多样化。①历史与逻辑相结合；②规范与实证相结合；③借鉴和运用了法理学、政策科学、系统论、管理学、统计学等学科的原理和方法；④网上文献调研与线下文献调研相结合，电话调研、问卷调研与实地调研相结合。（3）结构严谨。本书在梳理国内外同类研究成果的基础上，阐述了公共图书馆用户权利义务规范配置的理论基础，设计了评价公共图书馆用户权利义务规范配置水

1

平的标准，多方考察了公共图书馆用户权利义务规范配置的实况，最后建立了公共图书馆用户权利义务规范配置的运行机制。"了解现有研究成果→奠定理论根基→设计评价指标体系→考察规范配置实况→建构规范配置运行机制"，环环相扣，层层递进。(4) 旁征博引。本书共引用中外文献 400 多篇/册次，合理吸收相关研究成果中的养分，在继承的基础上有所创新。

本书的价值在于：(1) 图书馆用户权利义务制度化是落实图书馆用户权利义务的前提和保证，我们对公共图书馆权利义务规范配置的研究有助于公共图书馆用户权利义务制度化。(2) 可以丰富图书馆管理学、图书馆读者学等学科的内容体系。(3) 尽管《中华人民共和国公共图书馆法》已经出台，但任何法律都有一个不断修正、不断完善的过程，用户权利义务是图书馆法的核心内容之一，本书可以为该法的修订和完善提供借鉴。(4) 可以为公共图书馆制定用户权利义务规范提供参照。

本书是团队合作的产物。付立宏负责策划、协调、修改和统稿，并承担了部分撰写任务；团队其他成员负责撰写。具体分工如下：

第 1 章：第 1 节（付立宏、闫家慧），第 2 节（付立宏、韩璐）；

第 2 章：付立宏；

第 3 章：付立宏、高珊珊；

第 4 章：付立宏、齐振红；

第 5 章：付立宏、徐启玲；

第 6 章：第 1 节（付立宏、杜洋），第 2 节（李志、付立宏），第 3 节（付立宏、高珊珊），第 4 节（付立宏、徐启玲、李志）；

第 7 章：第 1 节（袁红军、付立宏），第 2 节（付立宏、杜洋），第 3 节（袁红军），第 4 节（付立宏、袁颖），第 5 节（申峰）。

本书的出版得到了武汉大学出版社和郑州大学信息管理学院的大力支持。特别值得一提的是，武汉大学出版社编辑詹蜜老师为本书的出版付出了大量心血，武汉大学图书馆副馆长刘霞、湖北省图书馆副馆长谢春枝、武汉市图书馆馆长李静、洛阳师范学院图书馆副馆长马艳霞、宜昌市图书馆研究馆员雷志清、苏州市图书馆副研究馆员张喜年、杭州市图书馆屠淑敏老师为本书的顺利付梓提供了大量帮助。在此，对以上支持和帮助本书出版的所有个人和组织表示衷心的感谢！

在本书的写作过程中，引用和参考了大量专家、学者的研究成果，谨代表全体作者向这些专家、学者表示由衷的敬意！由于水平有限，加上是多人执笔，本书一定存在不少缺憾，我们恳切地期望读者不吝批评指正。

付立宏

2021 年 7 月 18 日于郑州大学盛和苑

目　　录

5

第1章 图书馆用户权利义务相关成果梳理

1.1 国外图书馆用户权利义务研究综述

保障图书馆用户的权利，促使用户履行自己的义务，是图书馆实现其社会服务职能的必备条件。开展图书馆用户权利义务的研究，既可给图书馆专业实践提供指导，又是提升图书馆服务水平的重要途径。国外图书馆事业管理体制和法规体系与国内有所不同，[1]因此了解国外学者对图书馆用户权利和义务的研究进展，可为理解图书馆用户权利义务及其落实提供更广的视野，对推进国内图书馆事业发展具有重要意义。

以"library users/patrons/readers right"为关键词在 EBSCO"图书馆信息科学与技术"全文数据库中进行搜索，剔除社论、书评、新闻通稿、内容相似文献和不相关文献后，得到相关研究性文献 14 篇，其中使用 users 的检出结果最多，故参考国际图书馆联盟（IFLA）和美国图书馆协会（ALA）声明的用户权利进行扩检，使用"library user/patrons/readers right"与"privacy""security""equal access""to know""freedom"等关键词组合进行检索，最终得出相关研究性论文 44 篇和专著 5 部。

以"library users/patrons/readers duty/obligation/responsibility"

为关键词在 EBSCO "图书馆信息科学与技术"全文数据库、Emerald 全文数据库和 HeinOnline 全文数据库等外文数据库检索，发现国外关于用户义务的研究极少。在《十八世纪德国学术图书馆》一书中"读者服务"章节提到，18世纪末哥廷根图书馆对用户的权利与义务进行了规定。[2] Barbara Kyle 曾经提出图书馆用户有义务清楚地表达需求，但作者主要还是为了论述图书馆员的职责：迅速、有效和经济地提供必要的信息并说明采用方法及其选择原因。[3] 即使面对用户的消极行为，如教职人员不能按时归还书籍的现象，研究者也会将这一现象总结为，教职人员滥用用户特权，然后从图书馆和馆员的角度出发，探索解决这一问题的措施，并指出不强求这一现象完全消除只要能够减轻即可，而并不讨论其中用户的责任或义务。[4] 总之，即使在少数涉及用户义务的文章中也未过多论述用户义务的定义、内容等，可见国外对于图书馆用户权利的重视远高于义务，故以下从法规政策、侵权因素和保护措施三个方面综述国外图书馆用户权利的研究成果。

1.1.1 有关用户权利的法律法规与行业政策

许多国家制定了公共图书馆法，美国各州和联邦都有公共图书馆法律。美国联邦图书馆法包括《图书馆服务法》《图书馆服务与建设法》和《图书馆服务与技术法》等，美国的各州也都有自己的公共图书馆法。[5] ALA 的《图书馆权利法案》和《道德准则》赋予了图书馆用户平等权、获取自由权、选择自由权、表达自由权、受尊重权、设施使用权和隐私权等权利。[6][7] IFLA 颁布的《公共图书馆宣言》《公共图书馆服务指南》对用户的平等权、自由权、受教育权等权利做出了规定。[8]

隐私权是欧美国家比较关注的重要权利之一，有关用户隐私权的法律包括美国的《隐私法》《家庭教育权利和隐私法》和《儿童在线隐私保护行动》等，[9] 英国的《数据保护法》中也有关于保护用户隐私权的规定[10]。知识自由是美国学者较早关注的话题之一，时任 ALA 知识自由委员会主席 Leon Carnovsky 在 1944 年就提出

ALA 对于知识自由的三方面主张：提供自由、获取自由和表达自由。[11]今天，ALA 已经形成了完善的《知识自由手册》，指导各个图书馆和图书馆员捍卫用户自由权，还有专门指导学校和公共图书馆维护用户知识自由的政策指南。[12]与残疾用户权利相关的法律包括英国《残疾人歧视法》和美国《美国残疾人法》等，其中都有图书馆项目和服务向残疾人开放的规定。[13][14]IFLA 也有残疾人服务标准的检查清单来确保残疾用户在图书馆中的权利。[15]国外关于图书馆用户权利的法律、法规和政策还有很多，这里不再一一列举。

1.1.2 用户权利的威胁因素

韩国学者将可能出现侵犯用户隐私权案件的范围归纳为三种：图书馆服务外包中、日常服务中和国家机关执行工作中；[16]Paul Sturges 将图书馆用户数字记录隐私可能遭受的侵害分为商业入侵（如向电子书销售商提供读者阅读偏好信息）和官方合法入侵[17]。更多的学者结合实践中的具体问题，总结用户权利可能遭受到的威胁和入侵，按照造成用户权利受损的因素可将相关研究分为以下五类。

1.1.2.1 国家和公众安全与个人隐私的矛盾

在依法保护国家安全和公众安全的实际操作过程中，可能会侵犯到公共图书馆用户的隐私权，此方面研究在国外图书馆用户权利保护研究中占了很大比例，其中个人隐私与国家安全的矛盾与平衡是主要方面。这种冲突由来已久，早在冷战时期，受政治因素的影响，国家情报保密和用户个人机密之间就产生了矛盾，美国学者曾指出美国联邦调查局特工在图书馆中开展的反间谍活动过程中存在的侵犯用户隐私权的行为，比如曾有特工要求获得苏联学者的阅读清单，虽然馆员依法有权拒绝，但还是不断有特工提出此类要求。[18]此前联邦调查局就已经悄悄进行了声称以唤醒图书馆员爱国意识为目的的图书馆意识项目（library awareness program），并多次

3

要求图书馆提供 20 世纪七八十年代苏联公民的图书馆使用情况。Herbert N. Foerstel 专门著书详细分析了这一项目和为保护图书馆机密采取的专业和立法行动。[19]美国发生"9·11"恐怖袭击后，国家安全更为敏感，2001 年颁布的美国爱国者法案中有关图书馆的规定引起了大范围的争议，图书馆界进行了持久的抵制并取得一定程度胜利，但美国的个人隐私与国家安全之间的矛盾与争议远未停止。[20][21][22]无独有偶，英国 2000 年颁布的《调查权力条例法》，也被指出对图书馆用户的个人隐私造成了威胁。

也有学者提出，即使当社会恶性案件嫌疑人的图书馆记录信息被安全机构问询时，图书馆方面依然坚持在得到法院的批文之后才可给出相关信息，在这种情况下图书馆的做法并不是大多数公众所支持和期望的，因为此种信息的披露确实会给恶性案件的解决带来积极影响。[23]综上所述，在不同情境中，公众安全和个人隐私之间的平衡需要谨慎取舍，但两者并非绝对对立关系，适度规则需明确。

1.1.2.2　社会歧视和社会不公

社会中的弱势群体权利更有可能受到侵犯，图书馆用户中弱势群体同样如此。Kay E. Vandergrift 提出儿童和青少年并不是图书馆的"二等用户"，并且指出这个群体的平等获取信息的权利经常被剥夺；[24]McKechnie 等人通过调查发现加拿大许多图书馆因政策、馆员素养或设施原因，不能有效保障未成年用户的平等获取知识权和受尊重权[25]。残疾用户服务越来越受到各国图书馆界人士的关注，Kirsty McCaskill、Laurie J. Bonnici 等学者分别对英国、美国、新加坡、坦桑尼亚图书馆对残疾用户包括轮椅用户、视障用户等的服务做出调查和研究，总结了图书馆残疾用户服务的用户需求、面临问题和发展建议。[10][13][26][27]结合 Heather Hill 的研究结果，笔者认为国外对于残疾用户的权利保障虽研究丰富，但是研究主题较为集中，大多集中于 Web、数据库和软件的可访问性；重视技术，而非态度；并且研究对象大多是视障用户，[28]而残疾用户远不只包括视障用户，虽然与社会现存问题结合紧密，但社会科学研究是否应该更具有前瞻性和人文性？

社会贫富差距也会造成用户不能平等获取知识。Deborah Caldwell-Stone 提到了当前的电子书借阅模式实际上与图书馆的根本使命相违背，因为它需要用户具备可用的支持设备、宽带联网和信用卡，而图书馆应当"不考虑用户的经济或社会地位，向其提供图书和其他材料"[29]。

文化歧视依然存在，并且给用户平等获取知识造成阻碍。美国学者 Quesada 指出了公共图书馆削减西班牙语小说是对图书馆公共性的损害，是对美国众多讲西班牙语的公民和合法居民的歧视。[30] S. Kumar 对美国东南部的四个大县的公共图书馆针对年轻女同性恋、男同性恋、双性恋和跨性别恋者群体（LGBTQ 群体）用户的非小说类书籍的馆藏状况进行调查，揭示出对 LGBTQ 群体的歧视现象，提出了继续扩大 LGBTQ 青少年群体非小说类馆藏是对图书馆专业原则的坚持、对民主公正之路的开拓。[31]

造成歧视和不公平的因素是多种多样的，而歧视意识和现象总会潜移默化地影响到图书馆用户平等权。诸多关于图书馆用户平等权的研究使笔者感受到国外学者的社会责任感和人文关怀，图书馆专业人士的确应有这种使命感。

1.1.2.3 新技术带来的新威胁

不少学者发现新技术的发展给用户带来了新问题。Paul Sturges 认为数字记录比纸质记录更容易搜索和检索，也会更容易引起别有用心之人的兴趣，同时其数字形式更容易泄露；[17] Gressel 批评图书馆急于跟上技术的脚步，却没有给数字隐私足够重视；[32] David Stuart 指出网络信息技术公司巨头 Facebook 和苹果公司等对用户信息的过度收集和利用，可能使部分用户意识到潜在隐私威胁而拒绝使用其公司账号登录，如果图书馆开发的应用程序依赖于以上平台账号，望而却步的用户的使用体验也将大打折扣[33]。用户权利受到威胁的情景多发生在数字图书馆中，新技术必然会扩展用户权利范畴，但技术是双刃剑，既能带来新方法，也能带来新问题。

5

1.1.2.4　作者权利与读者权利的冲突

版权法不仅保护作者的权利，而且能保障公众在法律允许范围内合理使用（fair use），因此版权法是平衡用户利益和作者利益的关键，法律应该保护创作者继续创作版权作品。这意味着不论是纸质形式还是数字形式，作者应该对作品有合理控制权，但同时公众的利益也应得到保障，尤其是在研究、教育和获取信息方面。[34] 因此我们更需要注意在版权法的背景下，界定契约自由的边界，并且促进版权法对用户的合理使用的保护。[35]

1.1.2.5　馆员保护用户的道德动机

一方面馆员必须遵循知识自由原则，另一方面馆员对读者负有道德责任，要保护用户的生命安全，面对是否应当向用户提供有关爆炸性物品和自制炸弹技术信息的问题，馆员陷入道德两难。[36] 这种困境在面对未成年用户时更为严峻：一方面图书馆应当尊重儿童用户的知识自由，另一方面馆员们又认为他们有义务承认未成年用户的父母和法定监护人的权利，限制未成年用户获得某些资料和服务，两者之间也存在紧张关系。[25] 虽然 ALA《图书馆权利法案》已经给出了服务的标准，但道德上的两难才是学者研究的关注点，实践中情况复杂，不可能按照规定一一对号入座，用户自由权的边界似乎依然存在争议。

1.1.3　用户权利保护

对于如何更好地保护图书馆用户权利，国外学者提出了很多举措，主要包括下列几个方面。

1.1.3.1　完善行业和图书馆政策

Paul Sturges 根据其对英国多个图书馆数字记录隐私政策的调查情况，综合被调查者反馈，给出了一系列政策指南，供图书馆制定政策参考。[37] J. Douglas Archer 提出，针对无线射频识别

（RFID）技术在图书馆的实施带来的隐私风险，ALA制定一套解决这些问题的指南，指导图书馆在保障用户隐私的基础上，享受RFID技术带来的好处。[38]3D打印技术在图书馆中的出现给知识获取自由带来一些新问题，Barbara M. Jones鼓励图书馆积极制定和实施可接受的3D打印机使用政策，并且就这一政策制定提出了一些建议。[39]

1.1.3.2　改进技术

Howard Falk分别举出案例：图书馆从使用开放显示屏到隐私显示屏的转变，RFID技术的隐私风险及解决，有声数字图书馆服务对盲人隐私的保护，这些案例都证明了新技术的发展会扩大隐私权保护的领域，但是新技术同样也能解决问题。[40]David Stuart提出图书馆开放应用应避免依赖社交媒体平台，使用开放技术标准（如HTML5标准），保证用户互动信息不被泄露。[33]Scott Nicholson等人参照美国《健康保险可携性与责任法》对医疗健康信息的保密准则——不将信息附加到可识别的个人身上，在保护用户隐私的前提下提供匿名数据满足相关信息需求，提出了创建无身份鉴别的图书馆数据仓库的方法。[41]Zongda Wu等人提出了一种保护数字图书馆用户浏览偏好信息的算法，该算法通过构建浏览假人的方式混淆用户序列，掩盖用户浏览隐私。[42]电子图书馆员Karen A. Coombs则依据联邦和州法律和行业协会的规定以及对商业网站经验的借鉴，对其所在图书馆管理系统的几个隐私问题进行了改进，提升了系统的安全性和保密性。[9]

1.1.3.3　加强供应商审核

Trina J. Magi运用内容分析法确定27家图书馆网络资源供应商的隐私政策对图书馆行业和信息技术行业制定的标准的符合程度，结果是不容乐观的，因此作者提出图书馆要想保证自身遵守道德准则，就要加强对这些数据库的隐私政策审查。[43]Richard Wayne对14家面向图书馆或教育用户的计算机管理软件的安全性和功能性做对比分析，在面向公共用途的数种功能中寻找平衡，保证用户使用计算机访问网络的安全性。[44] Suzanne L. Byerley 等人依据《康复法》和万维网联盟发布的网页内容可访问性指南，对两种基于 Web 的文摘和索引服务商进行了针对视障用户的可用性测试，测试结果令人满意，作者指出图书馆员应该具备这种意识：主动要求供应商在线产品对于视觉和听觉用户兼具的可访问性。[14]

1.1.3.4 提高馆员对用户的隐私保护水平

韩国学者 Noh 进行了一项馆员隐私培训，并通过培训前后的馆员调查结果对比，发现馆员教育确实使馆员隐私权保护意识和技能都有显著提高。[45] Trina J. Magi 综述人类学、法学、哲学等其他学科文献，从多方面论证了隐私对于个人、人际关系和社会的重要意义，作者认为图书馆员对用户隐私有更加全面深刻的理解，能使他们更好地捍卫用户隐私权。[46]

1.1.3.5 增加与用户的交互

用户权利的保护状况应该从用户身上观察，用户权利的保护措施也应当基于对用户的了解，不少学者针对图书馆与用户间的互动提出改进措施。Maud Ekman 对瑞典图书馆针对多文化用户的服务进行了介绍，并且举出多个成功的案例，强调了图书馆举办跨文化社区项目增加多文化人群对图书馆服务和设施的了解，增加多文化人群对图书馆的利用率，[47]这是使得图书馆资源惠及多文化人群的有效措施。Gressel 认为图书馆的目的就是保障用户获取更多信息，所以应加强用户教育，尽可能地保障用户对于自身权利可能受侵犯的知情权，甚至应该向用户宣传社交媒体中的隐私注意事项。[48] Curry Ann 论述了在资源紧缩和快节奏的校园文化中，英属哥伦比亚大学为合理安排开馆时间、保障用户繁忙期使用图书馆而进行的用户调研，结果表明这种调查是了解用户需求非常有效的手段。[32]在制定儿童互联网使用方面的新政策时，馆员们陷入道德两难的境地，John Alita 建议多征询父母和监护人的意见，最终参考同当地多位监护人的讨论结果，决定让父母来决定他们各自的孩子是否使用过滤器，既保障儿童用户的知识自由，也尊重部分父母的权利。[49]

1.1.4 结语

在研读相关论文的过程中，我们还发现：第一，有几位学者对该领域中的某个主题进行连续研究。如英国学者 Paul Sturges 等在调查了数字环境下信息通信技术对隐私的威胁[17]之后，又对用户信任与图书馆隐私实践之间的差距进行调查，并给出了隐私政策意见；[37]又如韩国学者 Young-Hee Noh 调查过可能对用户隐私造成侵犯的活动，[16]又对一项馆员隐私培训的效果进行了评估[45]。从调查到实践，几位学者的研究最终都落在如何改进用户权利保障，笔者认同这种"研以致用"的研究思路。第二，国外学者普遍高度重视用户隐私权保护，主张保护用户的隐私和机密是用户行使自由权的前提。因为只有用户信任图书馆，才会自由选择所需资源和服务；当用户得知自己的信息和行为面临泄露风险，又怎敢自由借阅、自由表达？

总的来看，国外有关图书馆用户权利义务的研究有以下几个特征：

（1）研究重点突出。如对用户义务研究较少而更多研究如何保障用户权益，服务于图书馆实践，研究内容与社会热点问题紧密结合，主题分布有所偏重，对于隐私权和平等权相关的研究明显较多。

（2）研究层次更多集中于微观层面。文献标题中常见"in library"，对于宏观政策的关注相对少，或与国外图书馆事业发展模式有关。

（3）理论研究非常少，绝大部分是实证研究，或是针对某个问题进行探索，或是对某种现象进行调查，或是对某种实践进行观测和分析，极少单纯讨论某种定义或概念之间的关系。这种根植于实践的研究取向是国外研究非常鲜明的特点，当然，这种研究取向也导致了图书馆用户权利与义务领域的研究缺乏系统性和全面性。

对社会问题的关注，对用户权益的主动争取，对研究成果的社会意义的重视，这些研究目标值得我们借鉴。

◎ 参考文献

[1] 李嘉琳. 中外图书馆管理体制比较研究 [J]. 图书与情报，2001（1）：15-20.

[2] Kunoff H. Eighteenth-century German Academic Libraries [M]. United States，1982.

[3] Kyle B. The Rights and Duties of Readers And Librarians [C] // Aslib Proceedings. MCB UP Ltd，1956，8（1）：51-54.

[4] Clapp L R. Faculty Privileges and Abuses：A Librarian's Dilemma [J]. Law Library Journal，1994（86）：605.

[5] 刘小瑛. 加利福尼亚州图书馆法律制度研究 [D]. 福州：福建师范大学，2015.

[6] American Library Association Library Bill of Rights [EB/OL]. (2006-06-30) [2019-05-04]. https：//www. ala. org/advocacy/intfreedom/librarybill.

[7] American Library Association Professional Ethics [EB/OL]. (2017-05-19) [2019-05-04]. https：//www. ala. org/tools/ethics.

[8] The International Federation of Library Associations and InstitutionsGeneral Guidelines [EB/OL]. (2018-11-10) [2019-05-07]. https：//www. ifla. org/.

[9] Coombs K A. Protecting User Privacy in the Age of Digital Libraries [J]. Computers in Libraries，2005，25（6）：16-20.

[10] Bonnici L J，Maatta S L，Wells M K. US National Accessibility Survey：Librarians Serving Patrons with Disabilities [J]. New Library World，2009，110（11/12）：512-528.

[11] Carnovsky L. Can the Public Library Defend the Right to Freedom of Inquiry? [J]. ALA bulletin，1944，38（7）：255-257.

［12］ American Library Association Intellectual Resources. ［EB/OL］.
（2017-11-02）［2019-05-07］. https：//www. ala. org/advocacy/
intfreedom.

［13］ McCaskill K, Goulding A. English Public Library Services and
the Disability Discrimination Act ［J］. New Library World, 2001,
102（6）：192-206.

［14］ Byerley S L, Beth Chambers M. Accessibility and Usability of
Web-based Library Databases for Non-visual Users ［J］. Library
hi tech, 2002, 20（2）：169-178.

［15］ Irvall B, Nielsen G S. Access to Libraries for Persons with
Disabilities：Checklist. IFLA Professional Reports, No. 89
［M］. International Federation of Library Associations and
Institutions. PO Box 95312, 2509 CH, The Hague, Netherlands,
2005.

［16］ Noh Y H. A Study of Digital Library Service Records and User
Privacy ［J］. Journal of the Korean Society for information
Management, 2012, 29（3）：187-214.

［17］ Sturges P, Teng V, Iliffe U. User Privacy in the Digital Library
Environment：A Matter of Concern for Information Professionals
［J］. Library Management, 2001, 22（8/9）：364-370.

［18］ Robins N. Spying in the Stacks-the FBI Invasion of Libraries
［J］. Nation, 1988, 246（14）.

［19］ Foerstel H N. Surveillance in the Stacks：The FBI's Library
Awareness Program ［M］. Westport, CT. ：Greenwood Press,
1991.

［20］ Matz C. Libraries and the USA PATRIOT Act：Values in Conflict
［J］. Journal of library administration, 2008, 47（3-4）：69-87.

［21］ American Library Association. Resolution on the Use and Abuse
of National Security Letters ［J］. Retrieved November, 2007
（24）：2008.

［22］ 廖璠，黄丹珠. 国外图书馆用户隐私保护理论与实践研究进

展 [J]. 情报理论与实践, 2012, 35 (4): 120-123, 128.

[23] Drobnicki J A. The Confidentiality of Library Users' Records [J]. Confidential Records, 1992.

[24] Vandergrift K E. Are Children and Teenagers Second-class Users? [J]. Library Resources & Technical Services, 1989, 33 (4): 393.

[25] McKechnie L E F, Martin S L. Children's Access to Services in Canadian Public Libraries [C] //Proceedings of the Annual Conference of CAIS/Actes du congrès annuel de l'ACSI, 2013.

[26] Leong I C B, Higgins S E. Public library Services for Wheelchair-bound Young People in Singapore [J]. Public Library Quarterly, 2010, 29 (3): 210-229.

[27] Stilwell C, Majinge R M. Library Services Provision for People with Visual Impairments and in Wheelchairs in Academic Libraries in Tanzania [J]. South African Journal of Libraries and Information Science, 2013, 79 (2): 38-50.

[28] Hill H. Disability and Accessibility in the Library and Information Science Literature: A Content Analysis [J]. Library & Information Science Research, 2013, 35 (2): 137-142.

[29] Caldwell-Stone D. A Digital Dilemma: Ebooks and Users´ Rights [J]. American Libraries, 2012: 20-23.

[30] Quesada T D. Spanish Spoken Here [J]. American Libraries, 2007, 38 (10): 40-44.

[31] Stringer-Stanback K. Young Adult Lesbian, Gay, Bisexual and Transgender (LGBTQ) Non-fiction Collections and Countywide Anti-Discrimination Policies [J]. Urban Library Journal, 2009.

[32] Gressel M. Are Libraries Doing Enough to Safeguard Their Patrons' Digital Privacy? [J]. The Serials Librarian, 2014, 67 (2): 137-142.

[33] Stuart D. Technological Threats to Privacy and Information Access [J]. Online, 2012, 36 (5): 35-37.

[34] Gasaway L N. The New Access Right and Its Impact on Libraries And Library Users [J]. J. Intell. Prop. L. , 2002, 10: 269.

[35] Elkin-Koren N. Copyright Policy and the Limits of Freedom of Contract [J]. Berkeley Tech. LJ, 1997, 12: 93.

[36] Trushina I. Freedom of Access: Ethical Dilemmas for Internet Librarians [J]. The Electronic Library, 2004, 22 (5): 416-421.

[37] Sturges P, Davies E, Dearnley J, et al. User Privacy in the Digital Library Environment: An Investigation of Policies and Preparedness [J]. Library Management, 2003, 24 (1/2): 44-50.

[38] Archer J D. An RFID Primer and Intellectual Freedom Caution [J]. 2007.

[39] Jones B M. 3D Printing in Libraries: A View from Within the American Library Association: Privacy, Intellectual Freedom and Ethical Policy Framework [J]. Bulletin of the Association for Information Science and Technology, 2015, 42 (1): 36-41.

[40] Falk H. Privacy in Libraries [J]. The Electronic Library, 2004, 22 (3): 281-284.

[41] Nicholson S, Smith C A. Using Lessons from Health Care to Protect the Privacy of Library Users: Guidelines for the De-identification of Library Data Based on HIPAA [J]. Journal of the American Society for Information Science and Technology, 2007, 58 (8): 1198-1206.

[42] Wu Z, Zheng C, Xiejian J, et al. An Approach for the Protection of Users' Book Browsing Preference Privacy in a Digital Library [J]. The Electronic Library, 2018, 36 (6): 1154-1166.

[43] Magi T J. A Content Analysis of Library Vendor Privacy Policies: Do They Meet Our Standards? [J]. 2010.

[44] Wayne R. Helping You Buy: Integrated Library Systems [J]. Computers in Libraries, 2007.

13

［45］ Noh Y. Digital Library User Privacy：Changing Librarian Viewpoints Through Education ［J］. Library Hi Tech，2014，32（2）：300-317.

［46］ Magi T J. Fourteen Reasons Privacy Matters：A Multidisciplinary Review of Scholarly Literature ［J］. The Library Quarterly，2011，81（2）：187-209.

［47］ Ekman M. To Reach Multicultural Users in Libraries – Some Reflections and Examples from Sweden ［C］//65th IFLA Council and General Conference Programme and Proceedings，Swedish：Swedish Library Association，1999：2-5.

［48］ Curry A. Opening Hours：The Contest between Diminishing Resources and a 24/7 World ［J］. The Journal of Academic Librarianship，2003，29（6）：375-385.

［49］ Alita J. Creating an Internet Policy by Civic Engagement ［J］. American Libraries，2001，32（11）：48-50.

1.2　国内图书馆用户权利义务研究综述

　　图书馆是一类公共文化组织，它以用户为服务对象，提供外借、阅览、下载、咨询等公共文化服务。在运营过程中，图书馆以用户体验作为工作中心，以用户需求作为工作内容，以用户的服务评价作为衡量工作好坏的标准。然而，社会大众对图书馆用户权利和义务的认识还不足，无论是图书馆侵害用户权利的行为，还是用户违规的行为都时常发生。为了更好地满足用户的信息需求，就不能忽视用户的权利义务规范。对三十年来国内图书馆用户权利与义务方面的研究成果进行梳理，可以为图书馆用户权利义务规范的配置提供铺垫。

　　由于"读者"与"用户"并无实质性区别，因此本书将"读者权利"与"用户权利""读者义务"与"用户义务"视为同一概念。笔者在 CNKI 中分别以"图书馆+用户+权利""图书馆+读者+权利""公共图书馆+读者+权利""公共图书馆+用户+权利"作为主题进行检索，所得到的检索结果分别为 12 条、145 条、15 条、2 条，即与图书馆用户权利义务相关的文献共计 157 条，其中涉及公共图书馆用户权利义务的有 17 条。以主题为"（图书馆用户+读者）＊规范"进行检索的结果为 92 条，主题为"（图书馆用户+读者）＊政策"进行检索的结果为 88 条，主题为"（图书馆用户+读者）＊行为规范"进行检索的结果为 11 条，但其中不乏无关文献，筛选之后只对相关文献进行述评。

1.2.1 图书馆用户权利义务的内涵、内容、关系与保障

1.2.1.1 图书馆用户权利义务的内涵

（1）图书馆用户权利的内涵。

权利是指主体依法享有的以实现个人某种利益为目的，以履行义务为前提，在一定利益范围内实施某一行为的自由。1948 年，美国图书馆协会公布的《图书馆权利宣言》正式提出读者权利这一概念。对于图书馆用户权利的内涵，我国学者有不同角度的理解。

从图书馆用户利用资源的角度，杜靖华[1]提出读者权利是按照法律规定，图书情报机构为读者提供服务，确保读者获取文献信息的权利。谢少俊等[2]将图书情报机构缩小至图书馆这一载体，认为读者权利是读者依法享有图书馆提供的不同服务的权利。不难看出，他们强调的是用户在使用图书馆过程中可以有的行为。

从图书馆提供服务的角度，张国良[3]研究了《图书馆权利宣言》的完善过程，从图书馆与读者权利义务对立统一的关系中分析了读者权利的内涵。

从法理角度，龙华阳、龙韬[4]认为读者权利是公民、法人或非法人组织等图书馆利用者享有的自由、平等、合法利用图书馆资源且不受非法侵犯之权。

从公民基本权利角度，陈剑光[5]认为读者权利是公民的一项

基本信息自由权。程亚男[6]和尚丽维[7]两位学者则认为文化权是读者权利合法存在的基础之一。王晶[8]提出读者权利是由公民信息权衍生出来的，是一种社会阅读权。

虽然我国学者对图书馆用户权利的定义不一，但不可否认的是，他们都强调了用户权利的重要性以及合理性。

（2）图书馆用户义务的内涵。

图书馆用户义务的履行是以用户权利为基础的，虽然权利是本位，但是不存在无义务的权利。作为读者，在充分行使自己权利的同时，还应该依法履行自己的义务。刘淑玲[9]认为读者义务是读者必须要实现某些行为，否则将受到道德谴责、经济制裁甚至刑法追究等惩罚。吴星溪[10]虽没有阐释读者义务的含义，但能看出他对读者应依法履行义务这一观点持肯定态度。

1.2.1.2　图书馆用户权利义务的内容

（1）图书馆用户权利的内容。

对于图书馆用户权利内容的研究，学者们主要是从国内外有关法律规定、信息自由平等原则、图书馆读者的活动以及实然、应然和法定权利等方面总结出来的。

郭锡龙[11]最早对读者权利的内容进行论述，他从法律规定角度进行归纳，认为我国宪法规定了公民的受教育权和参与文化活动权，这两项权利对应到图书馆用户上，则表现为借阅权、建议权、参与权、设备使用权和监督权。对比之后学者提出的观点可以看出，他对读者权利内容的总结并不全面。此后，谭衡亚[12]等学者也是从国内外法律规定角度对读者权利内容进行了更为完整的总结。

从自由平等原则探讨读者权利内容的有：李应中等[13]提到读者权利包括平等对待权、自由平等阅读权、平等受教育权等权利；王云祥等[14]认为读者权利大致可分为信息自由权、信息平等权、信息共享权。

从图书馆读者实际活动总结读者权利的有：周广学[15]和程亚男[6]两位学者，他们认为读者权利大致可分为获取读者身份权、利用馆藏资料权、参与图书馆管理权这三方面，同时详细论述了每个方面的内容。

从实然、应然和法定权利角度探讨的有陈有志[16]等学者，其归纳出读者的法定权利包括隐私权、知情权、建议权和检举权，而应然权利包括求知权、平等获取权、免费使用权和参与权。

从法理角度，老艳琦[17]通过逻辑论证和引证的研究方法对读者权利进行了概括，将其分为平等获取知识权、隐私权、自主选择权、批评建议权等。

综上，学者们对于读者权利的内容虽然有不同的划分标准，但大致可分为用户享受图书馆服务的权利和用户参与图书馆管理的权利，前者包括时空保障权、隐私权、安全保障权、财产保障权、设备使用权、借阅权、知识自由权、咨询权，后者包括平等权、知情权、监督权、批评权、建议权、荐购权。

（2）图书馆用户义务的内容。

我国学者对于图书馆用户义务内容的探讨主要见于：郭锡龙[11]指出，图书馆用户义务包括遵守法律法规、爱护国家财产、维护馆内秩序、师生共建这四个方面。对于师生共建，实为高校用户参与利用图书馆这一权利寻找其在义务上的对应。尹秀英、郑玲[18]将读者义务归纳为热爱图书馆事业、尊重馆员工作、爱护文献资料、充分利用文献资料四个方面。

在图书馆用户义务应包括哪些内容这一问题上，总结较为全面的是王小会[19]，其认为用户义务包括：（1）遵守图书馆法律法规；（2）按时归还图书；（3）维护良好阅读环境；（4）爱护图书和公共设备；（5）积极反馈文献使用感受；（6）违反规定者，自觉承担相应责任。这六点基本可以涵盖其他学者提出的图书馆用户义务内容的所有方面。

1.2.1.3 图书馆用户权利与义务的关系

权利与义务是相互依存、密不可分的，二者统一于读者参与利用图书馆的行为中。王岩[20]、孙长怡[21]、韩凤娟[22]三位学者都探讨了图书馆用户权利与义务之间的关系，其中韩凤娟是从人文视角

17

做的分析，但是从他们三人的文章内容中明显可以看出对权利的探讨远多于对义务的探讨，而且其关注的重点仍然是图书馆用户权利与义务的内容。除此之外，沈娟斐[23]关注的是公共图书馆用户权利与义务的关系，她认为公共图书馆事业的健康持续发展有赖于正确辨别读者权利与义务之间的关系。马小红、周翠萍[24]表示，明确用户权利义务之间的关系有利于展示图书馆的人文精神，同时也对快乐阅读、读者权利和义务之间的关系进行了探讨。宫晓梅[25]指出，只有构建权利与义务共存的图书馆环境，才能使图书馆更好地发挥社会效益。

显而易见，明确用户权利与义务之间的关系对于图书馆和用户而言都是至关重要的，同时我们需要注意的是不能片面强调用户的权利，权利的实现必须以义务的履行为前提，因为没有无义务的权利。除了用户权利与义务之间的矛盾关系，用户与馆员之间的矛盾关系也值得我们关注。实际上，用户和馆员之间是一种协作关系，不应片面强调谁是主、谁是客，应将其置于同等重要的地位，不能厚此薄彼。要想达到用户与馆员之间权利的平衡，首先要实现读者和馆员权利的回归，其次是解决馆员与读者权利之间的冲突，划分各自权利的界限[26]。

1.2.1.4　图书馆用户权利义务保障

（1）图书馆用户权利保障。

在图书馆用户权利保障问题上，我国学者的研究可分为图书馆用户权利缺失现状、权利缺失原因以及如何保障用户权利三方面。

首先，曹桂芳[27]、邵晓红[28]、董涛等[29]指出，我国读者权利缺失表现为平等权等部分权利未得到有效保障、馆员服务态度差、图书馆服务中存在歧视。一些学者还关注了残障读者[30][31]、老年读者[32]、少年儿童读者[33][34][35]在使用图书馆过程中权利未能有效保障的现状。

其次，对于权利缺失的原因，孙文海[36][37][38]认为，部分高校图书馆用户IP限制、学生维权意识差、监督机构缺失、权利救济不足均会导致读者权利缺失。汪英姿[39]、李松梅[40]把公共图书馆用户权利缺失的原因归纳为缺乏法律保障、政府经费紧缺、公共图书馆之间各自为政，缺少沟通等。吕梅[41]注意到了公共图书馆服务的地域差异，指出产生这种差异的原因有区域经济发展不平衡、领导关注度不足、管理体制不完善等方面。

最后，针对如何保障图书馆读者权利，学者们主要是从宏观政府层面、中观图书馆行业协会层面以及微观图书馆层面考虑的。宏观上政府要保证经费投入、加强图书馆队伍建设。中观上发挥图书馆行业协会的承接功能，程大帅[42]建议设立仲裁委员会，其工作内容主要是调节图书馆与用户的关系。程还提倡图书馆行业协会构建图书馆资格认证制度，代替国家招收合格的从业人员，制定统一的行业规章。微观上如何保障图书馆用户权利是学者们讨论最多的内容，其措施包括图书馆要坚持公等性原则、维护弱势群体利益、提高服务质量、定期进行馆员培训、加大读者维权教育等。

（2）图书馆用户义务保障。

在强调图书馆用户权利缺失的同时，读者是否自觉遵守各种规章制度，履行自身义务也值得关注。任亚忠[43]指出，读者在使用图书馆过程中存在违规失信表现，如借书逾期不还、污损图书、库内藏书、恶意下载资料等。付立宏、郑婷婷[44]对多地在校大学生进行了大学生用户遵守馆规现状的问卷调查，结果显示大学生的着装礼仪意识、公共财产意识、诚信借读意识和知识产权意识有待加强。

综上所述，我国目前既存在用户权利缺失的现象，也存在用户对自身义务认识不足的情况。我们需要做的就是让图书馆和用户双方明确权利与义务的重要性，对用户行为进行规范。这不仅有利于图书馆更好地实现"读者第一，服务至上"的宗旨，而且有利于每一位用户在利用图书馆时有更好的体验。

19

1.2.2 图书馆用户权利义务规范

从前述学者对用户权利义务的探讨中可以看出，目前图书馆在管理与服务的内容和方式上，对用户权利义务的规定还存在不少欠缺，需要制定明确的规范。规范是对思维和行为进行约束的力量，是明文规定或约定俗成的标准。关于图书馆用户行为规范的研究，我国学者的研究角度主要包括法律规范角度、用户权利性规范角度、用户义务性规范角度以及用户行为规范实证研究角度。

1.2.2.1　法律规范

图书馆事业的健康发展，必须依赖强有力的法律保障。我国学者对于图书馆用户行为规范的研究，涉及现有法律法规对用户行为的规定和探讨现有法律法规的不足这两个方面。

在《中华人民共和国公共图书馆法》（2017）颁布之前，《中华人民共和国宪法》《中华人民共和国民法通则》《中华人民共和国消费者权益保护法》《中华人民共和国侵权责任法》等法律都有保护读者权利的相关条款。此外，《省（自治区）图书馆工作条例》《普通高等学校图书馆规程》《中国科学院图书情报工作暂行条例》等效力层次较低的规范性文件也涉及读者权利保护内容[45]。

但是，更多的学者关注的是我国现有法律规范的不足。赵雪婷[46]论述了《公共图书馆法（征求意见稿）》的内容体系，认为其内容虽然全面但是还需进一步完善。王肃之[47]分析了《公共图书馆法》与《个人信息安全规范》中对读者个人信息保护的相关规定，指出了我国读者个人信息保护需求与现有保护模式的不系统的矛盾日益突出，因此急需出台专门针对读者个人信息保护的条例。林东风[48]、袁淑琴[49]等对比分析了我国已有的图书馆地方性法规，就其现有权利规范内容不完整、弱势群体保障不到位等问题提出了针对性建议。由此可见，我国关于图书馆用户行为的法律规范还存在欠缺，需要进一步完善。

1.2.2.2　图书馆用户权利性规范

图书馆用户权利性规范不仅体现了图书馆"一切为了读者"的工作理念，实现图书馆工作从以资源为中心向以读者为中心的转移，而且有助于提高读者对图书馆服务的满意度。对于图书馆用户权利性规范的重要性，石武强[50]认为读者规范的制定对于提高服务和管理质量至关重要，制定前要全面了解图书馆服务的过程，明确规范内容以及检验标准，同时提到服务规范应包括馆员的职业道德规范、语言规范和岗位规范三方面。针对权利规范的具体内容，张毓晗[51]、徐璟[52]对国际图联/联合国教科文组织的《公共图书馆服务发展指南》《学校图书馆指南》以及美国、英国、中国台湾地区公共图书馆读者服务政策中的服务模式、规范体系和支撑机制做了分析。汤艺[53]探讨了读者在获取图书馆服务过程中的身份和机会平等问题，指出美国和英国都对普通读者、弱势群体平等获取图书馆服务的权利提供了法律保障，而我国在这一方面则存在不足之处，但并未提出相应的可行性建议。

1.2.2.3　图书馆用户义务性规范

图书馆用户义务性规范研究主要集中在如何处置用户的违规行为上。针对当前读者违规行为产生的原因，陈光华等人[54][55][56]认为，诚信教育的缺失、读者自身修养的不足、图书馆管理制度的不完善都会使读者违规行为发生。对于用户违规行为的处理方法，刘国敏[57]指出，目前我国公共图书馆仅处置用户损害图书馆财产这一行为，且处置方式仅限于经济处罚和限制违规用户使用权限两种。任静[58]认为图书馆可以从事前预防和事中控制两方面来制定管理规范，降低违规行为带来的负面影响。李贵成[59]指出规范用户信息行为，需要提高用户信息素养，设置信息素质教育课程，加强对读者的道德教育和终身教育。我们认为，读者违规行为的存在某种程度上反映我国图书馆用户义务性规范还存在不足，因此，急需对图书馆用户义务性规范进行完善。

1.2.2.4　读者服务合同

鲁叔媛[60]、高德茹[61]和宋书兰[62]等学者使用了读者服务合同这一说法，读者服务合同将图书、读者、图书馆员连接在一起，图书馆与读者间虽未签署书面合同，不存在合同关系，但实际上，在提供与接受信息服务过程中图书馆与读者已经构成了民事合同关系。鲁叔媛[60]从合同法的角度对图书馆读者服务合同内容做了分析，具体包括合同类型、合同签署与履行、合同中馆员违约需承担责任三方面的内容。高德茹[61]和宋书兰[62]以图书馆与读者的关系为切入点，分析了读者服务合同制定中应遵循的原则和注意的问题，同时宋书兰[63]对上海和黑龙江图书馆读者服务合同中权利义务不对等、法律条款不专业和读者权利缺乏法律救济的问题做了探讨，并且提出了相应的建议。三位学者都认为有必要制定结构合理、内容完善的读者服务合同，读者服务合同的制定将读者服务提升到了民事法律行为的高度。

1.2.2.5　图书馆用户权利义务规范实证研究

付立宏等人[64-73]在实证方面的研究较多，他们多次通过实例分析研究图书馆用户行为规范，内容涉及中国大陆、港台地区以及美国、英国等国家多种类型图书馆用户行为规范的对比分析，对促进我国图书馆用户管理制度建设具有重要意义。此外，于春明[74]通过对美国4家公共图书馆读者行为规范的研究，分析了其读者行为规范的社会包容性问题。朱向林[75]访问了我国31个省级公共图书馆网站，对读者违规处置政策进行了调查，分析了读者损毁、偷盗图书、逾期不还图书的原因，并且探讨了公共图书馆在处理读者违规行为方面应采取的举措。

综上所述，国内针对图书馆用户行为规范①的研究涉及不同角度和层次，既有理论研究，又有实证分析。但是，理论研究居多，可操作性不强，而且更偏向用户权利性规范研究。

1.2.3　图书馆用户权利义务规范配置

"不预定一个调整人行为的一般规范，关于权利存在与否的陈述是不可能的"[76]，表明了对于权利，需要进行规范配置，于义务

---

①　本书中的"图书馆用户行为规范"等同"图书馆用户权利义务规范""图书馆读者行为规范""图书馆读者权利义务规范"，包含图书馆用户权利性规范和图书馆用户义务性规范两个方面。下文不再解释。

而言，亦是如此，两者均需要规范配置。

如何配置图书馆用户权利性规范？朱爱娥[76]、丁端琴[77]认为，构建一个保障读者权利的机制需要政府、图书馆和读者三方共同努力，既有图书馆业务制度层次，也有政府行政规章层次，还有国家法律层次，同时也离不开人类道德文化层次。她们都认为读者权利规范的配置需要从多个层次考虑，互相配合才能建构完善的体系。马红[78]从美国图书馆界与《爱国者法案》的对抗中也得出类似结论，认为图书馆用户权利应该受到伦理道德、法律法规和公共权力的合理制约。杨馨馨[79]解读了《中华人民共和国公共图书馆法（征求意见稿）》的内容，认为读者权利规范体系从内容上说应该是一个开放、稳定的体系。

如何配置图书馆用户义务性规范？似乎并没有学者将义务与权利截然分开进行讨论，马秀娟[80]总结了读者行为规范配置中图书馆信息伦理建设的原则，提出图书馆信息伦理建设可以通过制定伦理规范、开展伦理教育、加强技术保障实现。刘玲琦[81]认为高校图书馆制度是读者义务规范的重要保证，在图书馆制度制定与执行过程中需要体现读者主体性、贴近读者实际、实现教育目的，一言以蔽之，规范需要体现德性。

此外，还有少数学者针对图书馆用户参与的某项具体服务过程中涉及的权利规范配置问题进行了讨论。袁红军[82]就读者荐购服务中的权利规范配置问题做了分析，认为在这一服务中应对读者的荐购系统使用权、时间保障权、知情权和隐私权进行设置，配置的实现需要灵活地选择法律救济手段和应用荐购服务政策。

总的来看，我国学者对于图书馆用户权利义务规范配置的研究还是比较少，且处于起步阶段。从他们的研究中不难看出，用户权利义务规范的配置涉及政府、图书馆、用户等不同层次，需要从技术、伦理道德、法律规定以及教育等方面入手，共同发挥这些要素的推动作用。但是，意识到这些要素的存在仅仅是第一步，建立一个完整的用户行为规范体系更需要衡量这些要素所发挥的不同作用，同时协调它们之间的关系，最后还要保证其顺利运行，这绝非一日之功，需要不断探索和实践才能实现。

23

1.2.4　结语

纵观近三十年我国学者关于图书馆用户权利义务的研究成果，有以下几个特点：

首先，对图书馆用户权利内涵的研究比较成熟，无论是基于图书馆用户利用资源、图书馆提供服务、法理还是法律角度的理解，都有其合理性；而对于用户义务的理解，学者们的思想并不丰富。

其次，学者们对于图书馆用户权利义务的关系也有了明确的认识，那就是权利离不开义务，义务离不开权利，二者相互依存。在这样一个相互矛盾的关系中，找到权利与义务的平衡点就显得尤为重要。

再次，图书馆用户权利义务能否切实得到保障已经引起了学者的研究兴趣，其中读者平等权、隐私权、知情权是关注的热点，部分研究者针对权利义务缺失现状提出对用户行为进行规范。

最后，公共图书馆作为一种为大众提供文化服务的组织，实现其用户服务的均等化、普遍化是大势所趋，其中绕不开用户行为规范配置这一环节，但至今针对公共图书馆用户权利义务规范配置的研究成果还屈指可数。

总之，目前国内对图书馆用户权利义务规范的研究既有成绩也有不足，未来的研究应致力于公共图书馆用户权利义务规范配置。公共图书馆用户权利义务规范的配置不是一件轻而易举的事情，它需要借鉴现有的研究成果，厘清相关概念的内涵，设计用户行为规范配置的评价指标体系，考察国内外公共图书馆用户行为规范配置实况，并构建公共图书馆用户行为规范配置的运行机制，也就是说，公共图书馆用户行为规范的配置是一个系统工程。

◎　参考文献

[1]　杜靖华．论读者权利 [J]．图书馆杂志，1999 (6)：46.

[2]　谢少俊，韩毅．图书馆读者权利自由度及限制尺度 [J]．图书

情报工作，2009，53（15）：58-60+73.

[3] 张国良．从美国《图书馆权利宣言》发展谈读者权利内涵 [J]．情报杂志，2010，29（S2）：234-236.

[4] 龙华阳，龙滔．公共图书馆法对读者权利的法律保护 [J]．图书馆建设，2010（10）：4-8.

[5] 陈剑光．论读者权利 [J]．图书与情报，1998（2）：7-8.

[6] 程亚男．读者权利：图书馆服务中一个不容忽视的问题 [J]．图书馆论坛，2004（6）：226-229.

[7] 尚丽维．文化权利·图书馆权利·读者权利 [J]．图书馆，2010（4）：12-15.

[8] 王晶．基于知识自由的图书馆读者权利研究 [D]．南京：南京大学，2009.

[9] 刘淑玲．关于读者权利义务的法律思考 [J]．法律文献信息与研究，1998（3）：8-12.

[10] 吴星溪．图书馆立法中的读者行为规范研究——读者义务的法理分析 [J]．高校图书馆工作，2011，31（5）：21-23.

[11] 郭锡龙．读者权利义务的法律调整——图书馆法律学再探 [J]．晋图学刊，1991（4）：17-19.

[12] 谭衡亚．公共图书馆读者权利的研究及其维护 [J]．图书馆，2010（4）：16-17.

[13] 李应中，赵国忠．试论图书馆的公益性与读者权利的保障 [J]．情报资料工作，2005（5）：74-77.

[14] 王云祥，杨勇．图书馆制度与读者权利的冲突分析 [J]．图书馆，2010（5）：22-25.

[15] 周广学．读者权利保护的进展与问题 [J]．图书馆建设，2002（5）：61-63.

[16] 陈有志．图书馆读者权利主张的法理研究（下）——兼述图书馆读者权利研究进展 [J]．图书馆，2010（6）：6-12.

[17] 老艳琦．图书馆读者的五项权利研究 [D]．哈尔滨：黑龙江大学，2014.

[18] 尹秀英，郑玲．试论读者的义务 [J]．当代图书馆，2001

（2）：50-52.

[19] 王小会. 试论图书馆读者的权利与义务 [J]. 四川图书馆学报，2001（4）：62-64.

[20] 王岩. 论图书馆读者的权利和义务——以北京电子科技职业学院图书馆为例 [J]. 江苏科技信息，2016（22）：17-18.

[21] 孙长怡. 论图书馆公共服务中读者的权利和义务 [J]. 大连干部学刊，2016，32（10）：51-54.

[22] 韩凤娟. 谈人文视角下图书馆读者的权利和义务 [J]. 黑龙江史志，2012（23）：63-64.

[23] 沈娟斐. 浅谈公共图书馆读者的权利与义务 [J]. 河南图书馆学刊，2015，35（2）：6-7.

[24] 马小红，周翠萍. 对读者权利和读者义务的再思考——快乐阅读与读者权利、读者义务关系之探讨 [J]. 图书馆界，2011（1）：1-3.

[25] 宫晓梅. 构建读者权利与义务共存的高校图书馆环境 [J]. 科技情报开发与经济，2009，19（16）：41-43.

[26] 魏育辉. 高校图书馆员权利与读者权利的平衡 [J]. 情报杂志，2009，28（6）：201-203.

[27] 曹桂芳. 公共图书馆读者权益保障条件研究 [J]. 辽宁工业大学学报（社会科学版），2013，15（3）：42-44.

[28] 邵晓红. 图书馆"读者权利"缺失的现状分析 [J]. 高校图书情报论坛，2014（1）：34-36.

[29] 董涛，宋丽华. 图书馆资源共享机制的制度规范与读者权益保障 [J]. 图书馆建设，2015（7）：30-33.

[30] 吴慰慈，李华伟. 略论公共图书馆利用版权权利限制制度为残障读者提供网络服务 [J]. 大学图书情报学刊，2015，33（1）：5-10.

[31] 朱邦欣. 扬州市公共图书馆残障读者服务的调查与分析 [D]. 福州：福建师范大学，2017.

[32] 纪向新. 基于信息权利的公共图书馆老年读者服务研究 [D]. 哈尔滨：黑龙江大学，2014.

[33] 刘新菊.浅谈重庆市公共图书馆在现实环境下保障儿童权利的几点策略——以解决儿童无读者证进入少儿阅览室阅读这一难题为例 [J].内蒙古科技与经济,2016(13):147,149.

[34] 方俊.公共图书馆保障儿童文化权利新探——以南京图书馆为少儿读者服务为例 [J].四川图书馆学报,2011(2):24-27.

[35] 刘景义.基层图书馆走出困境的路径——走近平民,培育读者权利意识的意义和举措 [J].图书馆学刊,2008(2):34-36.

[36] 孙文海.高校图书馆与读者权利保障 [J].南京农专学报,2003(3):104-107.

[37] 高静,董以涛.试论高校图书馆读者权利保障问题 [J].工会论坛(山东省工会管理干部学院学报),2005(1):124-125.

[38] 薛红秀.高校图书馆读者权利及其保障 [J].河北科技图苑,2013,26(3):87-89.

[39] 汪英姿.论公共图书馆与公民文化权益保障 [D].苏州:苏州大学,2010.

[40] 李松梅.公共图书馆的读者权利保障研究 [J].科技情报开发与经济,2013,23(3):116-118.

[41] 吕梅.论图书馆公共服务体系的构建与公民权利的保障 [J].图书馆学研究,2007(7):75-78,65.

[42] 程大帅.河南省高校图书馆读者权利保障现状调查分析与研究 [J].周口师范学院学报,2011,28(3):149-153.

[43] 任亚忠.读者义务的辩证解读 [J].图书馆学研究,2010(23):15-17.

[44] 付立宏,郑婷婷.高校图书馆大学生用户义务意识调查与分析 [J].创新科技,2015(5):71-73.

[45] 杨雪梅.论图书馆读者权利的法律保护 [J].情报探索,2007(12):15-16.

[46] 赵雪婷. 我国《公共图书馆法（征求意见稿）》的若干问题研究 [D]. 长春：东北师范大学，2013.

[47] 王甫之. 读者个人信息保护的层次化与规范化——基于《中华人民共和国公共图书馆法》与《信息安全技术 个人信息安全规范》分析 [J]. 图书馆工作与研究，2018（6）：5-9.

[48] 林东风. 用法律法规保障读者权利——以我国地方图书馆立法为对象的分析 [J]. 高校图书馆工作，2014，34（2）：29-33.

[49] 袁淑琴. 图书馆地方性法律之读者权利研究 [J]. 图书馆学研究，2007（9）：85-87，94.

[50] 石武强. 刍议图书馆读者服务规范的制定 [J]. 佳木斯教育学院学报，2005（3）：89-91.

[51] 张毓晗，Jackie Knowles，嵇灵. 英国约克大学图书馆用户服务的模式和思考 [J]. 图书情报工作，2017，61（S2）：43-46.

[52] 徐璟. 图书馆公共服务政策研究 [D]. 武汉：武汉大学，2005.

[53] 汤艺. 图书馆读者平等权利制度保障的理论与实践 [J]. 图书馆，2017（3）：63-65，71.

[54] 陈光华. 与时俱进地审视、规范读者不良行为 构建和谐高校图书馆 [J]. 图书情报论坛，2006（1）：36-38.

[55] 郝丽梅. 公共图书馆读者诚信制度探析 [J]. 吉林省教育学院学报，2018，34（8）：164-167.

[56] 阎星宇. 基于读者行为管理的高校图书馆服务质量研究 [J]. 科教导刊（下旬），2018（4）：189-190.

[57] 刘国敏. 我国公共图书馆用户违规行为处置探讨 [J]. 公共图书馆，2016（1）：39-44.

[58] 任静. 图书馆用户不当行为事件对其他用户感知服务质量的影响研究 [J]. 图书馆界，2015（6）：5-8.

[59] 李贵成. 论规范高校图书馆用户信息行为的对策 [J]. 图书馆学刊，2010，32（2）：43-46.

[60] 鲁叔媛.图书馆读者服务合同之探析——从作为合同一方当事人的图书馆的角度 [J].大学图书馆学报,2011,29(2):45-48,113.

[61] 高德茹.图书馆读者服务合同之探析 [J].图书馆工作与研究,2013(9):103-104.

[62] 宋书兰.公共图书馆读者服务格式合同探析 [J].山东图书馆学刊,2013(5):50-53.

[63] 宋书兰.公共图书馆读者服务合同的实践与思考——以上海图书馆和黑龙江图书馆为例 [J].图书馆杂志,2014,33(6):39-42.

[64] 付立宏,徐启玲.英国高校图书馆用户禁止性规范分析 [J].图书馆,2018(6):55-60.

[65] 付立宏,齐振红.美国国会图书馆用户行为规范配置分析 [J].图书馆学研究,2018(8):92-96,101.

[66] 付立宏,杨超凡.高校图书馆用户权利性规范比较分析 [J].图书馆建设,2016(10):68-73,83.

[67] 付立宏,闫明英.英国国家图书馆用户义务性规范比较分析 [J].图书馆理论与实践,2015(12):4-8.

[68] 付立宏,郑婷婷.台湾公共图书馆用户义务性规范比较研究 [J].图书馆学研究,2015(5):15-21.

[69] 付立宏,杨超凡.海峡两岸高校图书馆用户义务性规范比较分析 [J].图书馆建设,2015(7):50-54.

[70] 付立宏,杜超楠.美国国家图书馆用户义务性规范比较研究 [J].图书馆建设,2015(5):17-21,31.

[71] 付立宏,周古玥.香港高校图书馆用户义务性规范比较研究 [J].图书馆学研究,2014(12):12-17,26.

[72] 付立宏,周古玥.中美研究型图书馆用户义务性规范比较研究 [J].图书情报工作,2014,58(10):67-73.

[73] 付立宏,丁娜.港澳台高校图书馆用户逾期行为处理政策探析 [J].图书馆,2012(5):96-98.

[74] 于春明.社会包容理念下美国公共图书馆读者行为规范研究

[J]. 图书馆理论与实践，2011（10）：97-100.

[75] 朱向林，程如烟. 我国省级公共图书馆读者违规处置政策比较分析 [J]. 图书馆，2015（4）：44-46.

[76] 朱爱娥.《公共图书馆法》视域下读者权利保障机制研究 [J]. 图书馆学刊，2018，40（3）：7-10.

[77] 丁端琴. 试论图书馆读者权利的实现与保障 [J]. 图书馆理论与实践，2011（10）：20-23.

[78] 马红. 美国《爱国者法案》对图书馆的影响及其思考 [D]. 哈尔滨：黑龙江大学，2016.

作，2014，58（10）：67-73.

[79] 杨馨馨. 读者权、读者权利体系解构——基于《中华人民共和国公共图书馆法（征求意见稿）》的解读 [J]. 图书馆，2017（4）：1-5，11.

[80] 马秀娟. 图书馆信息伦理及其建设研究 [D]. 武汉：华中师范大学，2012.

[81] 刘玲琦. 高校图书馆读者制度的德性探讨 [J]. 湖南人文科技学院学报，2009（2）：154-156.

[82] 袁红军. 图书馆荐购服务中读者权利性规范探析 [J]. 图书馆建设，2018（6）：53-58.

第 2 章　公共图书馆用户权利
义务规范的理论根基

▤ 2.1　图书馆用户权利义务的内涵与范围

2.1.1　图书馆用户权利义务的内涵

《中国大百科全书》对"图书馆读者"的解释是：利用图书馆服务的个人或社会团体。[1]实际上，图书馆用户也是指通过各种方式利用图书馆服务的个人或团体。"图书馆用户"与"图书馆读者"已在图书情报界交替使用多年，频率难分伯仲。因此。我们认为"图书馆用户"与"图书馆读者"并无实质性区别，二者可以视为同义语。

图书馆用户权利是指用户在宪法、图书馆法或其他法律法规、图书馆颁布的用户管理制度规定的范围内，可以作某种行为，以及要求国家、图书馆或其他用户作某种行为或者不作某种行为的资格。具体而言，图书馆用户权利包括两层含义：一是指图书馆用户依法行使的权能与享受的利益；二是指图书馆章程规定其用户可以享受的利益和允许行使的权力。

图书馆用户义务是指依据宪法、图书馆法或其他法律法规、图书馆颁布的用户管理制度的规定，用户必须做某种行为或者不做某种行为的责任。具体而言，图书馆用户义务包括三层含义：一是指图书馆用户依法应尽的责任；二是指根据特定图书馆用户行为规范从事或不从事一定行为的责任；三是指图书馆用户在道义上应尽的责任，根据道德规范产生，依靠舆论、习俗与人们信念的力量等来保证履行。

2.1.2 图书馆用户权利义务的范围

图书馆用户权利与图书馆用户义务是一对孪生兄弟。图书馆用户权利包括：（1）生命、财产安全、名誉的保障权；（2）平等权（图书馆与用户平等、用户间平等）；（3）知情权；（4）隐私权；（5）信息素养教育权；（6）图书馆活动参与权（监督、管理、评价、建议）；（7）信息保障权；（8）自由选择权（自由选择信息资源及服务）；（9）用户权利受侵犯时的申诉权，等等。图书馆用户义务包括遵守馆纪国法、尊重馆员和其他用户、爱护馆内公物、及时反馈利用图书馆的体会、勇于承担违法或违规责任等。

根据权利的存在状态，可将图书馆用户权利分为应有权利、法定权利和实有权利。图书馆用户应有权利，是指用户依其自然属性和社会属性所应当享有的权利。对图书馆用户而言，上文中提到的各项权利均应作为用户的应有权利被保护。图书馆用户法定权利，是指已经法律化、制度化的用户应有权利。图书馆用户实有权利，是指用户在利用图书馆过程中实际享有的应有权利或法定权利。图书馆用户应有权利、法定权利和实有权利是层层递进的关系，将应有权利法定化、将应有权利和法定权利变成图书馆用户的实有权利，是图书馆用户权利的发展方向。

根据义务的存在状态，图书馆用户义务也可分为应有义务、法定义务和实有义务，三者之间也是层层递进的关系，这种逻辑关系与图书馆用户应有权利、法定权利和实有权利之间的逻辑关系类似，此处不再详述。

◎ **参考文献**

[1] 图书馆读者. ［EB/OL］. ［2020-02-18］. http：//h. bkzx. cn/search?
query = ％E5％9B％BE％E4％B9％A6％E9％A6％86％E8％AF％
BB％E8％80％85.

2.2 公共图书馆用户权利义务的渊源

2.2.1 公共图书馆用户权利的渊源

上文所述图书馆用户权利，自然适用于公共图书馆用户。公共图书馆用户权利既不是无源之水，也不是无本之木，而是有着广泛深厚的渊源。

2.2.1.1 《国际人权宪章》

图书馆用户权利是人权内容在特定范围内的特殊化、具体化，因此国际上与人权相关的公约或宣言理应成为图书馆用户权利的基础。

《国际人权宪章》包含三个组成部分，即《世界人权宣言》《公民权利和政治权利国际公约》《经济、社会及文化权利国际公约》。

《世界人权宣言》的下列条款与图书馆用户权利密切相关：第1条："人皆生而自由，在尊严及权利上均各平等。"第3条："人人有权享有生命、自由和人身安全。"第27条："人人有权自由参加社会之文化生活，欣赏艺术，并共同襄享科学进步及其利益。"[1]

《公民及政治权利国际盟约》的下列条款与图书馆用户权利密切相关：第9条："人人有权享有身体自由及人身安全。"第17条："任何人之私生活、家庭、住宅或通信，不得无理或非法侵

33

扰，其名誉及信用，亦不得非法破坏。"第 26 条："人人在法律上一律平等，且应受法律平等保护，无所歧视。"

《经济、社会及文化权利国际盟约》的下列条款与图书馆用户权利密切相关：第 12 条："人人有权享受可能达到之最高标准之身体与精神健康"。第 13 条："人人有受教育之权"。第 15 条："人人有权参加文化生活"，"享受科学进步及其应用之惠"。

2.2.1.2　《中华人民共和国宪法》及其他相关法律法规

《中华人民共和国宪法》（2018）有许多条款关系到图书馆用户权利。譬如："国家尊重和保障人权"（第 33 条第 3 款）；"中华人民共和国公民的人身自由不受侵犯"（第 37 条）；"中华人民共和国公民的人格尊严不受侵犯"（第 38 条）；"中华人民共和国公民对于任何国家机关和国家工作人员，有提出批评和建议的权利"[2]（第 41 条）；"中华人民共和国公民在法律面前一律平等"（第 33 条第 2 款）；"中华人民共和国公民有进行科学研究、文学艺术创作和其他文化活动的自由"（第 47 条）。

《中华人民共和国民法典》（2020）中关系到图书馆用户权利的条款也不少。例如："民事主体的人身权利、财产权利以及其他合法权益受法律保护，任何组织或者个人不得侵犯。"[3]（第 3 条）"自然人的人身自由、人格尊严受法律保护。"（第 109 条）"自然人享有生命权、身体权、健康权、姓名权、肖像权、名誉权、荣誉权、隐私权、婚姻自主权等权利。"（第 110 条）"自然人的个人信息受法律保护。任何组织和个人需要获取他人个人信息的，应当依法取得并确保信息安全，不得非法收集、使用、加工、传输他人个人信息，不得非法买卖、提供或者公开他人个人信息。"[4]（第 111 条）"自然人享有隐私权。任何组织或者个人不得以刺探、侵扰、泄漏、公开等方式侵害他人的隐私权。"[5]（第 1032 条）

消费可分为生产消费和生活消费。生活消费是指人们为维持自身生存和发展的需要而对各种生活资料的消耗。生活消费既包括人们在吃、穿、用、行等物质生活方面的消费，也包括人们在精神文化生活方面的消费。[6]因此，公共图书馆用户既是物质生活消费者，又是精神文化生活消费者和信息消费者。《中华人民共和国消费者权益保护法》（2013）的有关规定完全适用于图书馆用户。譬如："消费者在购买、使用商品和接受服务时享有人身、财产安全不受损害的权利。"（第7条）"消费者享有知悉其购买、使用的商品或者接受的服务的真实情况的权利。"（第8条）"消费者在购买、使用商品和接受服务时，享有人格尊严、民族风俗习惯得到尊重的权利，享有个人信息依法得到保护的权利。"（第14条）"消费者享有对商品和服务以及保护消费者权益工作进行监督的权利。"（第15条）[7]

公共图书馆属于公共文化服务设施，《中华人民共和国公共文化服务保障法》（2016）的许多相关规定适用于公共图书馆。"公共文化设施管理单位应当建立健全安全管理制度，开展公共文化设施及公众活动的安全评价，依法配备安全保护设备和人员，保障公共文化设施和公众活动安全。"（第22条）"各级人民政府应当建立有公众参与的公共文化设施使用效能考核评价制度，公共文化设施管理单位应当根据评价结果改进工作，提高服务质量。"（第23条）"国家推动公共图书馆、博物馆、文化馆等公共文化设施管理单位根据其功能定位建立健全法人治理结构，吸收有关方面代表、专业人士和公众参与管理。"（第24条）"公共文化设施应当根据其功能、特点，按照国家有关规定，向公众免费或者优惠开放"；"公共文化设施管理单位应当公示服务项目和开放时间；临时停止开放的，应当及时公告"。（第31条）"国家重点增加农村地区图书、报刊、戏曲、电影、广播电视节目、网络信息内容、节庆活动、体育健身活动等公共文化产品供给，促进城乡公共文化服务均等化。"（第35条）[8]

2.2.1.3 图书馆行业发展政策

多年来，UNESCO、IFLA和中国图书馆学会等利益团体颁布了许多指导图书馆事业发展的行业政策，保护图书馆用户的权利一直是这些政策的核心和宗旨。

《联合国教科文组织公共图书馆宣言》（1994）指出：公共图

书馆应该在人人享有平等利用权的基础上，不分年龄、种族、性别、宗教信仰、国籍、语言或社会地位，向所有人提供服务。公共图书馆必须为那些因各种原因不能利用普通服务的用户，例如小语种民族、伤残人员、住院人员或被监禁人员，提供特殊的服务或资料。[9]

《国际图联关于图书馆与发展的声明》（2013）指出：获取信息是一项基本的人权；图书馆为所有人提供机会；图书馆为人们的自我发展提供动力；图书馆提供专家指导。

《国际图联关于图书馆与可持续发展的声明》（2002）指出：图书馆培养阅读习惯、信息素养，加强教育、公共意识和培训；图书馆和信息服务机构无区别地尊重用户本身，尊重用户的独立选择和决策，尊重用户的隐私；图书馆和信息服务机构无区别地为所有用户提供最广泛的资料。

《IFLA 关于图书馆、信息服务机构与知识自由的格拉斯哥宣言》（2002）指出：不受限制地利用和表达信息是人类的基本权利；图书馆和信息服务机构获取、保存并为用户提供最广泛的资料；图书馆和信息服务机构应使资料、设施和服务为所有用户平等利用；图书馆和信息服务机构应保护每位用户与查找或接收的信息以及咨询、借阅、获取或传播的资源有关的隐私和机密权利。

《IFLA 关于图书馆与知识自由的声明》（1999）指出：图书馆馆藏、设备和服务应为所有用户平等利用，不应有种族、宗教信仰、性别、年龄或任何其他理由的歧视；图书馆用户应享有个人隐私权和匿名权，图书馆员及其他图书馆工作人员不得向第三者泄漏用户的身份及其所使用的资料。

《IFLA 因特网宣言》（2002）指出：图书馆和信息服务机构应支持用户按自己的选择查找信息的权利；图书馆和信息服务机构应尊重用户的隐私，并认识到应为用户所使用的资源保密；用户应获得必要的技术援助以及可以自由、安心地使用他们所选择的信息源和服务的适宜环境。

《中国图书馆员职业道德准则（试行）》（2002）指出："维护读者权益，保守读者秘密"，不仅概括地规定图书馆员要保护用户的权利，而且特别强调要保护用户的隐私权。

2.2.2 公共图书馆用户义务的渊源

从法律上讲，任何公民在享有权利的同时，也应承担相应的义务，没有无权利的义务，也没有无义务的权利。公共图书馆用户享受的权利有广泛的基础，其应承担的义务也不是空穴来风，也有着深厚的法律渊源。

《世界人权宣言》（1948）第 29 条规定：人人对社会负有义务，因为只有在社会中他的个性才可能得到自由和充分的发展。[1]

《公民权利及政治权利国际公约》（1966）指出：个人对他人及其隶属之社会负有义务。

《中华人民共和国宪法》（2018）第 33 条：任何公民享有宪法和法律规定的权利，同时必须履行宪法和法律规定的义务。[10]第 51 条：中华人民共和国公民在行使自由和权利的时候，不得损害国家的、社会的、集体的利益和其他公民的合法的自由和权利。第 53 条：中华人民共和国公民必须遵守宪法和法律，保守国家秘密，爱护公共财产，遵守劳动纪律，遵守公共秩序，尊重社会公德。[11]

《中华人民共和国民法典》（2020）第 7 条：民事主体从事民事活动，应当遵循诚信原则，秉持诚实，恪守承诺。第 8 条：民事主体从事民事活动，不得违反法律，不得违背公序良俗。[3]

《中华人民共和国公共文化服务保障法》（2016）第 26 条：公众在使用公共文化设施时，应当遵守公共秩序，爱护公共设施，不得损坏公共设施设备和物品。[8]第 44 条：任何组织和个人不得利用公共文化设施、文化产品、文化活动以及其他相关服务，从事危害国家安全、损害社会公共利益和其他违反法律法规的活动。[8]

《中华人民共和国公共图书馆法》（2017）第 44 条：读者应当遵守公共图书馆的相关规定，自觉维护公共图书馆秩序，爱护公共图书馆的文献信息、设施设备，合法利用文献信息；借阅文献信息的，应当按照规定时限归还。[12]第 53 条：损坏公共图书馆的文献信息、设施设备或者未按照规定时限归还所借文献信息，造成财产损失或者其他损害的，依法承担民事责任。[13]

◎ 参考文献

[1] 周洪钧，等．国际公约与惯例：国际公法卷 [M]．北京：法律出版社，1998：438．

[2] 中华人民共和国宪法：最新修正版 [M]．北京：法律出版社，2018：12．

[3] 全国人大常委会办公厅．中华人民共和国民法典 [M]．北京：中国民主法制出版社，2020：7．

[4] 全国人大常委会办公厅．中华人民共和国民法典 [M]．北京：中国民主法制出版社，2020：25-26．

[5] 全国人大常委会办公厅．中华人民共和国民法典 [M]．北京：中国民主法制出版社，2020：189．

[6] 消费 [EB/OL]．[2020-02-18]．http：//h. bkzx. cn/item/119553？q＝%E6%B6%88%E8%B4%B9．

[7] 中华人民共和国消费者权益保护法 [EB/OL]．[2020-05-10]．http：//www. gov. cn/jrzg/2013-10/25/content_2515601. htm．

[8] 中华人民共和国公共文化服务保障法 [EB/OL]．[2020-05-15]．http：//www. gov. cn/xinwen/2016-12/26/content_5152772. htm．

[9] 程焕文，潘燕桃，张靖．图书馆权利研究 [M]．北京：学习出版社，2011：407-408．

[10] 中华人民共和国宪法：最新修正版 [M]．北京：法律出版社，2018：11．

[11] 中华人民共和国宪法：最新修正版 [M]．北京：法律出版社，2018：14．

[12] 中华人民共和国公共图书馆法 [M]．北京：法律出版社，2017：12．

[13] 中华人民共和国公共图书馆法 [M]．北京：法律出版社，2017：14．

2.3 公共图书馆用户权利义务规范配置的概念与功能

2.3.1 公共图书馆用户权利义务规范配置的概念

图书馆用户权利义务规范包含用户权利性规范和用户义务性规范，图书馆用户权利义务规范也可称为"图书馆用户行为规范"，因为用户行为规范完全是针对用户的权利和义务而设置，因此"图书馆用户权利义务规范"和"图书馆用户行为规范"是同义语，下文交替使用二者时不再加以说明。

图书馆用户权利性规范，是指规定用户在接受图书馆服务的过程中依法、依规享有相应权利的规范，即用户可以作某种行为以及要求图书馆员和其他用户作某种行为或者不作某种行为的规范。

图书馆用户义务性规范，是指规定用户依法依规必须作某种行为或者不作某种行为的责任性规范，主要涉及对用户遵守图书馆规章制度、保护人员和资源安全、版权、承担违法违规责任、及时反馈等方面的义务性规定。

公共图书馆用户权利义务规范配置，是指公共图书馆用户权利性规范与义务性规范的设置与搭配，即将用户在使用图书馆过程中享有的具体权利与承担的相应义务进行明确的条文化与制度化，同时考虑用户权利与义务的平衡，目的是保障用户合法利益不受侵犯，违规行为受到惩处，保障图书馆活动的正常运行。

2.3.2 公共图书馆用户权利义务规范配置的功能

公共图书馆用户权利义务规范配置的功能，是指公共图书馆用户权利义务规范对用户的行为或馆读关系发生影响的手段和方式，主要体现在以下几个方面：

39

（1）指引功能。

该功能是指公共图书馆用户权利义务规范对用户的行为决策提供相关信息的作用，其对象是每个用户自己的行为。公共图书馆用户权利义务规范是以权利和义务为内容的社会规范，根据规范规定的权利和义务，用户就能够知道什么行为合规、什么行为违规。用户权利义务规范指引作用的发挥，必须以用户的规范意识和规范知识为前提条件，如果用户利用图书馆时并不了解关系其切实利益的行为规范，那么这样的规范就不可能对他的行为发挥指引作用。如果每个用户的行为符合规范规定的模式，就能最大限度地避免用户与用户之间、用户与图书馆之间的冲突和纠纷，从而在整个图书馆实现和谐有序的状态。

（2）评价功能。

公共图书馆用户行为规范的评价功能，就是判断用户的行为是否合乎规范。此外，由于用户行为规范和伦理道德之间的密切关系，在用户行为规范的评价功能之中也包含着价值性因素。用户行为规范的评价功能与其指引功能密切相关，规范给用户提供一种判断行为是否合规的标准，这种标准必然会影响用户的是非观念，从而强化规范对用户行为的指引功能和指引效果。用户行为规范的评价功能具有下述特点：第一，评价的基点和对象主要是用户的行为，尽管用户行为规范有时也涉及用户的主观心理因素，但规范评价主要还是着眼于用户的行为方式和行为后果。第二，用户行为规范提供的评价标准具有确定性，用户的行为是否合规在规范文本中都有明确的规定，因此规范评价一般说来不会因人而异。

（3）预测功能。

图书馆用户行为规范的预测功能，是指用户可以依据行为规范事先估计自己或他人的行为及其后果，从而对如何行为做出选择。图书馆用户行为规范的预测功能表现在两个方面：第一，用户根据行为规范对自己将要做出的行为进行预测。第二，用户根据行为规范对其他用户的行为进行预测。[1]

（4）教育功能。

用户行为规范的教育功能，是指用户行为规范通过本身的存在和实施而对用户今后的行为所产生的积极影响。这种作用的对象是一般用户的行为，规范的教育作用通过作用于用户的心理而对用户的行为产生影响。用户行为规范的教育功能体现在两个方面：一是对违规行为的惩处，不仅对违规用户本人起到教育作用，而且可以教育其他用户，今后谁再做出此类行为将会受到同样的惩处。二是对合规行为的鼓励、保护，可以对一般用户的行为起到示范和促进作用。用户行为规范通过发挥其教育作用，就会从一种外在的行为规则内化到用户的心理结构中，形成一种与用户行为规范相吻合的道德意识，用户就会深刻认同行为规范、自觉遵守行为规范。可见，用户行为规范发挥其教育作用，不仅可以教化矫正一般用户的行为，还可以使用户行为规范自身的效力变得更加稳定。

◎ 参考文献

[1] 柯少峰.浅论法律的预期作用——从彭宇案说开去 [J].法制与社会，2011（11 下）：5-6.

第3章　公共图书馆用户权利义务
规范配置的评价

3.1　构建评价指标的必要性

3.1.1　充分保障用户权利的重要途径

　　我国法律赋予用户受教育权、借阅权、批评建议权等多项权利，公共图书馆在配置用户行为规范的过程中难免会因为一些客观因素（如资金、人员等），而影响权利性规范的设置。通过对规范配置情况进行系统评价，了解各馆用户权利性规范配置的现状，为规范的修订、废止提供科学依据，从而对相关规范的内容进行改正和完善，促使用户合法权利得到保障。

3.1.2　制定用户权利义务规范的依据

　　我国目前虽出台了《中华人民共和国公共文化服务保障法》（2016）、《中华人民共和国公共图书馆法》（2017）、《公共图书馆服务规范》（GB/T28220—2011）等规范性文件，但这些规范性文件只是对公共图书馆各项规范的配置具有宏观指导意义，没有对规范的具体内容提出要求，从而导致不同等级图书馆以及同等级图书馆之间的规范配置水平差异较大。通过建立科学的评价指标体系，为规范的配置提供准绳，促使规范制定者制定出系统、全面、详尽的用户行为规范。

3.1.3　为政府和用户监督检查提供尺度

公共图书馆的性质决定了图书馆应接受政府以及广大用户的监督，公共图书馆受同等级政府直接领导，公共图书馆用户行为规范配置水平是政府行使监督权的重要指标；[1] 同时，用户依据用户行为规范的内容，了解自己应享有哪些具体权利，应遵守哪些具体义务，从而影响用户对于规范配置的满意度。公共图书馆用户权利义务规范配置评价指标的建立，可以通过打分的方式，来整体评价规范配置水平，方便政府、用户对公共图书馆实行监督。

3.1.4　提高图书馆规范化管理水平

用户行为规范的配置能够为用户的行为提供依据，用户行为规范越完善，用户越清楚自己在图书馆可以进行哪些活动，从而提高图书馆信息资源、软硬件设备的使用率。同时，合理的惩罚措施可以更好地避免用户行为失范现象的产生。因此，急需一套操作性较强的评价指标体系对用户行为规范进行合理地评价，促进用户行为规范配置水平的提高，最终提升图书馆规范化管理水平。

43

▤ 3.2　构建评价指标的原则

一套完备的指标体系，不是众多指标的简单罗列，而是局部与整体相互协调的有机体。本书通过对大量文献归纳、总结，筛选出能够评价公共图书馆用户权利义务规范配置水平的指标，最终汇聚成一套较完整的体系。评价公共图书馆用户行为规范配置水平应遵循下列原则：

3.2.1　系统性原则

公共图书馆用户权利义务规范本身是一个完整的系统，因此，指标体系也应从不同角度来进行设计。笔者从规范标准、内容标准、监督标准三个维度展开对具体指标的选取，在指标选取的过程中，以指标体系的整体目标为准绳，保证各项指标之间互不重叠，同时整个评价指标体系可以体现各项指标之间的逻辑关系，以保证其系统性。

3.2.2　科学实用原则

评价指标体系的建立只有遵循科学性的原则，才能对公共图书馆用户权利义务规范的配置水平进行合理、高效的评价。笔者通过大量阅读文献及图书馆领域相关政策法规，对评价指标进行筛选，从而完成指标体系构建。同时，实用性是指标体系构建的目标，只有将指标体系真正运用到评价工作中，指标体系才具有价值。笔者利用建好的指标体系对选取的三所样本图书馆进行评价，在实际评价中检验指标体系的功能，提高指标体系的实用性。

3.2.3　全面性原则

评价指标体系要完成对公共图书馆用户权利义务规范配置的全面评价，因此评价指标的选取也应遵循全面性原则。笔者在深刻理解用户权利义务的内涵，以及掌握用户权利性规范和用户义务性规范的具体内容的前提下，对指标进行多次、全方位修正，同时咨询相关专家的意见，确保选取的指标更加全面。

3.2.4 目的性原则

目的性原则是从对具体指标筛选到指标体系的整体构建过程都应遵循的原则，以完成对公共图书馆用户权利义务规范配置评价为目的，为指标体系的构建提供准绳。如果在对样本图书馆的评价过程中，无法达到预期的效果，那么指标体系便值得怀疑。

3.3 构建评价指标体系的思路

在构建评价指标体系时，必须明确指标体系构建的整体流程，将整个复杂的流程分阶段进行细化，在保证构建流程完整性的基础上，逐步完成阶段性目标，以保证最终得到的评价指标体系具有较高的质量。图 3-1 为我们设计的评价指标体系构建流程图。

在构建评价指标体系时，首先要明确评价的主体、对象以及目标，然后利用文献分析法从政策评价指标统计分析、立法前后评价标准、用户权利与义务相关政策法规的整理、当前学者对图书馆用户行为规范配置的观点四个方面查找相关资料、数据信息，思考其他学者构建评价指标的思路以及指标的选取方法，在现有成果的基础上对评价指标进行初步筛选、整合，从而得到初级评价指标体系。为保证指标体系的完备性，我们运用德尔菲法，对多位专家的观点建议进行汇总、分析，逐轮优化指标体系，直到指标体系到达最优水平，最终完成权重的计算，完成评价指标体系的构建。

3.3.1 评价主体

评价主体包括实施评价的个人、群体或组织机构。评价主体综合素质水平的高低可能直接影响到评价结果的有效性，评价主体综合素质水平越高，越有助于评价活动的展开。公共图书馆用户权利

45

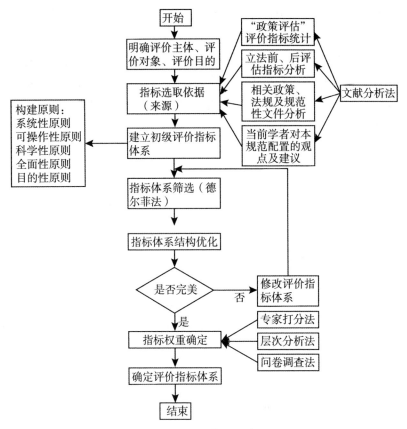

图 3-1　评价指标体系构建流程图

义务规范配置评价的主体应具有多元性，这样才能够从不同的层次和角度反映规范配置的整体水平。只有评价主体完整，才能使评价观点避免单一性，促使评价结果更准确、更权威。我们将评价主体分为内部、外部及第三方三种类型。[2]内部评价主体主要包括规范的制定者、执行者、图书馆领域的相关专家学者以及公共图书馆主管部门，他们对公共图书馆领域比较了解，对规范制定的过程以及内容比较熟悉，容易发现规范配置的问题。同时，上述主体能够对规范配置情况进行宏观控制，保证规范之间的协调性。用户为外部评价主体的重要组成部分，政策评价应重视用户的参与，用户参与政策评价有助于了解其诉求，倾听其心声。第三方评价主体指评价活动专门聘请专业的评价机构来开展，如院校研究机构、受政府等行政部门委托的研究组织等。

3.3.2 评价对象

评价对象即评价客体，下文从基础标准、内容以及用户三个维度全方位对公共图书馆用户权利义务规范配置进行综合评价（参见图 3-1）。

3.4 选取评价指标的依据

一个高质量的评价指标体系构建并不是一个闭门造车的过程，需要充分吸纳各个领域不同学者的观点、建议。当前学者获取评价指标的方式主要有三种：文献调查法、访谈法、问卷调查法。文献调查法即通过各个数据库搜集、检索与研究主题相关的文献资料，借鉴不同学者的思想来完成指标体系的构建。访谈法即作者通过设计访谈问题、选择访谈对象，对受访者的观点、建议进行整理，归纳评价指标。通过该方式可以比较直接地获取想要的结果，但是访谈者的整体素质水平的高低、访谈者的数量多少都会对访谈结果产生影响。问卷调查法即通过问卷的方式获取数据，但该方法由于问题和选项均由调查者提前设计，因此调查结果可能会有主观倾向。在本书中，笔者选用文献调查法来进行评价指标的搜集、整理、归纳，在对"立法评价"和"政策评价"当前研究成果梳理的基础上，分别对政策评价相关文献、立法前后评价相关文献、学者针对图书馆用户权利义务规范配置的观点及公共图书馆用户权利义务相关政策法规进行统计分析，从中筛选出若干评价指标，以确保指标体系的全面性和针对性。

3.4.1 "政策评价"相关文献中的评价指标

政策评价是指通过一定的方法、依据相关评价标准对政策的各个环节、各个阶段进行综合评价，以判断政策结果是否达到预期目标。我国学者针对政策评价的研究较为深入，政策评价指标体系的构建基本都围绕政策的全过程即政策制定、政策执行、政策效果来进行全过程评价。[3] 我们以中国知网（CNKI）为数据来源，以"政策评估""政策评价"等检索词为入口进行主题检索，筛选出50多篇相关文献。由于本书评价指标的构建侧重于政策制定过程及政策文本质量的评价，因此我们选择以人工的方式对各篇文献中相关的评价标准进行筛选、统计，以保证得到的统计结果更加全面、直接、有效。综合检索到的政策评价相关文献，删除重复指标后，共得到3个一级评价指标和33个二级评价指标（参见表3-1）。

表3-1　　　　从政策评价相关文献中筛选出的评价指标

一级指标	二级指标
政策制定	政策制定的必要性[4]
	制定程序的科学性[5]
	调研及论证的充分性[6]
	制定人员的代表性[7]
	政策问题的严重性[8]
	政策制定的理论依据（国内、国外）[9]
	政策形成的民主化程度[10]
	制定程序的完整性[11]
	制定过程的公开透明性[12]

续表

一级指标	二 级 指 标
政策目标	目标的可行性/可操作性[13]
	目标的可分解性[14]
	目标的明确性[15]
	与其他政策目标的一致性[16]
政策内容	合法性[17]
	公平性[18]
	合理性[19]
	完备性[20]
	连续性[21]
	稳定性[22]
	兼容性[23]
	系统性[24]
	科学性[25]
	协调性[26]
	前瞻性[27]
	主客体的明确性[28]
	条文的逻辑性[29]
	文本的规范性[30]
	政策方案的技术性[31]
	政策方案的易理解性[32]
	政策方案的一致性[33]
	政策方案的可行性[34]
	政策手段的合理性、有效性[35]
	内容表达的清晰程度[36]

3.4.2 "立法前后评价"相关文献中的评价指标

我国目前针对立法评价研究较为全面，学者针对立法评价标准的研究分为立法前、后两部分，虽然立法前、后评价指标的侧重点有所不同，但是立法前、后的评价指标也存在一些交叉。为保证指标选取结果更具全面性，笔者针对立法前、后分别选取该研究领域10 名学者的观点进行比较，参见表 3-2、表 3-3。

表 3-2　　　　　　　　立法前评价指标比较

指标　学者	必要性	合法性	协调性	可操作性	特色性	可行性	合理性	规范性	影响性	立法时机	效益及成本	效率性	有效性	公平性
李冰强等[37]	✓	✓	✓	✓	✓				✓					
何盼盼[38]	✓	✓				✓			✓					
仵琼[39]		✓					✓	✓	✓					
李丹[40]	✓	✓		✓		✓			✓					
周怡萍[41]	✓	✓			✓					✓				
席涛[42]	✓	✓	✓	✓										
俞荣根[43]	✓	✓				✓			✓					
王方玉[44]	✓					✓	✓							
张媛[45]	✓											✓	✓	✓
田文婧[46]	✓	✓							✓		✓			

表 3-3　　　　　　　　立法后评价指标比较

指标　学者	必要性	合法性	合理性	可操作性	地方特色	技术性	实效性	成本分析	合目的性	适应性	效率性	公民认同度	需求性	协调性	专业性	科学性	效益性	社会影响
俞荣根[47]	✓	✓	✓	✓	✓	✓		✓										
陈月[48]	✓	✓				✓	✓											
黄维[49]		✓	✓	✓					✓	✓	✓	✓						
穆治好[50]		✓	✓										✓					
刘平[51]		✓	✓	✓			✓							✓	✓	✓		

续表

指标 学者	必要性	合法性	合理性	可操作性	地方特色	技术性	实效性	成本分析	合目的性	适应性	效率性	公民认同度	需求性	协调性	专业性	科学性	效益性	社会影响
王艳志[52]		✓	✓	✓	✓	✓	✓		✓	✓		✓						
冯超[53]		✓	✓			✓	✓											
王称心[54]	✓	✓		✓						✓		✓		✓			✓	✓
陈建平[55]																		
汪全胜[56]												✓					✓	

从表 3-2 和表 3-3 可以看出,立法前评价主要从必要性、合法性、影响性、可行性等方面进行评价,立法后评价的评价指标主要包括合法性、合理性、技术性、可操作性、实效性等方面。[57]我们认为,"立法"即"配置法律规范",并且立法评价具有较强的权威性,因此,在对本课题进行研究时,可以充分借鉴立法评价的指标。

3.4.3 学者针对图书馆用户权利义务规范配置的观点

对现有学者相关建议、观点进行整理、分析具有重要的现实意义:一方面,相关学者的建议、观点直接反映出用户权利义务规范配置存在的问题,可以帮助笔者进一步了解规范配置的现状;另一方面,建立评价指标体系的目的之一就是为了多维度对现有规范配置水平进行客观评价,而相关学者观点、建议同时也是衡量规范配置优劣的重要参考。

许多学者通过实例分析的方式来论述各类型图书馆用户权利义务规范配置的具体水平、当前存在的不足,并提出相关的建议。例如:李永秀提出国内应注意纲领性用户权利声明的配置;[58]李国霖指出国内公共图书馆用户权利性规范缺少透明性和缺乏法律支撑和行业标准;[59]王慧芳指出用户权利性规范的配置应体现人文关怀,

51

同时强调加强申诉权相关规范的配置。[60]对众多学者关于用户行为规范配置的相关意见整理、汇总后，其主要观点可概括为以下几个方面：

3.4.3.1　权利性规范配置方向

（1）规范配置应彰显使命感。

在配置规范时应体现机构的本质特性，从宏观上看，要充分与国家方针、政策、法律相符合，弘扬国家发展战略；从微观上看，规范内容要充分体现本馆的办馆宗旨，弘扬本馆的人文精神，充分体现本馆特色。

（2）强调用户权利的保护。

随着人们法制观念的提升，人们的维权意识也不断加强，本领域相关政策的不断完善，赋予用户更多的权利支撑，用户权利从简单的借阅权、安全权等扩展到隐私权、申诉权等，并且各馆针对每种权利的重视情况不同，以及对每种权利制定的相关规范完备性也存在差异。例如某些图书馆在借阅权规范方面仅提供基本的借阅服务，而有些图书馆则根据不同用户的需求提供上门送书、图书邮寄等服务，在服务深度上存在一定差距。因此，规范配置人员只有充分查阅资料和深入调研，才能保证权利性规范内容更加完备。

（3）服务意识的现代化。

图书馆的功能就是满足用户的知识信息需求。随着工作、生活节奏的加快，用户所需的服务不再仅仅局限于简单的借阅、讲座培训等，而是需要更加现代化、人性化的服务。例如，某些图书馆开放了24小时自习室，用户对于此服务给予了很高的认可。尤其是这种服务对上班族提供了很大的便利，上班族可以有更好的环境学习充电，并且解决了因加班而导致无法到馆学习的矛盾。

3.4.3.2　义务性规范配置方向

（1）与权利性规范相协调。

用户权利与义务的关系决定了义务性规范应与权利性规范协调配置，充分体现整体与统一性，赋予用户相应权利的同时要对用户的义务进行界定，两者要集中体现。

（2）注重规范配置的实际效果。

义务性规范的制定应注重执行的实际效果。例如，各馆虽然针对"占座"问题提出了相关举措，但占座的现象仍屡次发生，规范形同虚设。

3.4.3.3 用户行为规范配置的形式化要求

（1）规范配置应公开、透明。

配置规范的过程应充分透明、公开：一方面保障用户的知情权，拓宽宣传渠道，在传统线上宣传的同时，充分利用当下流行的自媒体进行宣传，在用户知情的基础上要让用户感兴趣。另一方面，保障用户的参与权，用户的参与可以增强规范配置的实用性和特色，各馆的规范内容应与本地的人文特色相结合。

（2）规范应集中体现。

线上、线下规范的配置均应体现集中性，尽量避免散乱、无序的情况发生，并注意规范内容整体的结构，建议采用"总—分"式结构，使规范内容更加直观，一目了然。

3.4.4 用户权利义务规范配置的相关规范性文件

在对图书馆用户权利义务规范配置进行评价时，应首先掌握法律赋予用户哪些权利、用户应遵守哪些法定义务、其上位规范有哪些问题。现将与公共图书馆用户权利、义务相关的国际、国内政策、法规等规范性文件进行梳理，参见表3-4。

53

表3-4   与公共图书馆用户权利义务相关的规范性文件

国际	《世界人权宣言》（1948）
	《世界人类责任宣言》（1997）
	《儿童权利宣言》（1959）
	《儿童权利公约》（1989）

续表

国际	《公民权利及政治权利国际公约》（1966）
	《残废者权利宣言》（1975）
	《残疾人机会均等标准规则》（1994）
	《残疾人权利公约》（2006）
	《联合国老年人原则》（1991）
	《经济、社会、文化权利国际盟约》（1966）
	《图书馆与可持续发展声明》（2002）
	《图书馆、信息服务机构与知识自由格拉斯哥宣言》（2002）
	《国际图联因特网宣言》（2002）
	《联合国教科文组织公共图书馆宣言》（1994）
国内	《中华人民共和国宪法》（2018）
	《中华人民共和国著作权法》（2010）
	《中华人民共和国政府信息公开条例》（2019）
	《中华人民共和国公共文化服务保障法》（2016）
	《中华人民共和国公共图书馆法》（2017）
	《中华人民共和国侵权责任法》（2009）
	《中华人民共和国残疾人保障法》（2008）
	《中华人民共和国未成年人保护法》（2006）
	《中华人民共和国老年人权益保障法》（2012）
	《中华人民共和国教育法》（2015）
	《公共图书馆服务规范》（2011）
	《公共图书馆少年儿童服务规范》（2018）

通过对相关政策法规进行梳理，我们明确了用户应享有的权利（如受教育权、安全权、参与权、受尊重权、平等权等），以及用户应尽的相关义务（如爱护公物、尊重他人、保护环境等）。在构建评价指标体系的过程中，可以依照上述规范性文件对用户权利义务规范的具体内容进行认真斟酌，保证规范内容的完备度及合法性。

3.5 公共图书馆用户权利义务规范配置评价指标设置

3.5.1 初选指标

在综合考虑上文所述四个依据的基础上，遵从科学性、全面性、系统性等原则，我们从规范制定、规范内容以及用户监督三个维度设计评价指标，参见表3-5。

表3-5 公共图书馆用户权利义务规范初级评价指标体系

一级指标	二级指标	指 标 内 涵
规范制定	科学性	①规范制定的程序以及方法是否科学 ②规范制定人员是否具有权威性 ③规范制定过程中是否进行了充分的调研和论证
	必要性	规范急需解决问题的严重性以及规范实行的紧迫性
	合法性	规范是否与上位法衔接，内容是否与上位法不冲突
规范内容	技术性	①规范中相关概念、术语、标点符号、数字等使用是否规范、准确 ②用词是否准确、严谨，无歧义 ③规范是否规定了明确的规范执行主体、客体和内容三个基本要素
	正当性	规范内容是否充分体现平等性、公益性以及便利性等公共图书馆的行业特色
	完备性	规范配置是否完备、具体
	目标性	①规范内容对实际问题解决的针对性以及预期目标的可实现程度 ②体现办馆宗旨

续表

一级指标	二级指标	指 标 内 涵
规范内容	操作性	①规范内容表达有条理、通俗易懂 ②各相关主体之间权责分配是否明确 ③规范中用户违约处罚方式是否明确、适当 ④规范内容不搞大而全，无宣示性规范
	可行性	规范内容符合图书馆的实际发展水平，人员、馆藏、软硬件设施以及经费等均具备可行性
	前瞻性	规范对未来可能发生的问题具有较强的预见性，并提出相应的解决方案
	系统性	①权利性规范和义务性规范配置是否相协调 ②积极义务性规范与消极义务性规范是否配置均衡 ③规范文本是否集中体呈现
用户监督	用户参与度	①用户的参与度以及相关意见是否在规范制定过程中得到充分体现 ②用户是否参与政策评价和监督的长效机制
	权利救济	是否建立了与规范内容相匹配的权利救济机制
	监督反馈	是否建立了与规范内容相匹配的监督反馈机制

3.5.2　指标筛选

指标筛选是指运用科学的方法，对初级指标体系进行分析，以获得更加完善、科学的评价指标。我们在指标筛选环节中采用了德尔菲法，以调查问卷的形式展开了两轮专家咨询，综合各位专家提出的建议，得到了最终的评价指标。

3.5.2.1　第一轮调查

我们共选取了本领域内 11 位资深学者，其中包括图书馆馆长 5 名、研究馆员 2 名以及高校教授 4 名。并以邮件的形式分别向 11 位专家发放调查问卷。

（1）对指标体系的总体评价。

对于一级指标的合理性，10 位专家的观点是"比较合理"，1 位专家的观点是"一般"。其中 3 位专家提出了修改建议，2 位专家认为一级指标"规范制定"的表述有待调整，1 位专家提出"必要性"与"科学性"两个指标存在一定的交叉关系。

（2）专家第一轮打分情况。

专家第一轮打分结果参见表 3-6。

表 3-6　　　　　　　　　　　　专家第一轮打分结果

一级指标	最高分——最低分——众数	二级指标	最高分——最低分——众数
规范制定	9(18.1%)7(45.5%)　7	科学性	9(36.4%)　6(9.1%)　8
		必要性	8(63.6%)　5(9.1%)　8
		合法性	9(54.5%)　6(9.1%)　9
规范内容	9(63.6%)　7(18.2%)　9	技术性	9(18.2%)4(9.1%)　8/6
		正当性	9(45.5%)　6(9.1%)　9/8
		完备性	9(27.3%)　7(27.3%)　8
		目标性	9(18.2%)　5(18.2%)　8
		操作性	9(36.4%)　4(9.1%)　9/8
		可行性	9(27.3%)　7(36.4%)　8/7
		前瞻性	8(63.6%)　5(9.1%)　8
		系统性	9(18.2%)　5(9.1%)　7
用户监督	9(9.1%) 4(9.1%)　8	用户参与度	9(72.7%)　7(9.1%)　9
		权利救济	8(54.5%)　6(9.1%)　8
		监督反馈	8(63.6%)　7(36.4%)　8

（3）评价指标修改。

根据第一轮问卷调查的统计结果，以及专家提出的建议，我们对指标体系做了以下调整。

①有专家认为一级指标"规范制定"下的"科学性"和"必要性"两个二级指标存在一定的交叉关系，因此将"必要性"指标删除，在"科学性"的指标内涵中加入"规范急需解决问题的

严重性以及规范实行的紧迫性"一条。

②有专家认为一级指标"规范制定"的命名有待调整，我们在权衡整个评价指标体系的基础上，将一级指标"规范制定""规范内容""用户监督"分别修改为"基础标准""内容"和"用户"。"基础标准"是指任何一套规范条例均应具备也是必须具备的标准，即"合法性"和"科学性"，没有法律依据的图书馆用户权利义务规范只能是纸上谈兵，没有实际意义，同时一套规范要想成功应用于实践则必须具备科学性。"内容"是指本规范应具备的具体的标准。"用户"是指从用户角度出发，对规范配置水平进行衡量。

③在一级指标"用户"下增加二级指标"满意度"。我们认为用户对规范配置的满意程度是规范的操作性、科学性、民主性等特性的综合表现，反映了广大用户对规范配置的满意水平。

④将原一级指标"用户监督"下的二级指标"用户参与度"修改为"参与度"。

对评价指标进行调整后得到新的评价指标体系，详情参见表3-7。

表3-7　公共图书馆用户权利义务规范配置评价指标体系（修改版）

一级指标	二级指标	指 标 内 涵
基础标准	科学性	①规范制定的程序以及方法是否科学
		②规范制定人员是否具有权威性
		③规范制定过程中是否进行了充分的调研和论证
		④规范急需解决问题的严重性以及规范实行的紧迫性
	合法性	规范是否与上位法相衔接，内容是否与上位法不冲突
内容	技术性	①规范中相关概念、术语、标点符号、数字等使用是否规范、准确
		②用词是否准确、严谨，无歧义
		③规范是否规定了明确的规范执行主体、客体和内容三个基本要素

续表

一级指标	二级指标	指 标 内 涵
内容	正当性	规范内容是否充分体现平等性、公益性以及便利性等公共图书馆的行业特色
	完备性	规范配置是否完备、具体
	目标性	①规范内容对实际问题解决的针对性以及预期目标的可实现程度
		②体现办馆宗旨
	操作性	①规范内容表达有条理、通俗易懂
		②各相关主体之间权责分配是否明确
		③规范中用户违约处罚方式是否明确、适当
		④规范内容不搞大而全，无宣示性规范
	可行性	规范内容符合图书馆的实际发展水平，人员、馆藏、软硬件设施以及经费等均具备可行性
	前瞻性	规范对未来可能发生的问题具有较强的预见性，并提出相应的解决方案
	系统性	①权利性规范和义务性规范配置是否相协调
		②积极义务性规范与消极义务性规范是否配置均衡
		③规范文本是否集中体现
用户	满意度	用户对规范配置的满意度水平
	参与度	①用户的参与度以及相关意见是否在规范制定过程中得到充分体现
		②用户是否参与政策评价和监督的长效机制
	权利救济	是否建立了与规范内容相匹配的权利救济机制
	监督反馈	是否建立了与规范内容相匹配的监督反馈机制

59

3.5.2.2 第二轮调查

经过第一轮的指标筛选和补充，得到了新的指标体系（修改版），笔者再次向上述 11 位专家发放调查问卷，收集数据，得到以下结果（参见表3-8）。

表3-8　　　　　　　　　　　专家第二轮打分结果

一级指标	最高分——最低分——众数	二级指标	最高分——最低分——众数
基础标准	9(45.5%)7(9.1%)　　9/8	科学性	9(45.5%)　7(9.1%)　9/8
		合法性	9(45.5%)　7(27.3%)　9
内容	9(63.6%) 8(36.4%) 9	技术性	9(18.2%)　2(9.1%)　8
		正当性	9(27.3%)　6(9.1%)　8
		完备性	9(27.3%)　6(9.1%)　7
		目标性	9(18.2%)　6(18.2%)　8
		操作性	9(27.3%)　7(18.2%)　8
		可行性	9(9.1%)　7(36.4%)　8
		前瞻性	8(45.5%)　5(18.2%)　8
		系统性	9(18.2%)　6(9.1%)　7
用户	9(36.4%)6(9.2%)　　9	满意度	9(27.3%)7(18.2%)　8
		参与度	9(27.3%)　6(9.1%)　8
		权利救济	9(9.1%)　5(9.1%)　8/7
		监督反馈	9(9.1%)　5(9.1%)　7

（1）对指标体系的总体评价。

对于一级指标的合理性，5 位专家的观点是"非常合理"，其余 6 位专家的观点是"比较合理"。相比第一轮调查，专家对于第二轮的指标体系的认可程度明显提高，其中 1 位专家提出问题：专家认为将"合法性"修改为"合法合规性"或者"合规性"更为准确。笔者认为这里的"规"不是一般的规章制度，而是指"规章"，即部门规章和地方政府规章。[61] 按立法法的规定，"规章"也是广义的"法"。"合法性"包含"合规性"，指标必须言简意赅，因此没有采纳这条建议。通过两轮德尔菲法，我们对指标体系进行了较充分地修改，也得到了各位专家的高度认可，因此下文将以评价指标体系（修改版）作为最终的评价指标，计算各个指标的权重。

（2）专家第二轮打分情况。

3.5.2.3 运用层次分析法计算指标权重

运用层次分析法获得评价指标权重，是要求各位专家对同一层次的指标两两比较其相对重要程度，并且使用萨帝设计的1～9级比例标度为相对重要性进行赋值。[62]陈敬全运用这种方法建立高校科研实力评价指标体系时，对评价表做了进一步优化，优化后的评分表不需要专家赋值，只需要在对应的表格位置填上比较指标的代码就可以了，然后将回收的数据转换成比较矩阵。[63]吴建华对调查表进一步改进，专家只需要根据被评指标的相对重要性在对应的地方做标记即可，根据标记，将专家意见转换成比较矩阵。[64]

我们采用吴建华的层次分析法，进行专家调查表设计，并将回收后的数据分别转换成比较矩阵，最后运用 Matlab 软件计算出比较矩阵的最大特征根和对应的特征向量，最后得到各个指标的权重，现在以2号专家的评价数据为例，详细对计算流程进行介绍。

本次设计的指标体系共包含了3个一级指标，一级指标下分别设置了若干个二级指标。因此，需要填写1个一级指标比较表和3个二级指标比较表，经过转换形成4个比较矩阵。

第一步：计算单层次排序权重。

根据2号专家填写的一级指标比较表（参见表3-9），转换成表3-10所示的比较矩阵表。

表 3-9　　2号专家对一级评价指标相对重要性打分

重要性指标	非常重要→→→重要→→→非常不重要							
	9	8	7	6	5	4	3	2	1
基础标准	✓								
内容		✓							
用户			✓						

表 3-10　　　　　　2 号专家一级指标比较矩阵表

	A	B	C
A	1	8/9	7/9
B	9/8	1	7/8
C	9/7	8/7	1

将比较矩阵输入 Matlab 软件中进行计算，计算出该矩阵的最大特征根和特征向量为：

$$\lambda_{max} = 3$$
$$W_0 = [0.5052, 0.5683, 0.6495]^T$$

下面进行一致性检验：

$$CI = \frac{\lambda_{max}}{n-1} = \frac{3-3}{3-1} = 0$$

因此，$CR = CI/RI = 0 < 0.1$，一致性检验通过。

对特征向量进行归一化处理，得到一级指标的权重向量为：

$$W = [0.2932, 0.3298, 0.3770]^T$$

按照同样的方法，计算出 3 个二级指标比较矩阵的权重向量。

二级指标"基础标准"权重向量 $W_A = [0.4667, 0.5333]^T$

二级指标"内容"权重向量：

$$W_B = [0.1083, 0.1237, 0.1237, 0.1443, 0.1083, 0.1237,$$
$$0.1443, 0.1237]^T$$

二级指标"用户"权重向量：

$$W_C = [0.2165, 0.2474, 0, 2474, 0.2887]^T$$

第二步：计算层次总排序权重。

2 号专家的层次总排序权重系数见表 3-11。

表 3-11　　　根据 2 号专家调查数据计算的指标权重系数

一级指标	权重	二级指标	层次单排序权重	层次总排序权重
A. 基础标准	0.2932	A1. 科学性	0.4667	0.1368
		A2. 合法性	0.5333	0.1564

续表

一级指标	权重	二级指标	层次单排序权重	层次总排序权重
B. 内容	0.3298	B1. 技术性	0.1083	0.0357
		B2. 正当性	0.1237	0.0408
		B3. 完备性	0.1237	0.0408
		B4. 目标性	0.1443	0.0476
		B5. 操作性	0.1083	0.0357
		B6. 可行性	0.1237	0.0408
		B7. 前瞻性	0.1443	0.0476
		B8. 系统性	0.1237	0.0408
C. 用户	0.3770	C1. 满意度	0.2165	0.0816
		C2. 参与度	0.2474	0.0933
		C3. 权利救济	0.2474	0.0933
		C4. 监督反馈	0.2887	0.1088

利用公式进行层次总排序的一致性检验

$$CR = \frac{\sum\limits_{i=1}^{n} W_{ai}\mathrm{CI}_i}{\sum\limits_{i=1}^{n} W_{ai}\mathrm{RI}_i}$$

因为每一个比较矩阵的 $CI=0$，因此 $CR=0$。一致性检验通过。

第三步：计算群组决策结果。

第二轮调查共咨询了 11 位专家，其余 10 位专家的一致性比率 $CR=0$，因此，对 11 位专家的计算结果进行等权重合成，最后形成的权重系数参见表 3-12。

表 3-12 公共图书馆用户权利义务规范配置评价指标权重

一级指标	权重	二级指标	权重
A. 基础标准	0.3281	A1. 科学性	0.1620
		A2. 合法性	0.1661

一级指标	权重	二级指标	权重
B. 内容	0.3196	B1. 技术性	0.0466
		B2. 正当性	0.0378
		B3. 完备性	0.0392
		B4. 目标性	0.0393
		B5. 操作性	0.0365
		B6. 可行性	0.0382
		B7. 前瞻性	0.0428
		B8. 系统性	0.0392
C. 用户	0.3523	C1. 满意度	0.0826
		C2. 参与度	0.0836
		C3. 权利救济	0.0925
		C4. 监督反馈	0.0936

3.6　公共图书馆用户权利义务规范配置评价指标体系解读

3.6.1　基础标准

"基础标准"是指规范应具备的基础条件，主要包括"科学性"和"合法性"两个方面。

3.6.1.1　科学性

"科学性"即科学合理性，包含四层含义：①规范制定的程序以及方法是否科学；②规范制定人员是否具有权威性；③规范配置过程中的调研和论证情况；④急需解决问题的严重性以及规范实行的紧迫性。具体评价方法和评价要点如表3-13所示。

表3-13　　　　　　"科学性"指标评价方法及要点

评价具体内容	研究方法	关注点
规范制定的程序及方法	访谈法	①规范制定的全过程分为哪几个阶段 ②规范制定过程中使用的研究方法有哪些 ③规范制定全过程遵守的原则是什么
规范制定人员的权威性	访谈法	①规范制定人员的选取方式 ②规范制定人员的综合素质水平
调研和论证情况	访谈法	①规范制定前期是否做过充分的调研，调研的方式有哪些以及调研对象的结构 ②规范制定过程中是否进行反复论证以保证规范配置的全面、科学
急需解决问题的严重性以及规范实行的紧迫性	文献分析法	对图书馆活动各主体之间矛盾、冲突现象进行总结、分析

3.6.1.2　合法性

合法性是规范存在的根本条件，如果规范不具备合法性，那么规范也不会存在，更不可能被推广。黄维[49]认为，合法性标准通常是指评价主体对正在实施的地方性法规、规章，评价其是否与立法的原则、精神和国家方针政策相一致，判断立法的依据、权限、程序、内容等是否与上位法一致。我们参照上述观点，对公共图书馆用户权利义务规范配置的"合法性"进行评价（参见表3-14）。

65

表 3-14　　　　　　"合法性"指标评价方法及要点

评价具体内容	研究方法	关注点
规范与上位法律、制度等规范性文件不冲突	文献调查法	①对上位法律、制度等规范性文件进行汇总、解读 ②考察规范整体配置是否与上位法律规范良好衔接，规范的内容是否存在与上位法冲突的现象

3.6.2　内容

规范"内容"评价是公共图书馆用户权利义务规范配置评价的重中之重，为保证规范内容评价的完备性，我们从以下 8 个方面进行综合评价。

3.6.2.1　技术性

规范技术性的考察点：①规范中相关概念、术语、标点符号、数字等使用是否规范、统一、准确。②用词是否准确、严谨，无歧义。对规范的具体内容进行详细分析，判断是否存在用词不严谨、有歧义的现象，是否存在容易使读者造成误解的内容。③规范是否规定了明确的规范执行主体、客体和内容三个基本要素。

3.6.2.2　正当性

规范配置的正当性是指规范的内容是否符合本行业特色。公共图书馆因其机构属性、经济来源、服务对象的特殊性，而具有公益性、平等性以及便利性等行业特色。

公益性主要指公共图书馆免费对社会公众开放，即使存在一些付费服务（如科技查新、资料打印、复印等）也是在合理收费的范围内。公共图书馆的公益性包括：①免费服务为主，有偿服务并存；②定期举办公益性活动（如讲座、展览等）；③鼓励社会力量参与图书馆的建设（如鼓励广大读者捐赠图书、开展志愿者服务等）。

平等性是指公共图书馆的所有服务面向所有的社会公众，不得因疾病、种族、性别、年龄、工作等而产生不公平对待，反而更应该为特殊群体（如老年读者、残障群体、未成年人等获取信息存在障碍的人群）提供一些专属服务，如为残障人士提供专用通道、采购儿童读物以及为视障群体配置阅读设备等。平等性主要体现在：①服务对象公众化；②关注信息弱势群体；③注重读者信息素养教育。

便利性即公共图书馆展开的用户服务切实为用户提供方便，易于用户更加方便、快捷地获取所需信息，主要包括：①位置便利性，图书馆附近交通便利、设置图书借还流动站等；②信息获取便利，创设多种信息服务平台（如微信公众号、微博、官网等）、提供馆际互借和通借通还服务等。

3.6.2.3 完备性

完备性是指规范的内容全面、详尽、具体。配置图书馆用户权利义务规范的目的就是要保障用户权利以及规范用户行为，因此规范的内容应主要体现：①如何保障用户的合法权利，为保障用户权利开展哪些具体的服务以及规范内容可以保障用户的哪些权利不受侵犯。②用户在利用图书馆的过程中应履行哪些具体的义务以及用户行为失范时应承担哪些责任。参见表3-15。

表3-15　公共图书馆用户权利义务规范内容"完备性"评价要点

用户权利义务规范具体内容		规范"完备性"具体评价要点
权利性规范	知情权规范	自建刊物
		图书馆位置信息
		图书馆简介
		停车位信息
		办证须知
		收费标准

用户权利义务规范具体内容		规范"完备性"具体评价要点
权利性规范	知情权规范	图书馆发展规划
		财政预算
		信息动态更新
		信息发布渠道多样性
		用户行为规范版本
		图书捐赠
		业务统计
		其他
	借阅权规范	阅览权
		外借权
	时间保障权规范	开馆时间
		借阅时间
		便利性服务开放时间
	安全保障权规范	人身安全权
		财产安全权
	隐私权规范	用户个人信息保护
		未成年用户隐私信息保护
	受教育权规范	信息素养培训
		公益性讲座、论坛、展览的举办
	受尊重权规范	平等权
		弱势群体信息保障服务
	空间设备使用权规范	空间使用权
		设备使用权
	参与权规范	捐赠权
		志愿服务权
		批评建议权
		文献荐购

续表

用户权利义务规范具体内容		规范"完备性"具体评价要点
义务性规范	出、入馆义务性规范	借阅证使用要求
		线上入馆须知
		携带物品限制
		用户仪表要求
		出、入馆安全检查
		其他
	馆内义务性规范	保护环境
		尊重他人
		公共设备、设施使用要求
		人身、财产、隐私安全保护
		版权保护
		其他

表 3-15 对用户权利性规范以及义务性规范应涉及的内容进行了详细列举，在对样本图书馆规范内容完备性进行评价时，可进行比较分析，从而多方面了解样本图书馆规范内容配置是否完备、具体。

3.6.2.4 目标性

目标性是指规范的内容设置时刻要围绕配置规范的初衷，以解决现实问题为导向，体现规范的实际价值。在对规范内容进行评价时，一方面应注意规范配置的目标性，检验规范的内容设置是否与配置规范的目的相匹配，能够解决现实问题的程度高低；另一方面应注意规范的内容应体现图书馆的办馆宗旨、办馆精神和服务理念。

3.6.2.5　可操作性

可操作性主要从以下几个方面体现：①规范内容表达有条理、通俗易懂。由于公共图书馆的服务对象是全体社会成员，其文化程度高低不一，因此规范内容的文字表述应通俗易懂，易于用户理解。②各相关主体之间权责分配是否明确。公共图书馆活动中的三大主体是用户、馆员和图书馆，规范应明确体现各主体的权利和责任关系，以免产生不必要的纠纷。例如：有的图书馆配置了用户财产安全保护声明，明确规定图书馆为用户提供存储柜等便利服务的同时，用户有保护私人财产安全的责任，若发生财产失窃等现象，后果自负。③规范中用户违规处罚方式是否明确、适当。违规处罚等具体条款设置应该具有合理性和明确性，在规范中明确违规现象，并针对不同的违规行为配置合理的处罚方式。④规范内容不搞大而全，无宣示性规范。在规范内容的设置过程中，切忌使用喊口号等具有宣示性色彩的条款，这些条款往往比较空洞，不详细、不具体。例如："用户只能在指定区域饮食"，只是告诉用户应在指定场所饮食，但没有指明指定区域包含哪些地方、具体的地点在哪，可操作性差。

3.6.2.6　可行性

可行性是指规范的内容应符合本馆的实际水平，包括人员、馆藏、软硬件设备、经费等。例如：在公共图书馆馆藏数量较少的情况下，为保障读者的借阅权，规定读者一次性最多可借阅 30 本图书。这种规范严重与本馆的馆藏水平不匹配，可能由于在先读者外借数量较多而导致在后外借的某些读者无法享受这种权利，影响图书馆服务的正常运转。

3.6.2.7　前瞻性

前瞻性是指规范内容的设置要具有长远的发展目光，对可能发生或者还未发生的现象进行预估，并提出相应的解决方案。例如：有些图书馆在用户权利义务规范中详细对火灾发生时的逃生办法进行说明，这点是值得学习的地方。防火防盗是图书馆日常工作中应注意的问题，在规范中明确表明火灾发生时自救的办法以及逃生路线，对未发生的事件进行预测，将突发性灾难带来的损失降到最小。用户权利义务规范的作用就是用来指导用户行为，由于公共图书馆是一个开放的流动性场所，用户各色各样，可能会有很多意想不到的事件发生，因此在规范配置过程中必须对可能发生的大概率事件进行预估，并提出相应的解决方案。

3.6.2.8 系统性

对系统性的考察，主要从下面几点出发：①权利性规范与义务性规范相协调。不能为了保障用户权利而忽略用户义务性规范的配置，同时权利性规范和义务性规范内容之间不可发生冲突、矛盾的现象，两者应彼此协调、相辅相成，共同实现规范配置的目标，否则会影响规范的可操作性和实用性。②积极义务性规范与消极义务性规范是否配置均衡。对两者进行均衡配置，一方面能够体现图书馆的人文关怀；另一方面，采用强制性、命令性的语言对用户权利义务更有约束性。③规范文本是否集中呈现。用户权利义务规范是否分散、凌乱分布，是否具备集中展示和直观易于被用户发现的特征。

3.6.3 用户

由于配置权利义务规范是为了指导用户行为，其作用对象是整个用户群体，因此规范配置的全过程引入用户的意见极其重要，我们从用户满意度、参与度、权利救济和监督反馈 4 个角度对规范配置的"用户"层面进行综合评价。

3.6.3.1 满意度

满意度是指用户对公共图书馆用户权利义务规范配置的满意程度，从多方面、多角度进行考察，整体反映满意水平。

各指标用户满意度计算方式为：用户对指标的评分×各指标权重

71

3.6.3.2　参与度

参与度是指用户在配置规范过程中的参与程度。用户参与规范配置的过程，一方面可以切实反映其需求以及一些现实情况，帮助规范制定者了解用户的内心需求。另一方面，用户参与规范配置的全过程，可以很好地起到监督作用，保障规范配置过程的科学性。

对用户参与度进行评价主要从两个方面入手：①通过访谈法对样本图书馆规范配置的过程进行了解，对规范配置过程中用户参与的程度（用户参与是否在方案拟制中得到体现、用户参与的方式、用户的选取方法、用户的人数等）进行分析。②验证规范中是否体现用户参与政策评价与监督的长效机制，用户的参与程度高低直接影响到规范配置方案的监督水平。

3.6.3.3　权利救济

权利救济评价是指当用户权利受到侵害时，规范为用户提供哪些权利救济途径，同时对救济途径的便利性以及多样性等方面进行综合评价。

3.6.3.4　监督反馈

监督反馈是指当用户投诉或反映一些问题时，相关部门应及时给予用户满意的答复。对规范配置的监督反馈机制进行评价，就是对规范中体现投诉、建议反馈的整体水平（反馈时间、反馈途径等）进行整体评价。

◎　参考文献

[1]　徐从平. 合肥市基层公共图书馆公共文化服务现状调查与研究［D］. 合肥：安徽大学，2018.

[2]　李越等. 内部控制评价研究的最新进展［J］. 财务与会计（理财版），2013（11）：31-33.

［3］ 田茂海．农村反贫困政策的综合绩效评价及实证研究——以
云南省为例［D］．昆明：云南财经大学，2012.

［4］ 肖念涛，谢赤．中小企业财政支持政策评价指标体系的理论框
架分析［J］．湖南大学学报（社会科学版），2013，27（5）：
51-56.

［5］［14］［34］周英男，等．中国绿色增长政策评估指标体系研
究［J］．管理现代化，2018，38（3）：92-95.

［6］［15］郭俊华，曹洲涛．知识产权政策评估体系的建立与推进
策略研究［J］．科学学与科学技术管理，2010（3）：33-40.

［7］［32］程琼．专利资助政策评估研究［D］．上海：上海交通大
学，2010.

［8］［31］［33］周晶．职业教育政策评估指标体系设计与实施
［J］．职业技术教育，2011，32（16）：47-52.

［9］ 马海群，徐天雪．我国政府数据安全政策评估体系构建研究
［J］．图书馆理论与实践，2018.

［10］［21］［22］［26］［29］梁建忠．我国公共政策事前评估研
究——以研究生教育收费政策为例［D］．杭州：浙江大学，
2014.

［11］ 郭峰，等．《水利产业政策》评估指标体系及测算方法研究
［J］．水利经济，2005，23（2）：17-19.

［12］ 凌金铸，等．公共文化服务政策评估体系的指标、结构与模
型［J］．中国文化产业评论，2014（1）：66-81.

［13］ 宋健峰，袁汝华．政策评估指标体系的构建［J］．统计与决
策，2006（22）：63-64.

［16］ 蒲鸿春，王志伟．我国全民健身政策评估指标体系构建研究
［J］．体育文化导刊，2017（2）：15-20.

［17］ 吴杰等．基于政策视角的企业产品标准水平评估指标体系研
究［J］．标准科学，2016（11）.

［18］《基本养老保险财政补贴政策评估指标体系研究》课题组，
杨良初．我国基本养老保险财政补贴政策评估指标体系研究
［J］．财政科学，2018，36（12）：38-50.

[19] 张玉强，胡思琪．科技创新券政策评估指标体系构建 ［J］．中国科技论坛，2017（11）：7-15.

[20] ［35］谢戈力．广东"三旧"改造政策评估研究 ［J］．中国土地，2011（11）：50-52.

[23] 胡伶．教育政策评估标准体系的架构研究 ［J］．教育理论与实践，2008（34）：22-26.

[24] 王云斌．社会福利政策评价的指标体系及其评价方法研究 ［J］．社会福利（理论版），2016（8）．

[25] 郭鹏飞，周英男．基于扎根理论的中国城市绿色转型政策评价指标提取及建构研究 ［J］．管理评论，2018（8）：256-266.

[27] 黄木，杨小雪．科技强农政策评估研究 ［J］．科技创业月刊，2016（9）：20-23.

[28] 王明珠，秦利．养老服务政策评价指标体系实证研究——以延边自治州为例 ［J］．黑龙江民族丛刊，2016（4）：61-65.

[30] 谷琳．建筑节能标准评估研究 ［D］．北京：北京交通大学，2015.

[36] 唐克，陈楠．试析远程教育政策评估标准与合理框架 ［J］．教育学术月刊，2012（2）：96-98.

[37] 李冰强，等．立法前评估指标体系的构建 ［J］．晋阳学刊，2017（2）：127-132.

[38] 何盼盼．立法前评估机制研究 ［J］．人大研究，2016（7）：28-33.

[39] 仵琼．国外立法前评估制度的比较评析 ［J］．南都学坛，2015，35（3）：84-86.

[40] 李丹．地方立法前评估浅论 ［J］．人大研究，2014（4）：34-36.

[41] 周怡萍．立法前评估制度研究——以地方立法为视角 ［J］．人大研究，2014（8）．

[42] 席涛．立法评估：评估什么和如何评估（上）——以中国立法评估为例 ［J］．政法论坛，2012，30（5）：59-75.

[43] 俞荣根．地方立法前质量评价指标体系研究 ［J］．法治研究，

2013（5）：3-9.

[44] 王方玉．地方立法前评估的内涵与主体模式解析——基于对立法后评估的借鉴［J］．西部法学评论，2018（6）：111-121.

[45] 张媛．地方立法前评估机制研究［J］．法制与社会，2019（7）：22-23.

[46] 田文婧．立法前评估制度研究［J］．法制博览，2018（15）：47-49.

[47] 俞荣根．地方立法后评估指标体系研究［J］．中国政法大学学报，2014（1）：46-57，158.

[48] 陈月．我国地方政府规章立法后评估制度研究［D］．广州：华南理工大学，2017.

[49] 黄维．地方立法后评估标准问题研究［J］．南都学坛，2019，39（2）：81-84.

[50] 穆治妤．立法后评估研究［D］．沈阳：沈阳师范大学，2018.

[51] 刘平．"恶法"的矫正：立法后评估指标体系的构建［J］．探索与争鸣，2013（10）：19-21.

[52] 王艳志．地方立法后评估标准问题研究［D］．昆明：昆明理工大学，2015.

[53] 冯超．我国地方规章立法后评估研究［D］．沈阳：辽宁大学，2016.

[54] 王称心．立法后评估标准的概念、维度及影响因素分析［J］．法学杂志，2012，33（11）：90-96.

[55] 陈建平．行政立法后评估的标准［J］．行政与法，2008（9）：81-84.

[56] 汪全胜．立法后评估的标准探讨［J］．杭州师范大学学报（社会科学版），2008（3）：92-96.

[57] 李佳青．科技法律实施评价指标体系研究——以《天津市科学技术进步促进条例》实施为例［D］．天津：天津工业大学，2013.

［58］李永秀．中美研究型图书馆用户权利政策比较述评［J］．图书馆学研究，2013（16）：28-32.

［59］李国霖．中美公共图书馆用户权利政策比较研究［D］．郑州：郑州大学，2015.

［60］王慧芳．海峡两岸高校图书馆用户权利政策比较研究［D］．郑州：郑州大学，2015.

［61］姚锐敏．关于规章和其他规范性文件在合法性审查中的地位和作用的思考［J］．行政论坛（6）：53-57.

［62］徐宇仙，等．层次分析法在武警部队医院卫勤应急药材保障评价指标体系的应用［J］．武警医学，2016，27（1）：48-50.

［63］陈敬全．科研评价方法与实证研究［D］．武汉：武汉大学，2004.

［64］吴建华．数字图书馆评价方法［M］．北京：科学出版社，2009.

第4章　美国公共图书馆用户权利义务规范配置

📚 4.1　美国国会图书馆用户权利义务规范配置[1]

美国国会图书馆是世界上最大的图书馆，收藏了数以百万计的书籍、录音、照片、报纸、地图和手稿等资源。该馆是美国国会和美国版权局的主要研究机构，由综合图书馆和法律图书馆组成。为了全方位地满足用户的馆内体验，该馆制定了比较完善的用户行为规范。分析该馆用户行为规范配置的特点，对于提高用户的权利义务意识、加强图书馆制度建设以及改进用户服务均具重要意义。

4.1.1　用户权利性规范配置的特点

图书馆用户权利是指用户在宪法、法律法规、图书馆制度规定的范围内，可以为某种行为以及要求图书馆主管部门、图书馆或其他用户为某种行为或不为某种行为的资格。美国国会图书馆用户权利性规范配置的特点体现在：

4.1.1.1 全面保护用户权益

美国国会图书馆保护的用户权利较多，如隐私权、安全权、平等获得知识权、自由选择知识权、言论自由权、批评建议监督权等。

（1）严守用户隐私。

隐私一直是人们关注的话题。图书馆作为公共场所，人员繁杂，管理难度较大，用户隐私面临挑战，网络更易让用户的隐私暴露，因此，图书馆用户的隐私是馆方应密切关注的问题。美国国会图书馆充分重视用户的隐私保护，对此做了多项规定。例如，该馆公开了收集、使用、分享网络用户信息的方式，"只有当用户自愿将个人信息提供给图书馆时，图书馆才能使用""用户信息只用于特定的目的"。[2]此外，该馆还列出了收集网上用户信息的类型，包括个人基本信息、访问网站的日期和时间、用户计算机的型号特点、cookies等。收集的信息并不用于商业目的，且有专门的软件保障信息安全，用户可以放心使用。收集、整合只针对用户的访问信息，分析用户的使用特点、喜好，使用商业软件分析计量数据，了解网站的不足，优化网站的服务，进一步提升用户的使用体验。

以规范的形式向用户交代这些信息，显示了对用户隐私的重视，也是尊重用户的表现。用户有权利知道自己的个人信息被什么样的程序收集并用于哪种用途。这些规范的制定在一定程度上了减少了由于网络的不易监管给用户带来的信息安全隐患，符合用户的诉求，公开透明的方式也易被用户理解和支持。

值得一提的是，美国国会图书馆还特别对儿童的隐私权做了规定，规范中也涉及儿童的网站信息收集类型和利用方式。监护人若发现有隐私受到侵犯的现象，可申请删除相应信息。儿童作为弱势群体，其隐私容易被忽视，馆方关注儿童的隐私并单独制定规范，体现了用户隐私权保护的严密性。

（2）保障用户安全。

安全权是用户享有在馆内安全的权利，包括用户的人身安全和财物安全。美国国会图书馆对此有明确规定，如"所有的游客都必须经过像机场一般的安检才能进馆""禁止携带手枪、炸药、刀具等危险物品进馆"。[3] 馆内人员集聚，禁止危险物品的带入很有必要，表面上是对用户携带物品的限制，实际是为了保障馆内人员的安全、馆内资源的安全和馆内活动的正常运行，特别是在美国这样一个武器持有较为自由的国家，这一规定显然是合理的。

"用户应该限制带入图书馆的个人财物的数量。"[4] 衣帽间可以暂时存放符合规定的物品，一些阅览室向用户提供锁具，充分保证财物安全。对于珍贵财物用户应自己妥善保管，用户进入图书馆主要是为了学习、科研、文化熏陶等目的，带入过多财物一是用处不大，再者也不好管理，出于安全考虑，还是适量为好。"图书馆作为一处公共场所，用户需在意自己的个人财物安全，特别是像手提包、电脑等贵重物品不得遗落在阅览室或馆内任何地方，馆方对财物的丢失不负责任。"[5] 杰弗逊馆区规定，研究者一旦需待一整天，晚上需要将自己白天存储在衣帽间的物品取出存至夜晚衣帽间。这一细节虽然看起来麻烦，却行之有效，能长时间保障存储物品的安全。

美国国会图书馆规模较大，部门众多，管理很难面面俱到，因此用户需要自己留意，馆方仅能提醒用户，防患于未然。一旦发生失窃，可联系国会警察，将情况提供给失物招领办公室。[6] 图书馆有具体联系方式。该项规定全面、细致、长远，对一般物品、贵重物品以及事件的处理都做了规定，层次清晰，科学实际，具有人情味。

（3）照顾弱势群体。

平等获取知识权是指馆内用户有平等使用图书馆资源、获取知识的权利。这也是公共图书馆开展社会教育功能的一大体现。每个人在利用图书馆资源和服务上都处于同等地位，享有相同的权利，所有年龄段、条件的用户群体都有权得到与其需求相应的资料，不应因社会地位、背景、个人条件的限制剥夺或否认用户的权利。特别是对于弱势群体，如残障人士、儿童等，理应多受到照顾。

对于残障人士，美国国会图书馆提供残疾人士使用的设备，如闭路放大设备就是针对存在视觉障碍的用户；"众多的残疾人专用

79

设备可以满足听障用户听取音频和视障用户大屏幕访问资源的需要"。[7]在报纸和流行期刊阅览室，"视窗"软件，一种用于听觉接入的语音合成器，可以帮助听障用户阅读资料。儿童用户也是图书馆内的一类特殊用户，容易受到忽视，但美国国会图书馆不然。"我们的任务之一是用有创意的、具有教育意义的方式服务儿童用户，并同时保护他们的隐私。"[8]"国会图书馆有许多网站供年轻读者阅读，全家人一起探索。"[9]该馆专门针对儿童设计相关活动、配置适龄图书等，让他们以自己喜爱的方式利用资源、获取知识，进而培养儿童的思考能力和创造能力。

（4）崇尚知识自由。

用户对馆内资源的利用，包括平等利用和自由利用，自由利用即自由选择知识，用户根据自己的需要选择合适的知识内容和形式。美国国会图书馆免费向公众开放，用户进入馆内公共区域或者展览区域不需要门票和预订，用户可自由进入馆内，这是用户自由利用馆内资源的基础。进入阅览室则需要读者认证卡，凭借身份证件办理，一人一卡，这样既能防止资源的滥用和丢失，对用户进行有效管理，也能简化用户获取资源的程序，从而保障用户自由选择知识的权利。

用户对知识的选择还与馆藏数量密切相关，馆藏多样性就是一个重要指标。馆藏多样性不仅反映文化的多样性，也是民众利用图书馆自由获取知识的必要保障。美国国会图书馆拥有类型多样的资源，包括书籍、期刊、报纸等传统文献资源；视频、音频、照片、经数字化处理的资源；各式各样的数据库资源以及众多不同语种的国内外资源。这就给予用户更多的选择空间，能满足不同用户的不同需求。当然，这与国会图书馆的馆藏发展政策密不可分，国会图书馆的馆藏发展政策秉承杰弗逊的理念，即所有学科的资料对于国会、研究者和学者都是有价值的，因此，该馆收藏了多种学科、多种格式、多种语言的资料，用户可以根据自己的需要自由选择资源的类型。

（5）倡导言论自由。

言论自由是指用户能够自由发表自己的言论。"欢迎通过图书馆的博客、社交媒体等参与和评论，网络用户要遵循文明言论规章。"[10]言论自由并不意味着畅所欲言，要遵循一定的原则和标准，每个人对自己发表的内容负责。对于用户生成的内容，馆方会进行监管，及时删除不切题信息或者威胁恐吓信息，保证言论环境的健康有序。用户需要事先对发布的信息进行审核，以免存在不便向公众公开的内容，防止重要信息和隐私的泄露。

（6）强调用户反馈。

"我们使用不同种类的表格，包括第三方表格和调查报告，收集用户建议和反馈，用户自愿提交个人建议"；"用户要给予关于图书馆服务的反馈，无论积极或消极的"。[11]图书馆要想提高服务质量，就需要及时收集、分析用户的反馈信息，了解他们的需求。当然，用户是否向图书馆提供反馈信息，完全基于自愿，并非强制。美国国会图书馆的用户权利义务规范中多次提到欢迎用户的参与和评论，可以借助图书馆的博客、社交媒体、研讨会、论坛等平台提交自己的意见和反馈。从用户角度来说，可以获得参与图书馆活动的机会，加深对图书馆的了解；于馆方来说，可以获悉服务存在的疏漏或有待完善之处，对图书馆后续发展有重要参考价值。

4.1.1.2 可操作性强

规范的可操作性即规范的实际操作难度，说到底，制定的规范最终还是要投入实践的。国会图书馆的用户权利性规范都立足于具体的图书馆活动，切合实际，细致周到，可操作性强。"在主阅览室和科学商业阅览室，用户检索的资源可以直接被送到座位上"，研究者可通过网络在线申请需要的资料，阅览室一开放，用户的申请需求就会被处理。"检索的资源与用户在同一个馆区，用户可在一小时内获得所需资料，若在较远馆区，则时间不超过90分钟。"[12]在馆内，每天会有两次资源递送服务，竭力满足用户需求。该规范细致规划了用户在线获取资源的流程，环环紧扣，操作性强。

用户检索资源时，若遇到提示"本资源不在架上"的情况，就重新核对一下索书号和书目信息的正确性和完整性；若是期刊信息，则需要联系参考馆员，这就避免用户手忙脚乱，方便用户具体操作。

4.1.1.3　以道德权利为主

道德权利是与特定群体道德规范相吻合的权利，内在地包含着义务的要求。即个体对于权利的享有必须不以损害全体利益的实现为前提，或者说，维护或保证群体利益的完整是个体利益得以实现的前提或理由。[13] 在上文提及的权利中，平等获取知识、自由选择知识、言论自由、批评建议监督等权利都属于道德权利。用户在馆内享有该权利的前提是言谈举止文明，维持馆内环境的稳定安全，不得干扰其他用户或影响图书馆的正常活动，遵守图书馆的规章制度，否则就会被图书馆按照情节严重程度给予惩罚甚至驱逐出馆。这样的规范设置比较明智，将用户的行为空间与其道德义务挂钩，起到较好的规制作用。

4.1.2　用户义务性规范配置的特点

图书馆用户的义务是指依据宪法、法律法规和图书馆制度，用户必须作某种行为或者不作某种行为的责任。美国国会图书馆用户义务性规范配置的主要特点是：

4.1.2.1　敬人爱物

美国国会图书馆的用户义务性规范无不体现"敬人爱物"的思想主线，具体表现在：

（1）功能引导。

国有国法，家有家规。遵守馆纪是用户享受图书馆服务的前提。这一义务是从整体的角度上规范用户的行为，总领全局，对其他分项规范有一定的引导作用。"用户要使用图书馆设施和阅览室，就必须举止合理，行为与国会图书馆的功能与宗旨相一致。"[14] 用户虽然可以自由享受图书馆的服务，但不能随心所欲，不能违背图书馆的功能与宗旨，只能在图书馆功能与宗旨映射的范围内活动。

（2）法律威慑。

用户的行为除要遵守图书馆的规章制度外，也受到国家法律的限制。"若要使用馆内网站的资源，用户需要自己确定内容是否涉及隐私权和著作权，还要考虑资源的类型和使用目的。"[15]在美国，隐私权、肖像权和版权是分开的，版权受联邦法律即《版权法》的保护，然而隐私权和肖像权受到州法律的保护，各个州具体条款有所差别，这就需要特殊问题特殊对待，用户利用馆内资源在涉及版权、隐私权和肖像权时，需依据相应的法律条款合理作为。

（3）以人为本。

尊重馆员和其他用户反映一个人的道德素养。"禁止大声喧哗、用乐器或其他设备产生声音"，意在为其他用户的活动提供安静的氛围；"禁止随意吐痰、随地大小便或其他类似的破坏活动"，意在阻止用户威胁他人的健康；"没有书面允许，不得对馆员、读者和安保人员拍照"[16]，这一规范不仅防止打断用户的正常活动，也避免了侵犯用户的肖像权。总之，这一义务看似是对用户的要求，实际上也立足于用户的权益，用户尊重他人的同时也会受到他人的尊重。若人人如此，则馆内氛围就会更加和谐。

（4）爱护资源。

馆内基础设施是图书馆正常运作的基础，用户应该小心利用，不得随意破坏。"禁止故意损坏馆藏资源或馆内其他财产的行为"[17]，这一规定旨在保护图书馆服务的根基，因为"巧妇难为无米之炊"。若没有"米"或"米"已发霉、变质（"米"即图书馆资源），图书馆如何为"炊"（为用户提供各种服务）？

网站资源也是图书馆资源的有机组成部分，自然不容破坏。美国国会图书馆规定，"未经授权尝试上传或改变网站信息的行为被严令禁止"。[18]网站信息能引导、协助用户合理有效利用图书馆，用户应该认识到其重要性，尊重馆方劳动成果，不能随意破坏，否则将会受到惩罚。

4.1.2.2 违规与惩罚紧密衔接

惩罚也是规范用户行为的一种方式，通过适当的惩罚，会让犯错用户吸取教训，也让其他用户产生警觉。当然，要注意惩罚的力度，过重会削弱用户的积极性，过轻则达不到应有的效果，应根据情节轻重给予适当惩罚。"根据联邦法律，任何人不得非法窃取、污损、伤害、损坏或破坏图书馆资料或者其他物品，否则将会处以2000 美元以下的罚款或 3 年以下监禁或两项惩罚同时进行"[19]，这是美国国会图书馆针对馆内资源遭破坏的处罚措施。明确的规定可以让用户心中有数，减少犯错的几率。

馆内的评论政策是针对用户在图书馆的博客、社交媒体上的发言而制定的，对违反这类规范的用户，图书馆将会禁止此类社交工具的使用。这样能事先为用户打好预防针，减少不实、不当言论的发表，净化评论环境，为用户与用户、用户与图书馆的交流创造和谐的网络空间。

4.1.2.3　义务性规范配置失衡

义务性规范包括积极义务性规范和消极义务性规范。美国国会图书馆的用户义务性规范多为消极义务性规范，即要求用户不得从事某种行为的条款。这类规范由于本身的刚性，对约束用户行为具有明显的作用，但它们多用到"禁止""不允许""不得"之类的词，口吻强硬，相比于侧重引导的积极义务性规范，用户接受度低。馆方应该均衡配置两种规范，并根据具体情况合理设置，如对于关系到人身安全的重大问题，应以禁止性规范为主，积极性规范为辅；反之，一般的馆内活动规范则要注意语气轻重，引导为先，做到警示性和人情味并存。

此外，有的义务性规范过于重视保护图书馆利益，而忽视用户利益，从而导致图书馆利益与用户利益失衡。例如，"当离开馆时，将所有的包、钱包、背包拿出来检查"[20]。这条规范虽可以防止馆内资源未经允许被带出图书馆，保证资源安全，但这种方式会侵犯用户的隐私权，用户易出现抵触情绪，引发冲突。馆方应寻找更为妥善的解决办法，如配置较先进的报警器，若馆内资源被带出馆外，会有警报响起，这样不仅保证资源的安全，而且尊重用户，一举两得。

4.1.3 启示

上文分别分析了美国国会图书馆用户权利性规范与义务性规范配置的特点,若从总体上考察,则可看出其用户权利义务规范配置的趋向。

4.1.3.1 用户行为规范缺乏系统性

美国国会图书馆拥有世界上最大的馆藏规模,向用户提供多样化的服务,也制定了较多的用户行为规范,涉及范围甚广。这些规范在保证图书馆活动正常运行的同时,也为用户更好地使用图书馆、充分发挥图书馆的功能提供了指引。但它们多为单项列出,分散在图书馆网站的各个角落,完整地收集起来难度不小,而且有些规范隐藏较深,若不是进入具体的小模块,很难发现。这种分散呈现、零星展示的方式虽能与图书馆具体服务并行存在,但寻找过程过于麻烦,一般用户很难有耐心去搜索、了解和学习,更谈不上遵守了。建议图书馆将各模块中的用户行为规范单独成文并汇聚一处,集中展示,方便用户统一参考和执行,避免用户因"无知"而给自己带来麻烦。[1]

4.1.3.2 用户权利性规范凸显图书馆使命

图书馆的义务就是用户的权利。美国国会图书馆制定的图书馆行为规范中,许多义务性规范彰显了用户的权利,其实质相当于用户权利性规范。这些规范始终贯穿图书馆的使命——"国会图书馆的主要使命是服务于国会,此外,还向一些政府机构、图书馆、普通民众提供服务。"[21]

国会是国会图书馆的首要用户,国会日常工作经常会利用到馆藏。"在参议院和众议院工作期间,国会图书馆全程开放,为国会查阅相关资料提供便利。"[22]满足国会资源利用需求,保证相关工作的顺利开展,保障其资源利用的权利,对支持国会完成宪法规定的义务有重要作用。

85

对政府机构提供服务主要是通过一个联邦研究项目，即联邦研究部（FRD）负责，"联邦研究部面向美国政府、哥伦比亚特区的机构和授权的联邦机构，在成本回收的基础上提供国内和国际课题的定制研究和分析服务"。[23]此外，FRD 的研究员受过良好教育，核心研究人员在之前就做过智能分析和资讯工作，能够高效率地利用国会图书馆资源和设备做出专业分析。有些工作人员还有安全许可证，可以与客户机构工作人员协商，并在需要时在客户代理机构工作，可以适应机构和政府间的需要。

馆际互借是国会图书馆与其他图书馆联系的重要桥梁。国会图书馆在其馆际互借政策中规定，"当资源不能通过其他资料源获得时，国会图书馆可以向其他馆提供书籍、期刊的电子复印件和报纸的缩微形式的借阅"，[24]这是国会图书馆赋予他馆用户利用本馆资源的权利，通过这种方式满足他馆用户的资源需要。另外，政策显示国会图书馆不收藏医学和农学方面的资源，有关用户需要到国家医学图书馆和国家农业图书馆去借阅，国会图书馆会给借阅馆提示，防止资源借阅的延误。

作为最广泛的用户群体，普通公众的需要应竭力满足。"图书馆有丰富的馆藏资源，欢迎公众使用其馆藏和参考服务，并尽可能广泛地利用这些馆藏"；"若有需要的地方，可咨询馆员"。[25]显然，这是从规范层面保障普通大众利用图书馆资源的权利。

4.1.3.3　将服务细节融入规范

美国国会图书馆的用户权利义务规范特别重视对细节的处理。"到达国会图书馆最好的选择就是公共交通"[26]，在游客规范中给出最接近图书馆的地铁站点及线路，节省用户查询的时间，这是其他图书馆应该学习的地方。"在周围街区有停车位可以使用"；"也有公共停车场，最大的在综合车站"。[27]方便自驾到馆的用户，可以按照图书馆的提示停泊车辆。"位于国会山上的国会图书馆有几个食品服务区。杰姆斯麦迪逊纪念馆区有两个餐饮服务区，一个在约翰亚当斯馆区。"[28]每个餐厅提供的服务不尽相同，规范中还说明每个餐厅的具体服务项目和开放时间，方便用户参考。麦迪逊馆区的麦迪逊小吃吧"提供座位、微波炉和 Wifi","麦迪逊咖啡屋仅提供冷饮和热饮"。[29]为用户提供短暂休憩,微波炉可以为用户加热食物等,冷饮和热饮满足不同用户的饮品需求,细致贴心。

4.1.3.4 用户行为规范纵向兼容

用户行为规范纵向兼容,是指图书馆制定的用户权利义务规范与国家法律法规、国家政策以及图书馆行业组织制定的公民行为规范或用户行为规范相统一,相互之间不矛盾、不冲突。纵向兼容性体现了用户行为规范的创制水平。美国《图书馆服务与技术法》颁布于 1996 年,属于联邦图书馆法,其中并没有专门对用户权利和义务的规定,但可从一些条文中窥探一二。"帮助使用各类图书馆资源,以实现培养公民文化素养的目的"[30];"针对不同地区、不同文化和社会经济背景的个人、残障人士以及文化素养或信息能力不足的个人提供信息服务"[31],这与国会图书馆规定的向普通民众及残疾人士提供服务,保障他们平等获取知识的权利不谋而合。ALA 制定的《图书馆权利法案》也有类似的规定,"个人使用图书馆的权利不应因出身、年龄、背景或是观点的不同被否认或剥夺"[32],为每个图书馆用户平等使用图书馆服务提供了支持。"版权或者隶属于版权的专有权利所有权与任何资料的实体状态的拥有是有区别的"[33],这是美国版权法的一条规定,美国国会图书馆用户行为规范中关于馆藏和版权的规定——"受版权保护的资料的复制和传播超出合理使用的范围,需要取得版权持有人的书面准许。"[34]这一规定较好地保障了馆内资源版权所有人的合法权利,与版权法案遥相呼应。

4.1.3.5 权利性规范和义务性规范相互呼应

如果在用户权利义务规范中并列设置用户权利性规范和义务性规范,就会使得用户权利义务规范更加饱满,整体上更加协调,也便于用户完整地理解和遵循有关行为规范。美国国会图书馆正是如此。譬如,"杰夫逊馆区的底层向游客提供行李寄存服务,开放时间为上午 8:30 至下午 5:00","旅行箱、超过图书馆规定尺寸的行李和大的储物袋禁止放在行李寄存处"[35]。前者属于用户享有的权利，可以寄存物品；后者是义务，不得存放规定之外的物品，因为过大的包裹会占用额外空间，影响其他用户的使用。"手提电脑和个人便携电脑可以在主阅览室、科学阅览室指定区域内使用"，"其他种类的文字处理机、打字机、声音记录器等便携电子设备可能会打扰到其他用户，在普通阅览室禁止使用"。[36]图书馆公用电脑上没有文字处理软件，允许使用个人电脑是图书馆赋予用户的权利，可以提高用户学习、科研的效率，但能发出声音的其他设备禁止使用，防止干扰其他用户的正常活动。"照相机可以带入馆内，但阅览室内禁止拍照，在阅览室管理人员的允许下，可以在自然光充足的条件下拍摄图书馆资源"[37]。用户可以携带相机入馆，但限于在公共区域内使用，在阅览室内使用则需要得到管理人员的准许，这既是尊重馆员和其他用户的肖像权，也是尊重馆藏作品的版权。[1]

◎ 参考文献

［1］付立宏，齐振红．美国国会图书馆用户行为规范配置分析［J］．图书馆学研究，2018（8）：92-96，封三．

［2］［8］［15］［18］［26］［27］［34］Legal［EB/OL］．［2017-09-15］．https：//www. loc. gov/legal/#per-sistent.

［3］［20］［35］Guidelines and Tips［EB/OL］．［2017-09-15］．https：//www. loc. gov/visitguidelines-and-tips/.

［4］［5］Personal Belongings Restrictions at the Library of Congress［EB/OL］．［2017-09-17］．http：//www. loc. gov/rr/personalbelongings. html.

［6］Theft or Loss of Property［EB/OL］．［2017-09-16］．https：//www. loc. gov/rr/main/inforeas/theft. html.

［7］Access and Equipment for People with Disabilities［EB/OL］．［2017-09-20］．https：//www. loc. gov/rr/main/inforeas/access. html.

[9] Kids and Families [EB/OL]. [2017-10-01]. https：//www. loc. gov/families/.

[10] Comment & Posting Policy [EB/OL]. [2017-10-05]. https：// www. loc. gov/legal/comment-and-posting-policy/.

[11] [12] Services Offered by the Collections Access, Loan and Management Division [EB/OL]. [2017-09-28]. https：//www. loc. gov/rr/cmd/genrrcalm. html.

[13] 程焕文, 等. 图书馆权利研究 [M]. 北京：学习出版社, 2011：6-10.

[14] [17] [19] Conduct on Library Premises [EB/OL]. [2017-10-28]. https：//www. loc. gov/rr/conduct. html.

[16] General Photography and Video Guidelines for Visitors * to the Library of Congress [EB/OL]. [2017-09-11]. https：//www. loc. gov/portals/static/visit/documents/PhotographyGuidelines. pdf.

[21] Reference Correspondence Policy [EB/OL]. [2017-11-03]. https：//www. loc. gov/rr/askalib/reference_policy. html.

[22] [30] [31] 卢海燕. 国外图书馆法律选编 [M]. 北京：知识产权出版社, 2014：430-486.

[23] What is FRD and the Federal Research Program? [EB/OL]. [2017-10-08]. https：//www. loc. gov/rr/frd/what-FRD. html.

[24] Requesting Books, Periodicals, and Newspapers [EB/OL]. [2017-10-22]. http：//www. loc. gov/rr/loan/loanweb3. html.

[25] Using the Library's Collections [EB/OL]. [2017-10-23]. https：//www. loc. gov/rr/useofcollections. html.

[28] [29] Library of Congress Food Service [EB/OL]. [2017-09-25]. https：//www. loc. gov/visit/dining/.

[32] Library Bill of Rights [EB/OL]. [2017-09-19]. http：// www. ala. org/advocacy/intfreedom/librarybill.

[33] Chapter 2：Copyright Ownership and Transfer [EB/OL]. [2017-09-17]. https：//www. copyright. gov/title17/92chap2. html.

［36］Use of Laptop Computers［EB/OL］.［2017-10-21］. https：// www. loc. gov/rr/main/inforeas/portable. html.

［37］Photographs［EB/OL］.［2017-09-20］. https：//www. loc. gov/ rr/main/inforeas/photo. html.

4.2　美国州立图书馆用户权利义务规范配置[1]

美国的州立图书馆作为州的信息中心，承担保存本州历史文化，向全州公众提供信息服务的重任。用户权利义务规范的合理配置程度对用户享受馆内服务至关重要，本书选取美国的十所州立图书馆作为样本，通过馆内用户权利义务规范的对比分析，了解各个州立图书馆的共性和特色，总结经验，为我国公共图书馆用户权利义务规范建设提供借鉴。

十所州立图书馆分别为北达科他州州立图书馆（简称"北达科他馆"）、北卡罗来纳州立图书馆（简称"北卡罗来纳馆"）、弗吉尼亚州州立图书馆（简称"弗吉尼亚馆"）、堪萨斯州州立图书馆（简称"堪萨斯馆"）、路易斯安那州州立图书馆（简称"路易斯安那馆"）、新罕布什尔州州立图书馆（简称"新罕布什尔馆"）、蒙大拿州州立图书馆（简称"蒙大拿馆"）、威斯康星州州立图书馆（简称"威斯康星馆"）、加利福尼亚州州立图书馆（简称"加利福尼亚馆"）、康涅狄格州州立图书馆（简称"康涅狄格馆"）。[1]

4.2.1　美国州立图书馆用户权利性规范比较

4.2.1.1　保障资源利用

用户在馆内的资源利用占馆内活动的较大比重，资源利用的广度和深度与用户体验息息相关，资源的平等、自由利用是其中的重要方面。

（1）由表4-1可以看出，十所州立图书馆都向用户提供多种形式和载体的馆藏资源，这是其基本职责之一。以规范的形式向用户展示，不仅便于用户对服务范围的了解，也从制度层面保障了用户资源利用的权利。除此之外，各个馆还有独具特色的规范。康涅狄格馆的"若馆内没有用户需要的资源，馆方可通过馆际互借服务向其他馆发出资源请求"[4]，扩大了用户获得资料源的范围；堪萨斯馆"非堪萨斯居民可以通过当地学校或地方图书馆的馆际互借服务借阅本馆图书资料"[5]。为非堪萨斯居民使用本馆资料提供了制度支持和具体的方法；威斯康星馆"用户可以将自己的馆内流通特权授予他人，授权借阅人可以是秘书、律师助理、法律职员、助手等，但注册用户需对借阅的所有资源的安全负责"[6]。这一规范能使图书馆的注册用户更灵活地使用图书馆提供的服务，实用性强，也体现了图书馆资源使用的延展性。

表4-1 资源利用保障规范

规范　　　　图书馆	免费邮寄资源给公民[2]	用户不因个人条件被区别对待	向用户提供形式多样的资源	馆内公共资源有使用时间限制	任何人不得享有资源的使用特权[3]
北达科他馆	✓	✓	✓	✓	
北卡罗来纳馆			✓		
弗吉尼亚馆			✓	✓	✓
堪萨斯馆			✓		
路易斯安那馆			✓		
新罕布什尔馆		✓	✓	✓	
蒙大拿馆	✓		✓	✓	
威斯康星馆			✓	✓	
加利福尼亚馆			✓	✓	
康涅狄格馆			✓		

（2）每个人都有平等使用图书馆资源的权利，为了尽量使所有用户都能获取需要的资料，10 所样本图书馆中有 6 所规定，馆内公共资源若有用户等待使用，则有时间限制。这一规范的执行也视情况而定，只有在其他用户等待使用时，限制最长使用时间，保证其他用户对资源的使用。该规范具有普适性，反映的是整个用户群体的利益诉求，易得到用户的认同，有利于具体实施。如弗吉尼亚馆的缩微资源使用规定"每个读者被分配两个小时的时间，如果没有其他用户等待，使用时间可以延长；当有研究员在等待分配或所有读者已被分配，读者可以将电话留到名单中，一有空闲，图书馆会立刻联系"。[7]一方面，尽量满足所有用户的需求，另一方面也能节省用户等待的时间，兼顾资源利用率和时间损耗，科学合理。

（3）3 所图书馆规定用户不因个人条件被区别对待。个人条件是指种族、肤色、国籍、性别、年龄、就业等客观因素，每个用户都是独立、平等的个体，不应受到差别待遇。该规范显示了规范制定馆对用户平等重视，但从 10 所样本馆来看，比重尚显不足，其他图书馆应该增加这方面的规范。[1]

4.2.1.2　规范细致入微

馆内活动多且繁杂，涉及的馆内规范也颇为复杂，而馆内全面细致的规范更显示出图书馆工作和服务的到位，容易获得用户好感（参见表 4-2）。

表 4-2　　　　　　　　　　　　馆内服务规范

规范 图书馆	实验室对公众开放[8]	可以在实验室内付费打印资料	网站信息存在部分不正确或过时，用户需自己鉴别	规定资源借阅数额	将资源邮寄回馆，用户不需支付邮资	提供免费停车位[9]
北达科他馆	✓	✓	✓			
北卡罗来纳馆				✓	✓	
弗吉尼亚馆		✓	✓	✓		✓

续表

规范 图书馆	实验室对公众开放[8]	可以在实验室内付费打印资料	网站信息存在部分不正确或过时，用户需自己鉴别	规定资源借阅数额	将资源邮寄回馆，用户不需支付邮资	提供免费停车位[9]
堪萨斯馆				✓		
路易斯安那馆			✓			
新罕布什尔馆			✓			
蒙大拿馆						
威斯康星馆			✓			
加利福尼亚馆			✓			
康涅狄格馆		✓	✓	✓		

（1）有 7 所图书馆提醒用户，网站信息存在不完全正确和过时的问题，说明网站内容的质量得到了馆方的关注，多方都有此规定也显示该问题的确难以避免，向用户说明问题的存在能防患于未然，用户及时对信息的准确性和时效性进行鉴别，避免无效信息、错误信息的利用影响效率。

（2）对用户的书籍借阅量有最大限额，并不是限制用户的使用，该规范一方面方便书籍的归还和安全管理，无限制会造成"一人多书"的现象，易出现书籍的丢失；再者，馆内书籍要尽量充分流通，才能最大限度地发挥作用，保证每个用户都能用到想要的书籍资源。仅有 4 个馆有明确规范，可能其他馆存在具体实施但未体现在规范上的情况。各馆应该在规范中有所体现，用户也可做到心中有数，将限额利用最优化。北达科他馆还在馆外设置还书箱，用户可随时归还从本馆借阅的书籍，方便用户的书籍归还。应该加强还书箱的安全管理，确保书籍资源的安全。

（3）弗吉尼亚馆提供免费停车位是为了方便自驾用户泊车；北卡罗来纳馆"将资源邮寄回馆，用户不需支付邮资"[10]，真正体现了用户服务的公益性。北达科他州也有类似规定，是关于借阅资源逾期的，"资源逾期不按日收费，但当每个用户累计超过 25 美

93

元或图书馆超过 200 美元时，借阅特权被暂停"[11]。赋予用户图书馆借阅的权利，对于短时间内逾期不收取费用，但用户不能因此放纵，还是应按时归还资源。此类规范均属于细节性规范，虽小事一桩，也透露出馆方对用户的关怀和包容。

（4）北达科他馆、新罕布什尔馆在规范中还提到了馆内的 PDF 格式文件的阅读。用户可以借助提供的链接入口下载阅读器，在保证用户有效利用馆内资源的同时，也省去了用户查找下载链接的时间。相对来说，图书馆的链接更加真实可靠，这样细致入微的规定展现了图书馆的人文情怀和服务的全面性。[1]

4.2.1.3　重视用户隐私保护

在图书馆活动中，用户的隐私包括享受馆内服务留下的个人信息记录和在公共空间被计算机自动收集的信息。有些人为了牟利而侵犯别人隐私的现象并不鲜见，因此各大图书馆都致力于保护用户的隐私，并制定了相关政策（参见表 4-3）。

（1）在 7 项隐私权规范中，加利福尼亚馆占了 5 项，弗吉尼亚馆 4 项，充分说明两馆对用户隐私的重视程度较高。守护用户的隐私对用户至关重要，也会影响用户对图书馆的信任度，馆方应竭力增加、完善规范条款，为用户隐私设置"防护网"。

（2）馆方收集用户信息也要在用户知情的条件下，并具体告知用户信息的用途。只有加利福尼亚馆对此做了规定，这样的方式让用户更安心进行相关操作，其他馆应该借鉴这一做法，使收集的用户信息更加公开化、透明化。图书馆收集的用户信息只能在合法范围内使用，不能用于非法目的或转让给第三方机构，4 所图书馆有明文规定，用户信息本来就是私密信息，不能用来共享或者牟取利益。

（3）"在公共电脑上，不应提交个人信息包括金融信息"[13]是针对用户在馆内公共电脑上的相关操作，用户需自我留意个人信息的提交，私密信息和涉及银行卡号、密码等金融信息则要更为谨慎，这是仅由加利福尼亚馆提及的规范。虽然在其他场合或场所用户经常收到此类提醒，但图书馆的相关规范依然不可或缺，以便全面保护用户的隐私。

表 4-3　　　　　　　　　**用户隐私保护规范**

规范 图书馆	保障用户隐私	用户可拒绝 cookies 文件	不与外部机构共享用户信息	不要将隐私信息发布到公共空间	公布收集信息的类型，告知用户信息的用途[12]	个人电脑安装防护软件	在公共电脑上不应提交金融信息
北达科他馆	√						
北卡罗来纳馆			√				
弗吉尼亚馆		√	√	√		√	
塔萨斯馆							
路易斯安那馆							
新罕布什尔馆	√		√	√			
蒙大拿馆	√		√				
威斯康星馆		√	√		√		
加利福尼亚馆		√				√	
康涅狄克格馆		√	√				√

（4）弗吉尼亚馆和加利福尼亚馆建议用户在个人电脑上安装防护软件，阻挡病毒、不法攻击的侵扰，这是从技术层面保护用户隐私。

此外，弗吉尼亚馆、加利福尼亚馆、康涅狄格馆的隐私权政策单独展示，而不是夹杂在其他用户管理政策之中，清晰醒目，不易被用户忽略，再次凸显隐私权的重要性。

4.2.2　美国州立图书馆用户义务性规范比较

履行相应义务是用户馆内活动不可缺少的一环，用户要认识到其重要性和必要性，从自身做起，行文明事，做文明人。

4.2.2.1　物当慎用

图书馆资源是图书馆的基本组成要素之一，爱护馆内公共财产不仅是自我修养的体现，而且符合用户的长远利益。馆内资源包括传统实体资源和信息技术设备，前者主要是指印刷型文献资源、图书馆桌椅、空调、图书馆建筑等，后者主要是指电脑、打印机、复印机、传真机等。

（1）传统实体资源的使用。

传统实体资源因其本身的特性，实时与用户发生物理接触，用户的不良使用习惯会造成其折损或破坏。这类规范参见表 4-4。

①从横向来看，新罕布什尔馆占了 9 项规定中的 5 项，涉及馆图书馆财产、馆内桌椅、馆内资源带出和公共空间的使用。全面的资源使用规范明示用户具体义务，为服务提供坚实的基础。"未经允许，禁止用户进入非公共区域"[15]，图书馆向用户提供的服务仅限于公共区域，馆员工作区限制用户进入，主要是防止干扰馆员的正常工作，蒙大拿馆"禁止使用馆员的工作电话"[16]也有异曲同工之处。公共区域还包括楼梯间、走廊等，禁止堆放大宗物品妨碍通行。

表4-4 传统实体资源的使用规范

规范\图书馆	禁止破坏州图书馆财产	借阅者不得将资源转借他人	部分资源不提供原稿	禁止搬动馆内桌椅	馆内拍照禁止站在桌椅上	未经授权，禁止带走馆内资源	不得在公共空间堆放物品妨碍通行	未经许可，不得进入非公共区域	禁止将食物、饮料带入实验室[14]
北达科他馆	✓								
北卡罗来纳馆		✓							✓
弗吉尼亚馆	✓		✓	✓					
堪萨斯馆					✓				
路易斯安那馆	✓								
新罕布什尔馆	✓			✓		✓	✓	✓	
蒙大拿馆		✓							
威斯康星馆	✓					✓	✓		
加利福尼亚馆			✓						
康涅狄格馆									

②从纵向来看，有 50%的图书馆规定禁止破坏州图书馆财产，这说明对馆内财产保护的重视程度。这样总括形式的规范为用户的行为划定了框架，根据实际情况有所为，有所不为。

③用户使用图书馆内资源理所应当，但对于一些珍本书籍或稀有文献，为防止在利用过程中折损，馆方不展示原稿资料也情有可原。出于对用户资源利用的考虑，图书馆根据不同资料的特点向用户提供原稿的复印件等，弗吉尼亚馆和康涅狄格馆有该规定。用户应该理解馆方做法，毕竟保存文化遗产也是图书馆的一大职能，对于普通书籍资源也要爱惜使用，不要乱涂乱画、折页等。[1]

④弗吉尼亚馆还规定了研究室的人数，最多为 20 人，确保科学合理的使用，人数过多，讨论不易开展，效果欠佳；人数过少，研究室得不到充分利用，造成空间的浪费，该规范利于资源的优化使用。

（2）信息技术设备的使用。

与传统实体资源相似的是，信息技术设备在使用过程中也会伴随一定程度的损毁，如计算机设备会因为内存变小或计算机病毒的侵害而运行速度变慢甚至出现死机等情况，因此，信息技术设备使用规范必不可少（参见表 4-5）。

表 4-5 信息技术设备使用规范

规范 图书馆	公共计算机禁止用于游戏、聊天目的	不能在公共计算机上装载游戏、其他软件	禁止将资料存储在计算机硬盘[17]	不能更改或修改计算机配置
北达科他馆	✓	✓	✓	
北卡罗来纳馆				
弗吉尼亚馆	✓	✓	✓	✓
堪萨斯馆				✓
路易斯安那馆		✓	✓	
新罕布什尔馆	✓	✓		
蒙大拿馆	✓	✓		

续表

图书馆 ＼ 规范	公共计算机禁止用于游戏、聊天目的	不能在公共计算机上装载游戏、其他软件	禁止将资料存储在计算机硬盘[17]	不能更改或修改计算机配置
威斯康星馆	✓	✓		
加利福尼亚馆	✓	✓		✓
康涅狄格馆				

①7 所图书馆规定不得在公共计算机额外装载软件。图书馆已装的软件基本能满足用户的需求，用户自行装载软件会造成计算机存储量变小，运行速度慢，也可能出现下载源不正规携带垃圾广告或病毒的现象，影响后续用户体验。

②3/5 的样本图书馆规定不得将计算机用于聊天、游戏等目的，该规定较为合理。据了解，利用公共计算机从事娱乐活动的行为在各类图书馆中屡见不鲜，要解决这个问题，除了规范不可缺外，图书馆还可采取一定的监管措施，与惩罚挂钩，做出某某行为的用户接受警告、禁止使用计算机，情节严重的禁止入馆。

③3 所图书馆对用户资料的保存位置有规定，可将资料保存到自带的 USB 设备，禁止存放于计算机的硬盘中。此举一是避免用户的资料丢失，二是防止出现硬盘存放文件过多，影响运行速度。

④ "不能更改或修改计算机配置"[18]的规定值得赞赏。并非所有用户都是计算机行家，随意更改计算机配置会造成系统混乱甚至无法正常工作的情况，更新计算机系统也可能出现软件不兼容或影响其他用户正常使用。要认识到计算机的公用特性，不能随心所欲。

⑤弗吉尼亚馆对大多数的计算机无使用时间限制，对于有时限的计算机，用户必须按照规定的时间使用。利用他人（包括朋友和家人）的图书馆卡来延长计算机的使用是不被允许的，这有利于防止权利的滥用，同时也避免用户利用他人账号作出违法或违规行为。

4.2.2.2　敬爱他人

用户的馆内体验不仅与馆方的服务紧密相关，还受到其他用户举止行为的影响。和谐的馆内氛围需要每个用户的配合与努力，时时刻刻心怀他人，尽量减少或者避免对他人的干扰，以尊重的心态指导自己的行为。

表 4-6　　　　　　　　　尊重馆内人员规范

图书馆＼规范	禁止干扰其他用户对图书馆的使用	禁止辱骂骚扰馆员和用户	禁止利用公共设备或网站发表攻击性言论	尊重其他用户的隐私
北达科他馆	✓			
北卡罗来纳馆		✓		
弗吉尼亚馆	✓	✓	✓	
堪萨斯馆	✓		✓	
路易斯安那馆				✓
新罕布什尔馆		✓		
蒙大拿馆		✓	✓	✓
威斯康星馆	✓		✓	
加利福尼亚馆	✓	✓		
康涅狄格馆	✓	✓		

（1）由表 4-6 可知，10 所图书馆都有此类规范，虽内容不尽相同，但整体上可看出图书馆对敬人的重视。得体的规范不仅利于馆内人际关系的谐和，也对图书馆的正常运作至关重要。

（2）路易斯安那馆和蒙大拿馆规定尊重其他用户的隐私，这一规范在图书馆这种公共场所显然是合理的。馆内用户的隐私包括个人身份信息和个人物品，若用到他人的信息需提前获得许可，另外八所图书馆应该增加该方面的规范，致力于全面保障用户隐私。蒙大拿馆还存在一特色规范："公共电脑可以被不同年龄、背景和情感的人使用，用户在看到有争议的信息和图像时，要体谅"[19]。该项规范侧重用户之间的平等，不因别人的某种行为而施加歧视或者发表不当言论，要尊重他人的习惯和信仰。

（3）利用计算机设备或网络环境发表不实、诽谤言论也属于冒犯行为，2/5 的图书馆有此规定。用户要合理使用馆内设备，合理使用的涵义包含使用方法和使用目的的合理性。具体而言：一是要采用正确的方法使用公共设备；二是需在尊重他人的基础上在公共设备上发表言论。一箭双雕，这样的设置具有更强的实用性和伸缩性。

（4）在北达科他州的馆内规范中，"每台公共计算机上都装载特定的软件，如果一位用户不用该软件，其他用户有需求，则第一位用户会被要求更换计算机"[20]。此项规范也是保证资源的充分使用，尽可能满足更多用户的不同需求，用户应该理解图书馆的做法，在他人有需要时提供协助。

4.2.2.3 仪表整洁、举止得体

从表 4-7 的规范分布可知，用户的仪表举止类规范要明显多于其他规范，显示了图书馆对用户馆内行为举止的重视程度，也可从侧面反映用户行为对于馆内各项活动的运行和图书馆的功能发挥意义重大。

（1）横向看来，北达科他馆和弗吉尼亚馆的规范比较全面，细致的用户举止规范对用户的图书馆体验有较大助益。

（2）纵向来看，第三、第五、第六、第九项（从左至右）规范分别有 4 所图书馆规定，这说明在所有的规范中，该 4 项受到较大关注。手机的使用一直是图书馆关注的问题，该处 4 所图书馆的规范较为合理，并未完全禁止手机，而是需礼貌地使用，礼貌使用包括在馆内调成静音或振动模式，不要大声交谈。规范的设置需轻重适宜，考虑用户的接受度。

表 4-7　用户馆内仪表举止规范

规范＼图书馆	使用音频和视频设备时,请戴耳机	吸烟需在指定区域内	合理礼貌使用手机	禁止不合理使用休息室	禁止在馆内拉客或游说治政等活动[21]	禁止在馆内不穿鞋子或脱掉[21]	禁止大声喧哗	禁止携带酒精和毒品	禁止携带除服务性动物之外的宠物	禁止随意丢放个人物品
北达科他馆	✓	✓	✓	✓	✓					
北卡罗来纳馆								✓	✓	
弗吉尼亚馆	✓	✓	✓	✓		✓	✓	✓	✓	✓
堪萨斯馆										
路易斯安那馆				✓	✓	✓			✓	
新罕布什尔馆		✓			✓	✓	✓		✓	✓
蒙大拿馆	✓				✓	✓	✓		✓	✓
威斯康星馆			✓			✓				
加利福尼亚馆										
康涅狄格馆			✓							

（3）图书馆主要是用于科研、学习的场所，拉客、促销、政治游说等活动都被禁止，这不难理解，用户应该行为自律，在合理、合法原则下作为。

（4）图书馆不同于一般的公共场所，具有严肃和神圣的特点，脱鞋或者不穿鞋本身即是不雅行为，更不应该在图书馆这种地方有所表现，其他图书馆应该借鉴这一思路，规范用户的仪容仪表，衣着整洁，对自己、他人、馆方表示尊重。

（5）馆内禁止携带宠物也是必要的，宠物具有不易控性，可能会出现乱叫、随地排便等行为，扰乱安静氛围，影响整洁。当然，服务型动物如导盲犬等受过特殊训练的可以带入馆内协助用户活动，体现了馆方的宽容和贴心。[1]

4.2.2.4 严守版权

馆内资源的使用不可避免地会涉及版权问题，细致全面的规范能指引用户的行为，减少或避免侵权事件的发生。上述样本图书馆对版权的规范有失详尽，应进一步完善和细化相关条款（参见表4-8）。

表4-8 版权保护规范

图书馆 ＼ 规范	未经许可，不允许复制照片	资源使用需满足"合理使用"[22]	禁止复制音频、动态图像，只供研究使用	无图书馆书面允许，禁止转让资源使用权	禁止复制受到版权保护的资源	使用馆内资源，需得到书面许可[23]
北达科他馆						
北卡罗来纳馆						
弗吉尼亚馆	✓	✓	✓			✓
堪萨斯馆						
路易斯安那馆		✓		✓		
新罕布什尔馆						

续表

图书馆＼规范	未经许可,不允许复制照片	资源使用需满足"合理使用"[22]	禁止复制音频、动态图像,只供研究使用	无图书馆书面允许,禁止转让资源使用权	禁止复制受到版权保护的资源	使用馆内资源,需得到书面许可[23]
蒙大拿馆						
威斯康星馆		✓				
加利福尼亚馆		✓			✓	
康涅狄格馆		✓			✓	

（1）50%的样本图书馆中规定使用资源要满足合理使用的条件，需要在相关法律、规范的框架下合理作为，否则会受到侵权惩罚。这说明在图书馆的资源使用过程中，版权问题的确重要。

（2）路易斯安那馆规定在未经允许的条件下，禁止转让资源的使用权。为了馆内资源的安全和版权要求，资源的使用权应该受到限制，尤其是特殊资源，只供部分授权用户使用，用户需要严格遵守规定，履行相应的义务。

4.2.3　启示

4.2.3.1　使命引领

精神引导行动，宗旨或使命为一切图书馆工作提供方向引领。新罕布什尔馆、威斯康星馆、加利福尼亚馆、康涅狄格馆在规范中提及了"使命"一词，以规范形式确定，既使图书馆工作方向更加明确，也可以让用户了解图书馆工作的核心。其中，加利福尼亚馆用四个词概括了它的价值观：诚实、包容、授权和卓越。诚实守信、相互包容、权力下放、追求卓越，这类规范的存在将引导图书馆服务向纵深发展，值得其他图书馆学习和借鉴。

4.2.3.2 集中展示规范

图书馆在制定馆内规范时，不仅要追求规范内容的全面得体，而且要注意规范的呈现方式，分散的规范不易全面收集和利用。相较而言，集中的规范展示更符合用户的使用心理，这里说的"集中"是各分项规范独立设置然后汇聚一处，层次清晰，也不乏整体性。在 10 所样本图书馆中，6 所图书馆在该方面做得较好，分别是弗吉尼亚馆、路易斯安那馆、新罕布什尔馆、威斯康星馆、加利福尼亚馆、康涅狄格馆，其设置的规范条理化程度很高。

4.2.3.3 关怀未成年用户

未成年用户由于辨识能力不足，其在馆内的安全问题不容忽视，包括人身安全和信息安全。5 所样本图书馆在规范中单独提到了此类特殊用户群体的安全问题。

北达科他馆规定"18 岁以下的用户在使用馆内互联网时需有监护人的签名，本馆不承担未成年人访问网站的责任"[24]。网站信息纷繁复杂，成年人屡受垃圾、不良信息的干扰，更何况经验少、易受诱惑的未成年用户，监护人理应承担自己的责任。

弗吉尼亚馆规定"18 岁以上或者 16、17 岁得到父母书面同意的人可以获得本馆借书证"[25]，降低借书证的年龄门槛，适龄用户可提早享受馆内服务，征得父母同意也是对未成年用户负责任的表现。"父母或者监护人有责任照顾未成年人"、"大声喧哗或捣乱的孩子和负责的成年人可能被要求离开"[26]，父母和监护人有义务照看、监管孩子的行为，特别是儿童，规避危险，防止闯祸。路易斯安那馆规定"15 岁以下的儿童必须有人看管"；新罕布什尔馆规定"10 岁以下的儿童在参观图书馆时，必须有看护人员陪同或者监督"[27]；威斯康星馆规定"儿童用户必须由成年人监督"[28]，这些规定对保护未成年用户的安全是非常必要的。

加利福尼亚馆规定"低于 18 周岁的未成年人不用提交个人信息，可以和父母或者其监护人一起使用馆内服务，一旦收集他们的信息，馆方会通知父母或者监护人，并告知具体用途，信息不会提供给第三方机构"[29]，这样的规范显示了对未成年用户隐私的关注。"禁止让未成年人观看或向其传播、展示暴力淫秽信息"[30]，则是对馆员的要求，要求馆员尽到关爱未成年人的责任。

4.2.3.4　规范与惩戒相辅相成

规范的主要功能是引导用户行为，图书馆仅仅依靠行为规范进行管理还不够，对于违反政策的用户要有一定的惩罚。美国州立图书馆的内容和措施虽有不同，但各馆都有这种思维，这是值得借鉴和学习的。

北达科他州馆规定"不支付打印费用会导致实验室特权的丧失"[31]，保证支付服务的正常运行；北卡罗来纳馆规定"一旦违反借阅政策，借阅人的权利会被暂停一段时间，进行书面警告，并给答复的机会，若服务恢复后继续滥用，服务可能会被再次暂停"[32]。该项规范比较人性化，用户在违反政策后，馆方给予答复解释的机会，可见馆方只是为了规范用户的借阅行为，并非有意惩罚。弗吉尼亚馆规定"拖欠罚款或逾期未归还资源的用户禁止借阅额外物品"[33]，在惩戒用户的同时，也保护馆内资源的安全。新罕布什尔馆安排被驱逐用户、特权撤销用户在馆员陪同下重新学习《用户行为守则》，实际经历能让用户对行为规范有更深、更全面的理解，减少再次犯错的可能性，致力于从源头减少用户的过错行为[1]。

◎　参考文献

[1] 齐振红. 美国州立图书馆用户义务性规范配置研究 [D]. 郑州：郑州大学，2019.

[2] About Us [EB/OL]. [2017-10-21]. http：//www. library. nd. gov/aboutus. html.

[3] Use of Collections [EB/OL]. [2017-09-05]. http：//www. lva. virginia. gov/about/policies/Archives _ and _ Map _ Research _ Rooms. pdf.

[4] Get a Library Card & Use or Borrow Materials [EB/OL]. [2017-10-15]. https：//ctstatelibrary. org/about/library-card/#Borrow.

[5] Acceptable Use Policy [EB/OL]. [2017-09-22]. https：//kslib. info/343/Acceptable-Use-Policy.

[6] Borrow by Mail Policy [EB/OL]. [2017-11-05]. http：//wilawlibrary. gov/about/borrowbymail. pdf.

[7] Microfilm Reading Area [EB/OL]. [2017-10-20]. http：//www. lva. virginia. gov/about/policies/microfilm. htm.

[8] [20] [24] [31] Computer and Internet Access Policy [EB/OL]. [2017-09-10]. http：//www. library. nd. gov/internetaccesspolicy. html.

[9] Visitors' Guide [EB/OL]. [2017-09-25]. http：//www. lva. virginia. gov/about/visit. asp.

[10] [32] Individual Service Loan Policy [EB/OL]. [2017-09-12]. https：//statelibrary. ncdcr. gov/lbph/about/loan-policies/ indsvcpolicy.

[11] Loan Policies [EB/OL]. [2017-09-05]. http：//www. library. nd. gov/publications/loanpolicies. pdf.

[12] Privacy Policy [EB/OL]. [2017-11-11]. http：//www. library. ca. gov/privacy. html.

[13] California State Library Public Internet Use Policy [EB/OL]. [2017-11-09]. http：//www. library. ca. gov/about/policies/ CaliforniaStateLibraryPublicInternet. pdf.

[14] Patron Behavior Code [EB/OL]. [2017-10-29]. http：// www. library. nd. gov/publications/patronbehaviorpolicy. pdf.

[15] About Us - Policies - Patron Code of Conduct Policy [EB/OL]. [2017-09-16]. https：//www. nh. gov/nhsl/about/policy_behavior. html.

[16] Conference Room Use [EB/OL]. [2017-09-23]. http：//docs. msl. mt. gov/Central_Services/Staff_Handbook/comm_pols/04_ confrm. pdf.

107

［17］Electronic Access Policy ［EB/OL］. ［2017-10-08］. http：//
www. state. lib. la. us/about-the-state-library/policies/electronic-
access-policy.

［18］Internet Access Policy ［EB/OL］. ［2017-09-16］. http：//www.
lva. virginia. gov/about/policies/inetpol. htm.

［19］Public Access Computer Use Guidelines ［EB/OL］. ［2017-10-
15 ］. http：//docs. msl. mt. gov/Central ＿ Services/Staff ＿
Handbook/comm_pols/06_pubacccompuse. pdf.

［21］ ［28］Wisconsin State Law Library Code of Conduct for Library
Users ［EB/OL］. ［2017-10-22］. http：//wilawlibrary. gov/
about/codeofconduct. pdf.

［22］ Conditions Governing Rights and Reproductions ［EB/OL］.
［2017-09-18 ］. http：//www. state. lib. la. us/about-the-state-
library/policies/conditions-governing-rights-and-reproductions.

［23］Copyright ［EB/OL］. ［2017-11-03］. http：//www. lva. virginia.
gov/about/copyright. htm.

［25］［33］How to get a Library Card/Online Account ［EB/OL］.
［2017-09-27 ］. http：//www. lva. virginia. gov/about/policies/
circ. htm.

［26］Rules for Conduct in the Library of Virginia ［EB/OL］. ［2017-
11-12 ］. http：//www. lva. virginia. gov/about/policies/patron ＿
conduct. htm.

［27］Patron Conduct ［EB/OL］. ［2017-11-09］. http：//www. state.
lib. la. us/about-the-state-library/patron-conduct.

［29］Use Policy ［EB/OL］. ［2017-11-13］. http：//www. library. ca.
gov/use. html.

［30］California State Library Wireless Internet Use Policy ［EB/OL］.
［2017-10-26 ］. http：//www. library. ca. gov/about/policies/
CaliforniaStateLibraryWirelessInternetUsePolicy. pdf.

4.3 美国县级图书馆用户权利义务规范配置分析

美国与中国的行政区划制度差异较大，我国为省、市、县的等级划分，美国的州享有高度的自治权，通常下设郡（county），又称为"县"，县以下为市（city），再往下就是乡镇（town）。因此对应美国的行政制度，美国的公共图书馆等级依次为国家图书馆、州立图书馆、县级图书馆、城市图书馆、乡镇图书馆。本节的研究对象为美国县级图书馆。

我们选取美国十所县级图书馆作为样本，分别是克恩县图书馆（简称"克恩馆"）、托莱多县图书馆（简称"托莱多馆"）、亨内平县图书馆（简称"亨内平馆"）、马歇尔县图书馆（简称"马歇尔馆"）、卡拉马祖县图书馆（简称"卡拉马祖馆"）、阿拉米达县图书馆（简称"阿拉米达馆"）、阿尔科纳县图书馆（简称"阿尔科纳馆"）、圣克莱尔县图书馆（简称"圣克莱尔馆"）、圣约瑟夫县图书馆（简称"圣约瑟夫馆"）、摩尔特诺马县图书馆（简称"摩尔特诺马馆"）。

4.3.1 用户权利性规范的特色

4.3.1.1 贴近用户需求

图书馆要提升用户的利用体验，除了加强硬件设施如馆藏资源、公共空间等的建设之外，还要从用户角度出发，了解用户的需求和用户在图书馆活动中的不便，对规范进行补充完善，以期取得更好的效果。

图书馆用户权利义务规范涉及的内容越多，就越全面。以条文的形式示于人前，一方面以制度规范指导活动，显示图书馆活动的科学化、制度化、有序化；另一方面，对于用户利用图书馆具有指

109

导作用。从表4-9来看，十所样本馆的规范稍显分散，规范很难做到面面俱到，难免有遗漏，这也是可以理解的，作为馆方，应尽量补充完善，以求提供更全面的服务。

（1）十所样本馆都在规范中提到了向用户提供广泛的资源。资源的多样性不仅体现在内容的广泛性上，也包括多样化的载体，例如印刷型资料、数字化资源、图片、音频等。托莱多馆"图书馆藏书应该包括各民族的代表性资料，以及包含一切政治、宗教、经济、社会观点的资料"。[2]多样化的馆藏是满足用户需求的基础，也是图书馆基本职能的展现。县图书馆作为一个地区的信息集散地，其多样化的资源可以满足不同条件的人们学习、娱乐的需求，在用户利用资源过程中提高文化素养和水平，进而起到文化传播的作用。

（2）保障用户自由选择资源的权利也是图书馆应该重点考虑的问题。每个人都是独立的个体，自由表现为在资源利用上要有充分的自主权，按照自己的兴趣和喜好挑选适当的资源，不应受到他人的干预。三所图书馆有明文规定，分别是托莱多馆、卡拉马祖馆、阿拉米达馆，表述稍有不同。托莱多馆规定"馆员可在互联网使用上提供援助，帮助选择适当的网页，然而用户本人仍是进行最终选择和决策的主动方"。[3]馆方可予以协助，但是决定权须掌握在用户手里，既保证了用户利用资源的效率，又赋予用户自我抉择的权利。卡拉马祖馆规定"读书、观看资料等都属于私事，应该受到充分保护，用户可以不受限制地获取信息"。[4]卡拉马祖馆将用户的资源利用行为限定为私事，是个人自由，不应受到他人的干扰或破坏，既保证用户自由利用资源的权利，也透露出馆方对用户隐私的重视。

（3）六所样本图书馆规定为不同年龄、背景的人提供资源，体现了人人平等的原则。图书馆本来就是公众丰富知识、开拓文化眼界的地方，用户特别是弱势群体不应该被人为划分或被区别对待，这才不违建立公共图书馆的初衷，其他缺乏此类规范或不尽完善之处需细化。

表4-9 贴近用户需求的规范

规范 图书馆	提供丰富的资源	为所有年龄、背景的人提供利用资源利用机会	开馆时间提供会议室	借助社交网络与馆员交流	通过电话或邮件续借资源[1]	图书馆卡可在父子、夫妻间使用	尊重用户利用资源的权利
克恩馆	✓	✓	✓				
托莱多馆	✓	✓	✓	✓			✓
亨内平馆	✓	✓		✓	✓		
马歇尔馆	✓	✓	✓				
卡拉马祖馆	✓			✓		✓	
阿拉米达馆	✓	✓					✓
阿尔科纳槽	✓						
圣克莱尔馆	✓						
圣约瑟夫馆	✓	✓	✓				
摩尔特诺马馆	✓						

（4）马歇尔馆规定，"图书馆卡可在夫妻、父子之间传递使用"。[5]此规范比较人性化，贴近生活，产生"一卡全家用"的现象，好处自然显而易见，减少了办理、管理多张卡的繁琐，但个中存在的问题也不容忽视。馆方要与用户协调确定卡的主要负责人，即主要责任方，此用户需对该张卡上的所有借阅资料负责，避免出现资料丢失或无法明确责任人的后果，用户也应该配合图书馆的要求。

（5）除表4-9中列举的规范之外，还有几所图书馆对馆内的资源利用明确了具体的时间限制，保证资源的合理、充分利用。例如亨内平馆规定"大多数图书馆资料，除非有另一位用户的预约，则可以续期"。[6]马歇尔馆规定"用户使用计算机有一个小时的时间限制，一天两次，如果无用户等待，用户可在另一台计算机上使用，一天最多两个小时"。[7]阿拉米达馆对于公共计算机的使用也有限制，每人每天限一小时。圣克莱尔馆"每天允许两个小时的计算机使用时间，根据可用性和实际情况给予更多的时间""计算机的使用遵循先到先得的原则""最多一台电脑供两人使用"。[8]圣约瑟夫馆"每个人在周一至周六限于 3 小时的计算机使用时间，星期日 1.5 小时"。[9]这些规范确保了用户都能利用馆内资源的权利，公平合理，为了让馆内资源能得到最大程度的利用、用户需求最大可能的满足，其他馆应该根据本馆的资源条件和实际情况增加相关的规范条文。

4.3.1.2 保守用户隐私

用户在利用图书馆的活动中，不可避免地泄露自己的个人信息，而图书馆政策中的相关条款无疑是用户安心的一剂良药。

由表4-10可知，十所图书馆在用户隐私权保护方面的规范还较少，只有一半的图书馆有规定，条文数量也较稀少，用户隐私权保护并未受到普遍重视。原因可能是图书馆隐私保护意识不强，或虽存在该思想但并未体现于条文中。看得见的才是实在的，各个馆应该加大对用户隐私的保护力度，完善相关规范，给予用户实实在在的保护。

表 4-10　　　　　　　　　　用户隐私保护规范

规范　　　　图书馆	图书馆不得监视用户浏览互联网的操作[10]	公开收集信息的类型	图书馆不因商业目的提供、分享、出售或转让用户信息[11]	图书馆使用用户信息仅限官方用途	图书馆不得公开图书馆记录和个人信息
克恩馆	✓				
托莱多馆				✓	✓
亨内平馆		✓	✓	✓	
马歇尔馆					
卡拉马祖馆					
阿拉米达馆					
阿尔科纳棺					✓
圣克莱尔馆					
圣约瑟夫馆					
摩尔特诺马馆					✓

（1）克恩馆在规范中提到了不得监控用户的互联网操作，其中可能会包含用户的账户、密码等私密信息。用户的网络浏览记录也属于隐私范畴，理应受到保护，有相关规范保护，用户就能更放心地进行互联网操作。

（2）亨内平馆在隐私权保护方面的规范相对较多，但仍然有细化完善的空间，对于缺失的规范可以借鉴其他馆的经验，结合本馆实际，最终以条文的形式确定。

（3）托莱多馆规定"用户信息不包括个人的年龄和性别"。[12]馆方认为此类信息属于公共信息，但更为谨慎的做法是与用户沟通，了解用户的想法，避免出现不必要的纷争。亨内平馆规定"图书馆可以向家庭成员公开资料或者允许和用户一起居住的人帮忙取资料，用户可以向图书馆要求保留的资源仅向某一特定的人公开"，该规范具有很强的特色，给予用户方便，特定的人由用户指定，能保证活动的有效性和安全性。"个人资料可以向未成年人的父母或监护人公开，应未成年人的要求，拒绝将数据给予父母和监护人时，考虑到未成年人的利益，应该拒绝给予。"[13] 未成年人也有隐私，应当受到保护，即使是父母也不能强制要求，图书馆考虑到未成年人的特殊情况，其隐私更应受到保护。

（4）图书馆收集用户信息仅能用于官方目的，指导图书馆服务的完善；禁止将用户信息用于商业操作，也不得与第三方机构分享或出售信息，牟取经济利益。否则，就会降低用户对图书馆的信任度。广大图书馆应该认识到用户隐私保护的必要性和重要性，进而制定合理的规范并加以落实。

4.3.1.3　重视用户安全

表4-11　　　　　　　　　　用户安全规范

规范　　　图书馆	闭馆后需要帮助的用户可咨询当地警察[14]	将电脑上处理的信息存储在外部存储器	禁止将危险武器带入馆内
克恩馆	✓		
托莱多馆		✓	
亨内平馆			✓
马歇尔馆		✓	✓
卡拉马祖馆			
阿拉米达馆			✓
阿尔科纳棺		✓	
圣克莱尔馆			✓
圣约瑟夫馆			
摩尔特诺马馆			✓

（1）关于馆内用户安全的规范数量较少，可能还未引起馆方的重视。但作为人员聚集地，用户的人身安全和信息安全皆不容忽

视。一半图书馆禁止将危险武器带入馆内。馆内人员多杂，不易管理。馆方应该列出具体的工具或武器，如手枪、刀具、木棍等，细致的规范利于理解，操作性强。

（2）考虑到用户在计算机上信息的安全，三所图书馆建议将资料存储在个人存储器上。馆内的计算机都是定期清理的，用户要有安全意识，将数据存储于 USB 或在线存储中。馆方事先以规范的形式告知用户，防止出现不可挽回的后果，前瞻性较强。

（3）克恩馆规定在闭馆后用户若有需求，可以咨询当地警察。突发事件往往会让用户猝不及防，该条规范能减少用户束手无策带来的风险，图书馆思虑周到，体贴用户。

（4）馆方虽尽力保护用户安全，但有些危险还是不可规避的，各图书馆用不同的方式提醒用户多加留意。圣约瑟夫馆、圣克莱尔馆、阿拉米达馆、亨内平馆、克恩馆指出"并非所有的信息都是完整、准确或实时的，用户应该在使用前对信息的有效性进行评估"[15]；托莱多馆指出"互联网是不受管制的媒体，其内容可以产生迅速和不可预知的变化，用户需对他们到达的站点负责"[16]；克恩馆指出"通过图书馆无线接入的信息不受保护，可被他人监视、捕获或更改"[17]；圣克莱尔馆、阿拉米达馆指出"互联网不是一个安全的媒介，电子通信的隐私是无法保证的，所有的操作、文件和通信都容易受到未经授权的访问和使用，因此应该被视为是公开的"[18]；托莱多县馆对于用户因使用本馆提供的链接造成的直接或间接的损害，不承担责任。亨内平馆指出"图书馆不能保护通过因特网传送给第三方的数据的安全"[19]。图书馆的规范只起提醒作用，用户应该增强风险意识，对网络上的信息进行甄别和选择。另外，图书馆可安装一些过滤或防护软件，对有害和失效网页进行筛选，在一定程度上减少对用户的侵扰。

115

4.3.2　用户义务性规范的特色

4.3.2.1　检点个人非信息利用行为

细节体现品行，文明展现素质。用户在馆内的非信息利用行为与个人的道德水平、文明礼仪挂钩，在公共场所规范个人行为，不仅显示个人素养，对其他用户也有标杆示范作用。如果每位用户都行文明之举，整个图书馆的风貌就会有极大的改观。

（1）从表 4-12 来看，关于用户馆内非信息利用行为的规范数量较多，内容也颇为细致。用户的馆内非信息利用行为不仅关乎自身形象，也会影响到他人对图书馆的利用和图书馆的正常运行。值得注意的是，在众多的行为规范中，阿尔科纳馆竟然无一涉及，在其馆内规范中，存在"不合理行为"一项，包含的内容都是尊重他人之类的，并无对表中提及内容的规定，这说明该馆的规范亟待完善。相比而言，克恩馆、托莱多馆、摩尔特诺马馆的规范比较全面。全面细致的规范能约束用户的违规行为，维持馆内平和安静的文化氛围。

（2）财物安全除了图书馆的措施保护外，用户也要对自己的物品好好看管，这包括个人财物和个人虚拟信息，不能只寄希望于馆方。三所样本馆有此规定，这样是比较科学合理的，双方共同努力维护用户财物安全。

（3）图书馆作为吸吮知识信息的殿堂，不应该成为某些人的休闲放纵地，馆内睡觉、闲逛都是不可接受的行为，与图书馆的氛围不符。七所图书馆关注了这个问题并禁止该行为，也暗示这并不是个别行为，而是普遍存在的，若屡教不改，可据情节轻重进行警告或采取惩罚措施。

（4）用户的馆内活动要基于图书馆是公共场所的认识，考虑到这一点，很多行为显然是容易理解的，如在公共场所首先要保持衣冠整洁，这也是尊重他人、尊重自己的表现。七所图书馆规定的馆内禁止不穿鞋或上衣也是合乎情理的。再如，馆内设备和空间具有公共性质，不应据为己用，四所图书馆规定不得用个人物品阻塞走廊、过道等，一是为了防止干扰他人的利用，二是考虑到一旦发生危险，占用通道不利于人群疏散。

（5）十所样本馆中仅圣克莱尔馆在规范中提到了不得乱丢垃圾，虽然这是基本道德要求，但依然有用户肆意妄为，还是应该加以提醒。卡拉马祖馆规定"禁止携带大宗包裹或超出规定尺寸的行

表 4-12 用户非信息利用行为规范

规范\图书馆	保护个人财物免受损害	禁止吸烟及任何烟草制品	禁止馆内光脚或不穿上衣	禁止消费食物或饮料	禁止馆内销售货物或拉客	禁止带宠物入馆	禁止在馆内游荡或睡觉	禁止阻塞走道或过道走廊	禁止馆内乱丢垃圾[20]
克恩馆	✓	✓	✓	✓	✓	✓	✓		
托莱多馆	✓	✓	✓	✓	✓	✓	✓	✓	
亨内平馆	✓	✓	✓	✓	✓		✓	✓	
马歇尔馆		✓	✓	✓	✓				
卡拉马祖馆		✓			✓	✓	✓		
阿拉米达馆						✓		✓	
阿尔科纳馆									
圣克莱尔馆		✓	✓			✓	✓		✓
圣约瑟夫馆		✓	✓	✓	✓		✓		
摩尔特诺马馆		✓	✓	✓	✓	✓	✓	✓	

李箱等"[21]。阿拉米达馆规定"禁止将额外的包裹、大件包裹或其他个人物品带入馆内"[22]。过大的包裹不易存储和保管,再者,进入图书馆并不需要携带大宗物品,轻装简行,既满足需要,也不失利落。

4.3.2.2　爱护馆内公物

由表 4-13 可知:

表 4-13　　　　　　　　　　　馆内公物使用规范

规范\图书馆	禁止盗窃、损毁馆内财产	禁止在休息室洗澡、洗衣服等	图书馆会议室不得用于私人或商业目的	对借阅的资料负责	借阅卡丢失,应通知图书馆
克恩馆	✓				
托莱多馆		✓	✓	✓	✓
亨内平馆	✓			✓	✓
马歇尔馆	✓			✓	
卡拉马祖馆	✓				
阿拉米达馆	✓				
阿尔科纳棺					
圣克莱尔馆					
圣约瑟夫馆	✓				
摩尔特诺马馆	✓				✓

(1)馆内公物是进行一切服务活动的物质保障,使用此类资源是图书馆赋予用户的权利,但不能随心所欲地利用。馆内设施都属于损耗品,有一定的使用寿命,用户需要爱惜。七所图书馆禁止破坏、盗取馆内资源,但表述过于泛泛,不利于具体实施。图书馆可以根据不同的馆内设施制定明确的使用规范和注意事项,使其更具针对性。

（2）托莱多馆规定"禁止在休息室洗澡、刮胡子、洗衣服等"[23]。休息室这种辅助设施的存在就是方便用户使用的，用户需要注意的是度，不能超越合理使用的边界，如在休息室洗衣服、洗澡显然是不合适的，且此类行为难免会造成地面湿滑，对于用户的安全也是一大隐患。

（3）借阅卡是利用图书馆的凭证，持卡人需要在授权的条件下执行相应操作，需要对在借的资源安全负责，一旦发生丢失或损坏，要依照规定做出赔偿，这也是馆方保障资源安全的措施，以确保资源的长期使用。托莱多馆、亨内平馆和摩尔特诺马馆规定，借阅卡一旦丢失，用户需要立即通知图书馆，馆方可以执行锁定账户或帮助用户更换密码等操作，防止他人对卡的滥用，也可尽快办理补卡恢复用户的正常馆内活动，保护卡上信息和记录的安全，该规范是图书馆资源安全的重要屏障。

（4）阿尔科纳馆规定"用户需对打印的所有文件付费，不管是否带走"。[24]此规定虽然严苛，但也存在可取之处。若不加限制，可能会有纸张浪费的问题，此馆考虑细致周到，其他馆可借鉴学习。归根结底，规范也是人为制定的，难免十全十美。圣克莱尔馆、托莱多馆规定"为了保护馆内资源的安全，在离开图书馆时，我们会要求检查公文包、行李或其他包裹"。[25]馆方的出发点和立场可以理解，考虑到用户的隐私和接受度，图书馆可寻求更完美的解决方式。

4.3.2.3 提倡相互尊重

由表4-14可知：

（1）用户既是馆藏资源的利用者，也是图书馆这一共享空间的参与者，必须依法依规行事，理解、体贴馆员和其他用户。[28]尊重他人包括尊重他人的人格和产权，对他人尊重的人才容易受到他人的尊重，这是人际交往的基本原则。

（2）60%的样本图书馆对个人卫生提出了要求，这虽然属于个人的事，但毕竟处在公共场所，一旦干扰到他人，引起不满，就要承担责任。每一位入馆用户都应保持好自身的卫生，避免

119

表 4-14　尊重性规范

规范 图书馆	无著作权人许可，禁止复制和分发资料	操作发出声音时，要戴耳机	禁止恐吓、骚扰他人	禁止发出难闻的气味	禁止非法使用个人信息	有礼貌，尊重其他用户和馆员[26]	禁止独占计算机或馆内空间[27]
克恩馆	✓	✓					
托莱多馆	✓		✓	✓	✓		
亨内平馆	✓		✓	✓		✓	
马歇尔馆			✓	✓	✓		
卡拉马祖馆	✓		✓				
阿拉米达馆			✓		✓		✓
阿尔科纳郡馆	✓	✓	✓	✓			
圣克莱尔馆	✓			✓	✓		
圣约瑟夫馆	✓	✓		✓			
摩尔特诺马馆					✓		

120

发出刺激性气味，污染空气。对于严重犯规者，馆方可与之单独谈话；对于屡次犯错的用户，图书馆可暂停其馆内特权或者禁止其入馆。

（3）50%的图书馆禁止非法使用其他用户的信息，包括使用他人的账户登录公共计算机、利用别人的卡借阅资源等。实施这项规范的目的一是防止借用别人名义从事非法行为，二是避免侵犯他人隐私。

（4）对他人的尊重还体现在尊重他人的智力成果上，也就是馆藏资源的版权。七所图书馆规定在未得到著作权人允许的情况下禁止复制任何资料，体现了馆方对知识成果的尊重，促使用户树立知识产权保护意识，有利于营造健康的资源利用环境，也能在一定程度上鼓励知识创新。

（5）独占馆内设备或空间也是对他人的不尊重，应该坚决禁止。使用馆内资源应遵循先到先得的原则，禁止出现长期独占和占位人不到的现象，这种不良行为也会造成图书馆设备或空间实际利用率的降低，应该引起各图书馆的重视。图书馆宜制定行之有效的规范，避免这类不文明行为的出现。摩尔特诺马馆、克恩馆规定"如果用户在计算机上浏览的内容会打扰到其他用户，则会被要求停止"。[29]毕竟图书馆属于公共空间，用户虽有自由选择内容的权利，但也要考虑到他人的感受，用户在图书馆不应浏览或观看攻击性、色情材料，更不应与其他用户共同浏览、观看，以免害己又害人。

4.3.2.4 正当使用计算机

（1）随着计算机技术的进步和发展，计算机设备成为用户获取资源不可或缺的"帮手"。由表4-15可看出，克恩馆的计算机设备使用规范较为细致，对设备的持续使用意义重大。六所图书馆禁止通过计算机展示色情图片、不良网站等内容，既能防止计算机的不合理利用，又能避免低俗内容的传播，符合图书馆的职能定位。

121

122

表 4-15　计算机设备使用规范

规范 图书馆	禁止破坏计算 机设备和软件	禁止尝试更改 软件配置[30]	禁止使用计算 机从事违法犯 罪行为	禁止利用计算 机从事诽谤活 动[31]	禁止下载软件 到公共电脑	禁止展示色情 图片，不良网 站等	不得传播威胁 性或干扰性资 源
克恩县馆	✓	✓	✓				
托莱多馆		✓		✓		✓	✓
亨内平馆						✓	
马歇尔馆	✓	✓			✓		
卡拉马祖馆							
阿拉米达馆	✓	✓		✓		✓	✓
阿尔科纳馆	✓	✓				✓	
圣克莱尔馆							
圣约瑟夫馆				✓		✓	
摩尔特诺马馆	✓					✓	

（2）克恩馆禁止利用计算机从事非法行为，规范设置比较宽泛，应进一步细化，增加分列项，丰富规范的形式和内容，使规范更为饱满。

（3）图书馆电脑上安装的软件一般能满足用户的需求。克恩馆禁止在公共电脑上下载软件，以免电脑受到病毒侵扰；2/5的图书馆规定不得更改计算机的软件配置，防止出现不可逆的不良后果。这些规范无不体现大局意识，将大多数用户的利益置于首位。

4.3.2.5　关爱儿童身心健康

关爱儿童身心健康的规范内容主要体现在表4-16之中。

（1）儿童由于识别事物能力差，易受干扰和影响，其在馆内的安全应该得到图书馆的充分重视和保护；同时，儿童也是破坏力较强的一个群体。70%的样本馆提出父母或监护人有责任引导并对儿童的行为负责，需对他们的网络行为进行监管，一来是减少网站不良信息对儿童的侵扰和伤害；而是避免儿童操作错误或出于好奇心对于计算机设备的破坏。

（2）儿童需要有人时时照看。3/5的图书馆禁止将儿童留在馆内无人看管，成年人若要进行馆内活动，可以将孩子带在身边，以便贴身照管，减少危险的发生和乱跑乱闹产生的噪音。

（3）不同年龄段的儿童应得到不同程度的照护。卡马拉祖馆的儿童安全政策十分细致，分年龄段对儿童的安全进行管理。例如：5岁以下的儿童必须有家长或者照看者在周围，保证孩子在视线范围之内，该年龄段的儿童比较活泼，易乱跑，需悉心照料；6~8岁的儿童可以单独留在图书馆的儿童区，他们已经有了基本的思维与行动能力，可以适当地放开；9岁以上的儿童能够理解和遵守行为准则，可以照顾自己，可在无人看管时独立使用图书馆。当儿童无人看管时，其安全无法保障或闭馆无法联系到父母或监护人的，馆员可授权拨打馆内公共安全部的电话，并与孩子待在一起，直到警察来。这样的做法能更严密地保证孩子的人身安全。

123

表 4-16　　　　　　　　儿童安全规范

规范\图书馆	对孩子的网络行为进行监管	照顾孩子，确保他们的安全	禁止将儿童留在馆内无人照看	禁止向儿童展示色情内容
克恩馆	✓			
托莱多馆	✓			
亨内平馆	✓	✓	✓	
马歇尔馆	✓	✓	✓	
卡拉马祖馆		✓	✓	✓
阿拉米达馆			✓	
阿尔科纳棺	✓	✓		✓
圣克莱尔馆		✓	✓	
圣约瑟夫馆				
摩尔特诺马馆	✓	✓	✓	

4.3.3　启示

4.3.3.1　提升规范的明晰度

美国县级图书馆用户行为规范的配置存在失衡现象，大多数用户义务性规范的表述都很明确，如阿拉米达馆规定"借阅者需要对接触的资源负责，任何用户可借阅的资源的数量都是有限的，可借资源的数量取决于资源的类型和公众需求"[32]；卡拉马祖馆的禁止吸烟政策"所有图书馆区域内禁止吸烟，包括公共场所和非公共场所，包括香烟、电子烟"[33]。相对而言，用户的可用权利则表述不明确，通常隐藏在规范条文中，如摩尔特诺马馆规定"图书馆的公共计算机可用于搜索各种电子资源"[34]，实则是图书馆赋予用户使用电子资源和计算机的权利；"在公共网络不要发布个人信息，18 岁以下的人，尤其不要张贴姓名、学校、年龄、电话号码、地址等信息"[35]，实则是对儿童隐私权的保护。因此，图书馆制定的用户行为规范既要全面系统，又要明确清晰，不仅对用户有指示作用，于图书馆制度建设也至关重要。

4.3.3.2 规范分类列出，整体呈现

十所样本图书馆的规范都是进行过分类的，只是分类的数目和内容各不相同。反观国内的一些图书馆，大多以整体的形式展示用户行为规范，这样的好处是减少搜索全部规范的时间，避免遗漏，但若规范过多，则不便于用户浏览某一特定的规范。譬如，中国首都图书馆的规范在指南栏目下，分为入馆指南、电子阅览指南、文献借阅指南、阅览空间指南等，相应规范内嵌其中，这样就比较人性化，符合用户的查找心理。

美国十所县级图书馆的用户行为规范大致包括以下内容，即《用户行为准则》《阅览室使用准则》《网络 & 计算机使用准则》《图书馆设备使用准则》《个人信息安全》《借阅准则》《3D 打印政策》《儿童安全政策》《社交媒体政策》《wi-fi 使用政策》等，但各馆表述略有不同。各个图书馆并不是全部包括，有的规范统一在《不允许行为》和《合理行为准则》中。建议各图书馆将用户行为规范分类细化，方便用户依类查找和浏览。

4.3.3.3 加强用户身份使用监督

公共图书馆虽是服务于大众的，但借阅、计算机登录等活动，还是应该严格准入制度，对持有所需证件或账号、密码的用户予以"放行"。一部分用户出于热心帮助他人借阅资源，让他人使用自己的账户登录计算机，对于馆内资源的安全是一大隐患。阿尔科纳馆规定"禁止经他人允许或未经允许使用他人认证卡"[36]；托莱多馆规定"图书馆卡禁止给予他人使用"[37]；圣克莱尔馆规定"有图书馆卡的用户仅限于个人使用，不能帮他人借阅资源或者将图书馆卡给予他人"[38]；圣约瑟夫馆规定"分配给个人的计算机账户、密码或其他类型的授权禁止与他人共享"[39]。证件外借不仅关系到持卡用户的信息安全，还影响图书馆合法用户信息权利的行使，一

且处理不善，容易出现权利滥用问题，应引起足够重视。

◎ 参考文献

［1］［6］Lending Rules［EB/OL］.［2018-03-05］. https：//www. hclib. org/about/policies/lending-rules.

［2］MATERIALS SELECTION POLICY［EB/OL］.［2018-03-02］. http：//www. toledolibrary. org/policies/materials-selection-policy.

［3］［16］INTERNET POLICY［EB/OL］.［2018-03-23］. http：// www. toledolibrary. org/policies/internet-policy.

［4］Materials Selection Policy［EB/OL］.［2018-03-15］. http：// www. kpl. gov/policies/materials. aspx.

［5］［7］MPL Policy Manual［EB/OL］.［2018-03-08］. http：// www. marshallpublib. org/manual. pdf.

［8］［18］［38］Electronic Resources/Internet Use Policy［EB/OL］. ［2018-03-05］. http：//www. sccl. lib. mi. us/Forms/internetuse. pdf.

［9］［31］COMPUTER USAGE POLICY［EB/OL］.［2018-03-10］. http：//sjcpl. lib. in. us/sites/default/files/SJCPLComputerand NetworkUsePolicy20150330r_0. pdf.

［10］［30］Internet & Computer Use Policy［EB/OL］.［2018-03- 25］. http：//kerncountylibrary. org/Assets/pdf _ 2015/Policies/ Internet%20&%20Computer%20Use%20Policy. pdf.

［11］［13］Patron Data Privacy Policy［EB/OL］.［2018-03-21］. https：//www. hclib. org/about/policies/patron-data-privacy.

［12］Confidentiality Ohio law［EB/OL］.［2018-03-05］. http：// www. toledolibrary. org/uploads/pdfs/policies/confidentiality. pdf.

［14］Library Code of Conduct［EB/OL］.［2018-03-18］. http：// www. kerncountylibrary. org/policies/.

［15］Internet & Computer Use Policy［EB/OL］.［2018-03-06］. http：//kerncountylibrary. org/Assets/pdf _ 2015/Policies/Internet

%20&%20Computer%20Use%20Policy. pdf.

［17］ Wireless Internet Use Agreement ［EB/OL］. ［2018-04-01］. http：//kerncountylibrary. org/Assets/pdf_2015/Policies/Wireless %20Internet%20Use%20Agreement. pdf.

［19］ Internet Public Use Policy ［EB/OL］. ［2018-03-14］. https：// www. hclib. org/about/policies/internet-public-use-policy.

［20］ ［25］ Appropriate Library Use Policy ［EB/OL］. ［2018-03-04］. http：//www. sccl. lib. mi. us/Forms/ApLibUsePol. pdf.

［21］ Rules of Conduct for Library Use ［EB/OL］. ［2018-03-06］. http：//www. kpl. gov/policies/rules-of-conduct. aspx.

［22］［27］ Conduct in the Library ［EB/OL］. ［2018-03-05］. http：// www. aclibrary. org/content/library-policies#Conduct.

［23］ Behavior Guidelines ［EB/OL］. ［2018-03-08］. http：//www. toledolibrary. org/policies/behavior-guidelines.

［24］［36］ Computers and Internet ［EB/OL］. ［2018-03-12］. http：// www. alcona. lib. mi. us/images/policies/2016-OP-Computer-and-Internet. pdf.

［26］ Patron Conduct Policy ［EB/OL］. ［2018-03-21］. https：//www. hclib. org/about/policies/patron-conduct.

［28］ Patron Use of Library Spaces Policy ［EB/OL］. ［2018-03-25］. https：//www. hclib. org/about/policies/patron-use-of-library-spaces.

［29］ Wi-fi policies for Multnomah County Library ［EB/OL］. ［2018-03-15］. https：//multcolib. org/wi-fi-policies-multnomah-county-library.

［32］ Lending ［EB/OL］. ［2018-03-11］. http：//www. alcona. lib. mi. us/images/policies/2016-OP-lending-pol. pdf.

［33］ Smoke Free / Tobacco Free Work Environment Policy ［EB/OL］. ［2018-03-20］. http：//www. kpl. gov/policies/smoking. aspx.

［34］ Acceptable Use of the Internet and Library Public Computers ［EB/OL］. ［2018-03-07］. https：//multcolib. org/acceptable-

127

use-internet-and-library-public-computers.

［35］Social software policy for Multnomah County Library users ［EB/ OL］. ［2018-03-05］. https：//multcolib. org/social-software- policy-multnomah-county-library-users.

［37］LENDING POLICIES ［EB/OL］. ［2018-03-15］. http：//www. toledolibrary. org/policies/lending-policies.

第 5 章　台湾地区的公共图书馆
用户权利义务规范配置

5.1　台湾省图书馆用户权利义务规范配置分析

　　台湾省图书馆是中国台湾地区最大的公共图书馆,对该馆用户权利义务规范的配置进行分析具有典型性和代表性。该馆制定的用户权利义务规范以要点为单位,每一要点单独成文,该馆涉及的用户权利义务规范共有 15 项要点,包括研究小间的使用、存物柜使用、阅览服务、数位资源授权利用、自修室使用、团体讨论室使用、特藏古籍文献复制品借印出版、电子书刊借阅、性骚扰行为、拾得遗失物、电脑使用、高中以下学生馆藏资源利用、档案申请阅览应用、特藏资料借展、善本室阅览。

5.1.1　用户权利性规范配置的特点

5.1.1.1　多方位保护用户权利

　　台湾省图书馆的用户权利性规范较为全面,主要涉及平等获取知识权、隐私权、安全权、时空保障权、咨询权、知情权和参与权等方面的内容。

（1）平等获取知识权。

平等获取知识权是指公共图书馆的每一个用户都具有平等获取图书馆知识的权利。台湾省图书馆就其服务对象的范围做了明确规定，包括对一般民众的服务、对研究人士的服务、对省内外机关团体的服务、对全台湾省图书馆的服务、对出版业界的服务、对国际学术研究和图书咨询机构的服务以及对外籍学人的服务这七大方面，并且明确说明了对每一类服务对象提供的服务范围。值得一提的是，对一般民众的服务规定为"提供省内外年满 16 岁以上民众图书资料阅览、问题咨询、电脑查询及推广服务"[1]，但又在借阅服务相关政策补充另一规定，即"对高中（16 岁）以下学生因研究需要需使用该馆图书资料的也可提供相关借阅服务"[2]，可见该馆并未忽视少儿弱势群体获取知识的权利。此外，该馆借阅服务总则第一章第三条也规定"为维护身心障碍者之权益，特设专用停车位、检索电脑席位、阅览席位"，在研究小间使用须知的第五条中规定"为服务特殊读者（含视觉、听觉、学习及其他身心障碍者等），本馆得保留部分研究小间提供特殊读者专用"[3]，这些无不体现图书馆是实现教育公平的重要场所。印度著名图书馆学家阮冈纳赞曾说过，"每位读者有其书"。台湾省图书馆规定的服务对象范围不仅十分宽泛而且考虑周到，这无疑更好地保障了用户的平等权，体现了公共图书馆的包容性，有助于维护社会信息公平。

（2）隐私权。

图书馆用户隐私一般是指用户在体验图书馆服务过程中的个人活动和个人信息。[4] 在"互联网+"的背景下，个人隐私信息更为丰富，泄露几率大大增加，图书馆用户隐私也不例外。用户在享受图书馆提供的各种信息导航与咨询服务的同时，不可避免地需要使用相关个人信息，窃取用户借阅信息和个人资料、IP 定位追踪用户行踪及 RFID 标签病毒等都将成为威胁用户隐私安全的最大隐患。为了保护图书馆用户咨询活动中的个人信息安全，台湾省图书馆制定了针对用户的《隐私权政策》[5]，以保护用户隐私。在服务活动中，台湾省图书馆也并未忽略保护用户个人隐私，在相关政策中多次提及，例如"保护被害人之权益及隐私"；"骚扰事件之调查，应以不公开之方式为之，保证当事人之隐私及人格法益"以及"对于用户之姓名或其他足以辨认身份之资料，应予保密"等。

（3）安全权。

作为公共服务场所的图书馆应将用户安全放在第一位，这也是图书馆开展正常服务活动的前提。图书馆用户安全权可分为实体图书馆用户安全权和虚拟图书馆用户安全权，前者重在保护用户人身安全，后者侧重保护网络用户资讯安全。台湾省图书馆为了提供人员（包含受雇者、派遣劳工、技术生、实习生）、求职者及服务对象免于性骚扰之工作及服务环境，该馆专门制定了《性骚扰防治措施及申诉调查处理要点》[6]，该项规范共有二十二条，包括要点的订定、性骚扰的定义、内容、情形、申述及调查原则等，以试图采取适当的预防、纠正、惩戒及处理措施，维护当事人安全及权益。该馆还提供多种受理性骚扰事件的申述管道，可通过专线电话、专线传真及电子邮箱等方式。可见，台湾省图书馆非常重视保护图书馆工作人员及用户的人身安全。该馆亦制定《资讯安全政策》，采取一系列的网站安全保护措施，以提供给使用者更为安全的网页浏览环境为目的，来保护用户资讯安全。

（4）时空权。

时空权是指图书馆赋予用户在利用图书馆服务时所应有的时间和空间保障权利。台湾省图书馆设有团体讨论室、电子阅览室、自修室、研究小间等多种功能区，用户可根据自身需求进行自由选择。为了维护馆内秩序及用户使用功能区的权益，该馆制定了一系列相关规范。台湾省图书馆在《团体讨论室使用须知》中详细阐述团体讨论室的使用资格、申请方式及使用时段，还提供提前预约及持续续约讨论室的机制[7]；在《自修室使用规范》中将自习室依阅览人年龄、阅览习惯及需求量分为综合乐读区、青春漾读区、专心研读区、笔电使用区及爱心座位区等五个区域，每个区域都明确规定了使用时段，并且当有区域用户达到上限时，还可弹性调整各区席位比例和跨区选位时间。例如，当日如遇青春漾读区满座，则开放16至18岁阅览人登记使用专心研读区；如专心研读区满座,则开放19岁(含)以上阅览人登记使用青春漾读区。[8]如此看来,台湾省图书馆这种灵活变通的方式不仅使得图书馆资源得到充分利用,还可最大限度地维护用户的时空权。

(5)咨询权。

咨询权是指用户将疑难问题向图书馆工作人员提出咨询而要求得到图书馆回馈及帮助的权利。台湾省图书馆透过多种管道提供参考咨询服务,包括提供参考服务柜台、电话专线、电子邮件咨询以及书信方式等,还可通过学术知识服务网进行在线提问。该"服务均由本馆参考馆员答复读者提问,当有必要咨询专家时,还帮助邀请馆内外各学科领域专家及研究学者协助答询"[9];而且"为达到知识共享和互动讨论的目的,该馆对于值得分享的参考问题与答复内容通过知识共享圈公开进行知识共享,以提供更多读者参与讨论"[9]。不难发现,在咨询馆员的主导下让用户参与到咨询活动中,不仅能够有效地促使广大用户集思广益、开发智力资源,而且生动地体现了图书馆的中介性和桥梁作用。

(6)知情权。

知情权又称知悉权,是指对事物具有详细了解其运营时间、运营地点、可利用资源以及所要遵守的行为规范等方面的权利。图书馆用户知情权是指要求图书馆提供知识产品或相关信息服务的权利[10]。为便利读者知悉本馆基本情况及服务,台湾省图书馆官网首页的公告资讯栏目提供《主动公开资讯一览表》,详细载明了该馆相关法规及与读者相关之服务说明与规范,如开闭馆时间、阅览证申请、阅览手续、资料借阅、各功能区使用等规定[11],使图书馆服务更加透明化、具体化,在缓解图书馆与用户之间信息不对称的同时,尽可能地保障了用户的知情权。

(7)参与权。

参与权是指图书馆赋予用户参与图书馆服务的权利,用户一般通过批评、建议、监督和评价等方式实现参与图书馆事务。为此,台湾省图书馆在《读者意见处理原则》中提到设置读者意见处理平台,还接受读者意见书和电子邮件意见,并制定一套完善的意见处理流程,能快速地回复读者的建议,以力求向上提升服务品质[12]。该馆疏通"民意"渠道，不仅能有效解决"馆读冲突"问题，还能在维护用户权益的同时利于自身的科学管理，取得共赢的效果。

5.1.1.2 人性化色彩浓厚

在图书馆管理中，评判用户权利性规范的人性化程度，主要是看作为客体的用户权利性规范是否满足或适应了作为主体的用户的需要、目的和能力，并对用户的发展是否具备正面的意义和作用。台湾省图书馆制定的《阅览服务规定》和附加的《行动不便读者服务阅览服务作业须知》[13][14]，既保证了普通用户使用图书馆的各项基本权利，也维护了身心障碍者权益，充分体现图书馆公益性和包容性，更符合社会主流价值观，富有极大的人性化色彩。从细节上看，例如原则上不提供借阅的善本原件可通过申请复印的方式满足用户需求；"爱心座位倡导优先提供予年长者与身障者使用"；"设置自助存物柜供入馆读者暂时存放个人物品"等，充分考虑了用户主体的需求，这些充分彰显了该馆用户权利性规范的人性化。

5.1.1.3 践行法律宗旨

在现实生活中，权利常常因缺少制度化规范而易被滥用；而作为权利高级规范载体的法律，可为图书馆用户行为规范的制定发挥指导性的作用。譬如，台湾地区法律规定"人民之财产权应予保障"；"人民有诉愿之权"。为践行上述法律宗旨，台湾省图书馆也制定了相关用户权利性规范。如订定《拾得遗失物处理要点》[15]，以便于遗失物物归原主，还规定相关奖励措施奖励遗失物报缴者；制定《存物柜使用须知》[16]，为用户提供自助式存物柜，且存物柜钥匙只提供给使用者，以供用户存放个人物品。图书馆作为学习、科研场所，本就该禁止用户带入影响其他用户的个人物品，该馆制定相关的用户权利性规范既符合法律赋予公民的基本财产权，也可维护图书馆干净整洁的环境，可谓一举两得。此外，该馆为用户提供的读者意见服务平台，也正是在遵循法律的基础上满足了用户的诉愿权。

133

5.1.2　用户义务性规范配置的特点

5.1.2.1　覆盖面广

作为阅读、学习和科研的公共服务场所，图书馆需要具备良好的环境，除图书馆自身建设外，依靠完备的图书馆用户义务性规范来约束或引导用户利用图书馆显得尤为重要。台湾省图书馆规定的用户义务性规范涉及用户出入馆、用户借阅、馆内非信息利用活动、馆内设施使用、特殊人群义务、版权保护、安全等方面[17]。作为台湾省最大、最具影响力的图书馆，该馆制定的用户义务性规范比较全面，可以有效指引用户遵纪守法、爱护馆内公物、尊重馆员及其他用户权益。当图书馆面对用户的不当行为时，也能够做到有规可依，从而使图书馆的管理和服务活动良性运行。

5.1.2.2　内容明确

台湾省图书馆用户义务性规范的特点之一就是内容明确、具体。例如，该馆在善本室的使用及复印、电脑使用、团体讨论室的使用和档案的申请应用等方面所涉及的用户义务性规范分别集中罗列在该规范名称下，还多处使用"不得""不准"字眼，明确清晰[18]。又如，在"研究小间使用须知"中，该馆规定"研究小间使用者不得用于非研究性之目的"，还补充列举了非研究性目的内容"如存放私人衣物或日用品，代其他读者携入私人自用书刊资料等"[6]。此外，该馆用户义务性规范明确引用相关法律条文，如在《档案申请应用作业要点》中规定"档案因老旧不堪翻阅时，依档案法第十八条第七项之规定，为维护公众利益，本馆得拒绝用户申请"[19]，该项规定出处明确，内容也清晰。

5.1.2.3　得失并存

图书馆用户义务性规范的执行效果如何，在很大程度上取决于其主张的正当性与合理性。台湾省图书馆在用户义务性规范的制定上既有众多合理之处，又有不尽如人意之处，值得借鉴和反思。例如，该馆在善本借阅、特藏资料借展和档案应用等方面都需用户预先申请，作为馆内特殊资源，用户依法申请本是义务，还提供统一的申请表格和可委托他人代办的委托申请表模板，只需在图书馆网站上下载即可使用，大大地节省了用户的时间，使图书馆服务更加快捷高效。又如，该馆规定"拾得遗失物依规定报缴者视情况得予以奖励，未依规定报缴者予以惩处"[6]，使用奖惩制度，赏罚分明，并未一味地强调用户的义务，反而可以引导用户更好地遵循该项规范，极具合理性。再如，该馆规定"专心研读区禁止使用笔电、计算机等电子产品"、"除手提电脑相关设备外，未经本馆同意，不得私用其他电器用品"[6][8]，可见该馆重视用户自带电器设备在馆内的使用问题。当今时代，用户特别是青年用户要想潜心学习，一般需要远离移动电子设备，因为移动电子产品不仅对青年用户的诱惑力很大，而且会影响馆内安静的环境，此项规定不仅合理而且无可厚非。当然，该馆制定的某些用户义务性规范也不尽如人意。例如，"高中以下学生不得利用本馆自修室"[2]，生硬地禁止部分年龄段的人群使用该馆设施，将年龄设定为限制利用图书馆的依据，理由似乎并不充分，此类规范值得商榷。

5.1.3 几点启示

5.1.3.1 合法性

具有公益性质的图书馆事业涉及社会生活的多个层面，需要完备的法律、法规引领和指导。只有在健全的法律制度的指导下，图书馆才能制定出适当的用户权利义务规范。近年来台湾省的公共图书馆事业发展较为完善，其图书馆法及相关立法比较成熟。台湾省图书馆在制定本馆用户权利义务规范时的确遵循了众多法律法规，如"宪法""图书馆法""档案法""著作权法""隐私权法""资讯公开法""性骚扰防治法""性别工作平等法""性骚扰防治准则"等。例如该馆在其"阅览服务规定"的开篇指出："本馆依图

135

书馆法第八条规定订定本规定"[13]；在"档案申请应用作业要点"中也开宗明义，"根据资讯公开法第六条至第八条及档案法有关档案应用规定事项，特订定本要点"[19]。显然，该馆以法律为依据，在有法可依、有章可循的基础上制定了一套较完备的馆内用户权利义务规范。

5.1.3.2 针对性

台湾省图书馆是研究型图书馆，但同样具备公共图书馆的性质，因此，必然要承担公共图书馆所应具备的使命。其服务对象包括一般民众、政府机关、法人、团体、研究人士及外籍学人等[1]，因而其馆内规范的制定涉及面较广。但在其服务对象"一般民众"的界定中表示，仅仅是"提供国内外年满16岁以上民众图书资料阅览、问题咨询、电脑查询及推广服务"[1]，这意味着该馆不对年龄低于16岁的少年儿童开展服务。此外，该馆还针对服务对象众多、人员复杂的问题，"为建立友善的工作环境、消除工作内源自于性或性别的敌意因素"，制定了内容完整的《性骚扰防治措施及申诉调查处理要点》[20]。可见，图书馆用户行为规范的制定应考虑图书馆的性质和服务对象的性质，因馆而制才是明智之举。

5.1.3.3 协调性

图书馆用户行为规范是由权利性规范和义务性规范两方面构成，是不可分割的整体。台湾省图书馆用户行为规范的配置比较全面，但用户权利性规范和义务性规范所涉及的要点有明显的失衡现象。例如，该馆在"读者电脑使用须知"中，涉及用户权利的内容只有3条，而用户义务的规定包括应遵守规定和禁止性规定共14条[21]；在"研究小间使用须知"中，涉及用户权利的内容只有2条，而强调用户义务的内容有7条[6]；在"善本室阅览须知"中，没有专门提及用户在善本室阅览的相关权利，只是对用户阅览限制、禁止性行为以及违规情形进行详细的说明，即只强调义务，不说明权利[22]。可见，该馆在制定用户权利义务规范时过分强调

136

用户的义务，用户权利和义务的整体协调性存在不足，尚有较大的改善空间。

5.1.3.4 实时性

随着信息技术的不断发展，图书馆服务也更加多样化、新颖化，因此，图书馆在制定本馆的用户权利义务规范时应当将本馆当前的核心问题以及未来可能的发展趋势一并考虑，包括图书馆资讯安全、用户信息安全、数字出版物版权保护以及资源共享等问题，使用户权利义务规范更好地服务本馆读者工作。台湾省图书馆制定的数字资源授权利用作业要点、资讯安全政策、信息安全政策等，较好地解决现时图书馆用户服务所面临的诸多问题。此外，实时性还要求图书馆制定的用户权利义务规范能够与时俱进，适时进行补充、修订。事实上，台湾省图书馆的用户权利义务规范也是在不断的修正中完善的。例如，该馆的自修室使用规范已经过三次修订；存物柜使用规范已经修正过五次；团体讨论室使用须知修订过两次。图书馆用户权利义务规范只有适应时代的发展，才能真正产生实效。

◎ 参考文献

[1] 服务对象 ［EB/OL］. ［2017-10-28］. http：//www. ncl. edu. tw/content_51. html.

[2] 高中以下学生利用本馆馆藏资源申请须知 ［EB/OL］. ［2017-10-28］. http：//www. ncl. edu. tw/content_72. html.

[3] 图书馆研究小间使用须知 ［EB/OL］. ［2017-10-28］. http：//nclfile. ncl. edu. tw/files/201511/1f30dd1f-9249-4851-9e05-46cc6ba80ca8. pdf.

[4] 王春晓，王丹. 图书馆用户隐私问题研究综述 ［J］. 图书馆学刊，2013（2）：138-141.

[5] 隐私权政策 ［EB/OL］. ［2017-10-28］. http：//www. ncl. edu. tw/content_210. html.

［6］　图书馆研究小间使用须知［EB/OL］.［2017-10-28］. http：// nclfile. ncl. edu. tw/files/201511/1f30dd1f-9249-4851-9e05-46cc 6ba80ca8. pdf.

［7］　图书馆团体讨论室使用须知［EB/OL］.　［2017-10-28］. http：//nclfile. ncl. edu. tw/files/201705/0fdd70b9-e010-49ca- bda0-91590cdb6b8e. pdf.

［8］　图书馆自修室使用规范［EB/OL］.［2017-10-28］. http：//nclfile. ncl. edu. tw/files/201511/e4380fd5-45eb-42fa-b4b5-1eb4f43f1ab1. pdf.

［9］　咨询服务说明［EB/OL］.　［2017-10-28］. http：//www. ncl. edu. tw/content_74. html.

［10］李国霖. 中美公共图书馆用户权利政策比较研究［D］. 郑 州：郑州大学，2015.

［11］主动公开资讯一览表［EB/OL］.　［2017-10-28］. http：// www. ncl. edu. tw/content_255. html.

［12］读者意见处理原则［EB/OL］.［2017-10-28］. http：//www. ncl. edu. tw/content_76. html.

［13］图书馆阅览服务规定［EB/OL］.［2017-10-28］. http：//nclfile. ncl. edu. tw/files/201511/2378ddc0-7b3a-4a4d-aaa9-c8bdfc034c86. pdf.

［14］行动不便读者服务阅览服务作业须知［EB/OL］.［2017-10- 28］. http：//www. ncl. edu. tw/content_290. html.

［15］图书馆拾得遗失物处理要点［EB/OL］.［2017-10-28］. http：// nclfile. ncl. edu. tw/files/201511/ccf3e35b-388f-4c71-969b-83e 7c5cc869e. pdf.

［16］图书馆存物柜使用须知［EB/OL］.［2017-10-28］. http：// nclfile. ncl. edu. tw/files/201511/03d54a8a-c376-41fc-941a-bb 1820e4dabe. pdf.

［17］相关法规［EB/OL］.　［2017-10-28］. http：//www. ncl. edu. tw/submenu_272. html.

［18］徐启玲. 台湾县级图书馆用户义务性规范配置研究［D］. 郑 州：郑州大学，2019.

［19］图书馆档案申请应用作业要点［EB/OL］．［2017-10-28］．http：//nclfile. ncl. edu. tw/files/201609/48ba1166-89f6-4765-a6da-2ea4e89be3ef. pdf.

［20］图书馆性骚扰防治措施及申诉调查处理要点［EB/OL］．［2017-10-28］．http：//nclfile. ncl. edu. tw/files/201611/18721004-69b6-4e58-a8aa-667307f504b8. pdf.

［21］图书馆读者电脑使用须知［EB/OL］.［2017-10-28］．http：//nclfile. ncl. edu. tw/files/201602/58336bca-bcf7-4e6d-af93-0abc71e20e0d. pdf.

［22］图书馆善本室阅览须知［EB/OL］．［2017-10-28］．http：//nclfile. ncl. edu. tw/files/201609/d7e93fa3-2652-40d2-b023-04c247ee8e23. pdf.

5.2 台湾地区的市级图书馆用户权利义务规范配置分析

对应台湾地区的行政制度，台湾地区的公共图书馆等级依次为省级图书馆、省直辖市立图书馆、县市立图书馆、乡镇市立图书馆。台湾省直辖市立图书馆，以下简称"台湾市级图书馆"，下文拟对六所台湾市级图书馆作为样本进行分析。六所样本馆分别为台北市立图书馆（简称"台北馆"）、新北市立图书馆（简称"新北馆"）、桃园市立图书馆（简称"桃园馆"）、台中市立图书馆（简称"台中馆"）、台南市立图书馆（简称"台南馆"）、高雄市立图书馆（简称"高雄馆"）。

139

5.2.1 用户权利性规范的特点

5.2.1.1 以便利用户为己任

现代图书馆，特别是公共图书馆所给予的"用户权利"不仅仅是停留在用户享用图书馆基础设施，包括馆藏信息资源、服务场所和设备等的使用上，还越来越追求"以人为本"的服务理念，以用户为出发点，了解用户需求并考虑用户在图书馆实际活动中的诸多不便，通过对实践经验的总结和概括，促使图书馆用户权利义务规范的配置更加具有实用性和科学性，以便更好地提升用户体验，强化图书馆的服务效能。

科学、严密的图书馆用户权利义务规范，不仅可以有效地规范化图书馆管理和服务，还对用户利用图书馆起到很好的指引作用。由表 5-1 可知，六所样本馆制定的规范较为相似、详细，各馆提供的服务也较为全面。

（1）用户可利用的图书馆服务场所、设备和馆藏资源非常丰富。

其中，服务场所不仅包括基本的阅览室和自修室，还涉及各种功能区；设备不仅包括图书馆桌椅等硬件实施，还包括打印机、扫描仪、计算机和借还书系统等电子设备；馆藏资源的多样性也不仅仅体现在内容的丰富性上，还包括各种多样化载体资料，如实物型资料、印刷型资料、数字化资源以及影音图像等，此外，还涉及不同语种的图书资料。例如，台中馆提供"本馆及各分馆之多功能教室、会议室、视听室、研习室、网络资源教室、演讲室、礼堂、户外广场、音乐厅及演艺厅等场所"[1]。高雄馆的"馆藏主题含青少年图书、多元文化、文化创意、知识性图书四类，并含中文、西文、东亚等多种类型的语言图书，资料类型包括普通图书、儿童图书和视听资料等"[2]。市级图书馆作为传播知识的社会教育中心，通过为广大群众提供信息服务和普及科学文化知识，进而达到文化传播的作用。

（2）参考咨询服务和读者意见服务很受重视。

台湾地区各市级图书馆为传播资料讯息，满足读者的求知欲，几乎都提供了相应的参考咨询服务。例如，新北馆在《阅览服务规则》第 6 章第 29 条、桃园馆在《阅览规定》第 14 章第 1 条中分别规定：为协助读者利用馆内各项资源查检资讯，本馆各阅览单位均提供口头、书信、电话或电子邮件等方式之参考咨询服务。[3][4]

表 5-1　　便利服务规范

图书馆＼规范	提供服务场所、设备和馆藏资源	为所有用户提供平等服务	提供参考咨询服务	提供读者意见服务	提供馆际互借服务	提供借阅证代借服务	电子资源检索区提供无线网络	提供线上预约、续借服务
台北馆	✓	✓	✓		✓	✓	✓	✓
新北馆	✓	✓	✓		✓	✓	✓	✓
桃园馆	✓	✓	✓		✓	✓	✓	✓
台中馆	✓	✓		✓	✓	✓		✓
台南馆	✓	✓		✓	✓	✓		✓
高雄馆	✓	✓	✓	✓	✓		✓	✓

同样，高雄馆也提供多种途径的参考咨询服务方式，包括口头解答、电话解答、信函解答以及电子邮件解答等方式，极大地方便了用户提问、咨询和获取知识。

此外，还有部分图书馆提供读者意见服务，其根本宗旨在于征求读者意见或建议，求同存异、解决馆内冲突和纠纷，以便更好地为用户服务。台中馆在图书馆官网上专门提供线上便民服务，在意见反映一栏用户可将个人意见或问题直接填写、提交即可[5]。高雄馆为"方便服务民众，特设立意见信箱供民众使用"[6]，并对读者的建议或陈情，尽快回复意见处理情形和进度。读者意见服务在构建和谐的馆读关系中无疑起到良好的促进作用。

（3）借阅服务比较灵活。

新北馆规定："对于个人借阅证，直系血亲或配偶可通过提供身份证正本或户口名簿正本办理代借；非亲属关系的代借人可通过出具委托申请书办理代借。"[3]此外，针对团体借阅证和家庭借阅证的使用，除高雄馆仅限申请人本人使用外，其他各馆则规定任一成员均可使用。此类借阅证使用规定比较人性化，"一卡多人用"不仅可以极大地便利用户借阅馆藏文献，还可避免办理和管理多张借阅卡的繁琐程序，但对代借出现的责任问题也应界定清楚，如新北馆规定："代借图书若有遗失毁损，赔偿责任仍由持证人负担"[3]，由此才可避免责任缺失。

为便利用户利用馆藏资源，各馆均提供线上预约、续借和馆际互借服务。例如，台北馆规定："凡持有本馆之借阅证或家庭图书证者，可以利用预约系统借阅本馆所属任一阅览单位的图书资料及视听资料"[7]；新北馆则与基隆市立图书馆实施跨市一证通用和联合通还服务[8]；高雄馆则顺应科技发展，不仅提供 iPASS 一卡通借书服务，还增加了手机 NFC 一卡通借书服务，使读者借阅更加便利、高效。

（4）从细节入手为用户提供便利。

部分图书馆在细节上也考虑最大限度地为用户借阅提供便利，以满足用户需求。例如，台北馆规定"馆内除特定区域开放笔记本电脑及平板电脑使用外，另设立专区供手机紧急充电使用"[7]。

新北馆规定"为鼓励市民随时利用图书馆资源,延长本馆开放时间"[9]。台中馆规定"电脑每次使用时间以 1 小时为限,于登记使用时间完毕后,若该部电脑无人预约时,可续借"[1]。此类细节性的规范都是从用户角度出发而制定的,不仅能够扩大服务效能,还使馆藏资源的价值得到更大程度的发挥。

5.2.1.2 关注弱势群体

关注弱势群体是国际图书馆界的共识。图书馆用户权利义务规范的制定者和图书馆管理者有责任和义务援助知识信息弱势群体(例如未成年人、老年人、残疾人等)利用图书馆,以消除知识信息差距。

由表 5-2 可知,六所图书馆针对特殊人群所制定的规范涉及七个方面的内容,但馆与馆之间很不均衡。

(1)为所有用户提供平等服务已达成共识。

台中馆规定:一人一座位,对于占座行为将撤移该座位物品,以利于其他读者使用[1]。新北馆则明确指出,"本馆依图书馆法第七条规定,提供读者均得平等使用本馆阅览服务场所、设备及各类型馆藏"[3],该规范制定的依据明确,对于促进社会公平的各项具体规范的制定和实施具有示范意义。

(2)允许为弱势群体代办借阅证。

台北馆提到对于心神丧失或无行为能力者,借阅证可由直系亲属或法定代理人办理,对于视障和学习障碍者还可通过邮寄和传真的方式办理借阅证;台中馆对于未满十四岁的儿童、青少年也允许其家长或法定代理人代为申请办理借阅证。针对特殊人群放宽办理借阅卡的权限,能够从源头上保障特殊人群获取知识的权利。

(3)优待弱势群体用户。

143

为了给弱势群体以最大便利,部分图书馆在规范中会适当赋予其特权。譬如,台北馆规定行动不便的身障者可优先预约电脑;台南馆允许视觉功能障碍者携带导盲犬入馆;台中馆则对于本市的老人、身心障碍者、儿童等非营利团体申请使用场地的费用,只收取原定标价的 20%。此类关注和体恤弱势群体的图书馆规范值得借鉴和推广。

144

表 5-2　　特殊人群规范

图书馆 \ 规范	为所有用户提供平等服务	心神丧失或无行为能力者，借阅证可由直系亲属或法定代理人办理	行动不便的身障者可优先预约电脑	提供特殊用户阅览服务	提供偏远地区读者或特殊读者借阅服务	提供特殊人群优惠服务	视觉功能障碍者可带导盲犬入馆
台北馆	√	√	√				
新北馆	√	√		√			
桃园馆	√	√		√			
台中馆	√	√				√	
台南馆	√	√		√	√		
高雄馆	√	√			√		√

（4）为特殊用户提供贴心服务。新北馆设立视障阅览专区、乐龄资源专区、儿童阅览区、玩具图书馆，并明确规定优先礼让专属该区身份的读者使用[10]；桃园馆和高雄馆还专门设定了《视障服务规定》[4][11]，从制度上全面保护视障者的借阅权益。此外，考虑到实际情况，部分馆还提供免费配送服务，以满足偏远地区的用户以及不方便入馆阅览者的信息需求。

5.2.1.3　尊重用户隐私

用户使用图书馆所提供的各项服务，特别是在使用图书馆资讯网络时需要提供个人资料，包括个人姓名、身份证号码、联系电话、电子邮件地址、户籍地址或通信地址等基本信息，而图书馆隐私保护政策则是确保用户隐私安全、避免信息泄漏的有力保障。六所样本图书馆对用户隐私保护都比较重视，均制定了符合本馆实际的用户隐私保护政策，并严格遵循《隐私权法》等的相关规定（参见表5-3）。

（1）高雄馆的用户隐私保护政策值得效法。

高雄馆制定的用户隐私保护规范较其他馆都要多，涉及内容最全面，并且注重在规范的多处细节上保护用户隐私。例如，"为维护读者个人资料安全，本馆借阅证申请表仅保存一年""尊重用户网络隐私权，不任意窥视使用者的个人资料""入馆摄影过程中未得到读者同意不得擅自拍摄，以维护读者之隐私"等[12]条文，这充分说明该馆用户隐私保护规范的制定细致入微，可为其他馆完善用户隐私保护规范提供借鉴和参考。

（2）明确说明收集隐私信息的用途。

样本馆都对收集用户个人信息的类型进行了清晰的界定，还声明了收集用户信息的目的、用途，并对信息资料的存储技术做了相关说明，使用户能够放心浏览图书馆网页。例如，桃园馆规定，用户个人信息仅限于使用者特性分析和学术研究，除非经当事人同意分享个人资讯息[13]。台中馆对使用者上网的 IP 地址、上网时间、浏览网页等资料进行记录[14]，也仅仅是为了图书馆内部进行网站流量和网络行为调查的总量分析，以便提升本网站的服务品质。此

146

表5-3

隐私保护规范

图书馆 \ 规范	公开收集用户个人资料的类型	进行用户网络浏览资料存储技术说明	图书馆不出售、出租或任意交换任何用户的个人资料给其他团体或个人	非经本人同意不会自行修改、删除和提供任何网络用户的个人资料和档案	摄影时避免拍摄读者	保护用户馆内行为活动隐私	尊重用户网络隐私权
台北馆	√	√	√	√	√		
新北馆	√	√	√	√	√	√	
桃园馆	√	√	√	√			
台中馆	√	√	√	√		√	
台南馆	√	√	√	√	√		
高雄馆	√	√	√	√	√	√	√

外，为提供良好的互动服务，各馆需使用 cookies 存储技术记录并追踪用户个人隐私资料，但用户可根据个人意愿选择浏览器对 cookies 的接受程度，包括接受所有 cookies、设定 cookies 范围和拒绝所有 cookies 三个级别。可见，样本馆能切实做到尊重用户的个人意愿，维护用户权益。

5.2.1.4 保障用户安全

作为公共服务场所的图书馆应将用户安全放在第一位，这也是图书馆开展正常业务活动的基本前提之一。图书馆用户安全包括人身安全、财产安全和信息安全。台湾市级图书馆的用户安全保障规范参见表 5-4。

表 5-4　　　　　　　　　　安全保障规范

规范 图书馆	未达特定年龄儿童进馆需由家长陪同	拍摄不得损及人员安全	实施门禁管制	为维护公共安全，本馆安装网络监控与管理软件，并架设监视系统	禁止携带宠物及危险物品入馆
台北馆	✓	✓			✓
新北馆	✓	✓	✓	✓	✓
桃园馆	✓				✓
台中馆					✓
台南馆				✓	✓
高雄馆					✓

147

（1）从严审查进馆资格。

人员聚集的公共图书馆，每天客流量较大，不易管理，用户的人身安全和信息安全不容忽视。样本馆均要求禁止携带宠物及化学物品等危险品入馆，有些图书馆还规定患有身心疾病、具有潜在危险的人员不得入馆，通过这些方式直接将危险因素排除在外，从根本上杜绝安全事故的发生。新北馆为了确保读者使用安全，在图书馆夜间延长开放时间段实施门禁管制[9]，读者需凭个人借阅证登记入馆，防患于未然。

（2）重视少儿用户人身安全。

由于未成年人自我保护意识薄弱、自我保护能力不强，部分图书馆重视保护少年儿童的人身安全。如台北馆和桃园馆要求 6 岁以下儿童需由家长等负照顾责任者陪同[4][7]；新北馆也规定 6 岁以下儿童在玩具图书馆时需由家长全程陪同[3]。未成年人作为弱势群体，理应受到特别照顾以保证其人身安全。

（3）确保用户馆内活动安全。

样本馆均设置了一定的安全保护措施以维护用户在图书馆内的活动安全。台北馆和新北馆要求拍摄时不得损及馆内人员安全；台南馆等则在馆内安装网络监控与管理软件，并架设监视系统，通过实时关注用户行为，确保图书馆正常安宁的活动秩序。台中馆为维护用电安全，禁止用户使用自备延长线及转接插头[1]。

（4）提醒用户分担安保责任。

确保用户安全是图书馆和用户双方共同的责任，单靠某一方都不会有好的效果。台北馆、台南馆、高雄馆提示用户"个人财物应自行妥善保管，本馆不负遗失赔偿之责"。新北馆提醒用户"遇紧急事件时，请依服务人员指示避难或疏散"[4]。在网络信息安全方面，台北馆则告诫用户"禁止浏览查询色情、暴力、赌博、鼓励使用武器、犯罪等影响公共安全、社会风气及违反法律等网站"[15]；高雄馆则向用户说明无法确保用户传送或接收本馆网站资料的安全，用户应注意并承担网络资料传输的风险[16]。此外，各馆均采用通行标准的 SSL 保全系统，以保证资料传送的安全性。

5.2.2　用户义务性规范的特点

5.2.2.1　细化借阅规则

资源借阅服务是图书馆最基本的业务活动，条理分明的借阅规范可以保证借阅活动的有序进行。台湾市级图书馆的用户借阅义务性规范涉及借阅证的使用、资源借阅、续借、归还等多方面的内容，参见表5-5。

（1）借阅规范全面细致。

样本图书馆都对用户资源借阅做了详细的规定，规范比较集中，且关于借阅的共同性规定较多。这说明各馆对借阅规范的关注点和侧重点较为统一。此外，值得肯定的是，台北馆和桃源馆在这方面的规范最全面，表5-5中所列借阅规范这两所图书馆都具备，这样可以避免用户借阅文献时无法可依的局面。

（2）加强借阅证管理。

借阅证是图书馆用户享受借阅服务的通行证，它决定了用户是否具备享受图书馆某些服务的资格。样本图书馆严禁将借阅证转借、转让或以其他方式由第三人使用，保证用户借阅的合法性，以防滥用借阅权限，不仅可以减少借阅和归还责任纠纷，还可以督促用户及时借还书。

（3）实施资源分级利用。

为了维护读者阅读权益和保护儿童、青少年的身心健康，样本馆全力支持出版品分级政策，严格按照《儿童及少年福利法》第27条，将本馆采购的出版品、电脑软件和电脑网络等资源予以分级，并禁止少年、儿童借阅限制级的图书馆资料。譬如，高雄馆等明确提出未满18岁者不得借阅限制级图书[17]。儿童是祖国的未来和希望，对于不适合少儿借阅的图书馆资源加以限制，可以避免影响其身心健康的正常发展，百利而无一害。

（4）严守预约诚信。

样本馆规定预约图书经移送到馆后不得取消预约。图书馆为每一位预约用户投入了大量的精力，需要对预约成功的书籍进行锁定以供特定用户使用，提供网上预约服务的目的是为用户借阅提供便利，用户应当信守承诺，按照预约规定的期限到馆取书，否则用户的失信行为不仅会浪费图书馆的人力物力，还影响其他用户的正常借阅活动。

149

表 5-5　用户借阅规范

规范\图书馆	未满十八岁者不得借阅限制级图书	需遵守借阅卡使用规范	部分资料不提供外借服务	借阅资料时请善尽保管责任	预约图书经移送后不得取消	注意归还馆藏附件	借出图书资料因故急需收回时请及时送还	借阅前请检查资料完整性	图书资料经借阅才能携出	逾期未还者停止借阅权限
台北馆	√	√	√	√	√	√	√	√	√	√
新北馆	√	√	√	√	√	√		√	√	√
桃园馆	√	√	√	√	√	√	√	√	√	√
台中馆	√	√	√	√	√	√		√	√	√
台南馆	√	√	√	√	√	√	√	√	√	√
高雄馆	√	√	√	√	√		√		√	√

150

5.2.2.2　强调用户举止

作为公共场所的图书馆，其人文环境的优劣在很大程度上取决于用户的行为举止。用户在举手投足之间文明行事，不仅彰显个人素质，也会对其他用户起到积极的示范作用，从而营造出文明和谐的图书馆氛围。台湾市级图书馆用户行为举止规范参见表5-6。

（1）用户行为举止规范配置不均衡。

从整体上看，样本馆制定的用户行为举止规范数量较多，涉及十一个方面；从横向上看，新北馆和台南馆的规范相对较多，全面细致的规范能够全方位地约束用户的不良行为，维持图书馆和平安宁的文化氛围；从纵向上看，样本馆均重视对用户发声、吸烟、饮食和占座这四个方面的行为进行约束，并达成共识。

（2）禁止用户从事商业性活动。

样本图书馆禁止用户在馆内张贴广告、散发传单、推销产品等行为。图书馆本质上是属于公益性质的文化机构，不应受到商业活动的干扰，用户应恪守本职。对于企图借图书馆牟取商业利益的个人或团体，图书馆要采取一定的措施，杜绝此类情况的发生。

（3）禁止用户做出不雅行为。

台中馆、台南馆等提出禁止躺卧、咀嚼槟榔等行为[1][18]。公共图书馆作为学习文化知识的阵地，不是游手好闲的地方，咀嚼口香糖、躺卧等散漫行为严重破坏图书馆的学习氛围，对此类行为图书馆应实行零容忍。

（4）划定用户活动区域。

新北馆、台中馆和高雄馆规定用户不得在未开放区域逗留，包括办公区、机电房等处，这就意味着用户享受服务的空间范围应限于开放的公共区域，不能在馆内随意闲逛。未经允许随意滞留于非公共区域不仅是对馆方的不尊重，还有可能影响馆员工作，不可忽视。

152

表 5-6　用户行为举止规范

规范\图书馆	不可追逐嬉戏、高声喧哗、吵闹	禁止吸烟	禁止随地吐痰	禁止饮食	将电信设备关闭或改为静音、震动	不得在馆内从事商业活动	禁止赌博	禁止躺卧	禁止楼宿睡觉或逗留于未开放区域	禁止占座	禁止咀嚼槟榔
台北馆	✓	✓	✓	✓	✓	✓	✓			✓	
新北馆	✓	✓		✓	✓	✓	✓	✓		✓	
桃园馆	✓	✓	✓	✓	✓	✓			✓	✓	
台中馆	✓	✓		✓	✓	✓		✓		✓	
台南馆	✓	✓	✓	✓	✓	✓	✓		✓	✓	
高雄馆	✓	✓							✓	✓	✓

5.2.2.3　善待馆内设施

图书馆设施包括图书馆建筑和设备两方面，完备的图书馆基础设施是为用户提供优质服务的前提，图书馆应当制定相应的规范约束用户的行为，以保障图书馆基础设施安全，保证图书馆工作的顺利开展和有序运行。台湾市级图书馆馆内设施使用规范参见表5-7。

（1）规范内容涉及面广。

样本图书馆均对馆内设施使用制定了相关的义务性规范，且内容涉及座位使用、功能区使用、自习室使用、电脑使用、置物柜使用、还书箱使用等多方面的内容。不过，各馆制定的规范数量参差不齐，新北馆、台北馆和台中馆制定的规范相对较多，但也存在诸多不完善之处，可作进一步优化。

（2）爱惜电脑。

大部分样本馆均对图书馆电脑设备的使用做了较为细致的规范，这对于保持设备的可持续利用以及保护图书馆财产安全意义重大。例如，台北馆和新北馆规定："电脑仅供读者链接本馆网站的各项功能，禁止链接其他网站或从事其他用途，且每次使用以1小时为原则。"[15][19] 使用范围和使用时间规定明确，能有效指导用户合理使用计算机设备，从而延长设备的寿命和扩大设备的受益用户范围。

（3）禁止空占、乱用馆内空间和设备。

用户空占馆内的空间或设备是一种自私的行为，不仅降低了图书馆空间或设备的实际利用率，还有违图书馆给予所有用户的平等使用权，应加以制止并引导和规范用户遵循"先来后到"的原则，以减少此类不文明现象的发生。此外，图书馆的某些设备有特定的用途，用户不得随意改变。例如，台中馆规定本馆的定点插座仅供用户在特定情况下使用，仅用于平板电脑和笔记本电脑紧急充电，不对用户的其他私人电器提供电力。

153

表5-7 馆内设施使用规范

图书馆＼规范	禁止徒占空位	离座逾规定时限未归者，取消使用该座位权利	馆内各项设备请妥善使用，如有毁损负赔偿责任	电脑设备仅供读者链接本馆网站的各项功能	使用电脑应遵守相关规定	遵守置物柜使用规定	禁止任意移动本馆座椅、家具或更改机器、设备配件	拍摄过程中不得损及建筑设备	馆内插座不为私人电器提供电力	禁止在设施上涂写、喷漆、书刻或张贴
台北馆	✓	✓	✓	✓	✓	✓	✓			
新北馆	✓	✓	✓	✓	✓	✓	✓	✓		
桃园馆	✓	✓	✓		✓					
台中馆	✓	✓	✓		✓		✓		✓	
台南馆	✓	✓	✓		✓					
高雄馆	✓		✓							✓

5.2.3 几点启示

5.2.3.1 依法配置用户权利义务

图书馆用户权利义务规范由权利性规范和义务性规范两方面构成，是不可分割的整体。台湾市级图书馆用户权利义务规范的制定都是以台湾《图书馆法》为立规宗旨和依据，既涵盖用户享受的各种权利，又能兼顾用户需要承担的相应义务，且各馆规范配置注重权利义务均衡搭配，比较成熟。各馆在制定规范时均开篇立意，表明"本办法依《图书馆法》第八条订定之"，严格遵从"图书馆办理图书资讯之阅览、参考咨询、资讯检索、文献传递等项服务，得基于使用者权利义务均衡原则"的法律规定，明确表明用户在图书馆活动中所享有的权利和应履行的义务有法可依、有法必依，使图书馆工作的开展和用户权益的获得都得到了法律保障。

5.2.3.2 规范配置与时俱进

随着科学技术的不断发展和进步，图书馆服务也在不断发展中更加多样化，因此，图书馆在制定本馆的用户规章制度时应当将本馆当前所面临的核心问题以及未来可能的发展趋势一并考虑，包括图书馆资讯安全、用户信息安全、数字出版物版权保护以及资源共享等问题，使图书馆制度更科学、更贴切地规范本馆的图书馆服务。台湾市级图书馆制定的数字资源授权利用作业要点、资讯安全政策、信息安全政策、电子资讯检索要点等，能够做到与时俱进，迎合时代发展，较好地解决了现时图书馆用户服务所面临的诸多问题。实际上，各馆的用户权利义务规范也是在不断的修正中完善的。例如，各馆制定的用户阅览使用规定都经历了多次修订，台北馆、新北馆、桃园馆、台中馆、台南馆、高雄馆六馆的规范修订次数依次为17次、11次、9次、3次、2次、9次。可见，与时俱进是图书馆制定用户权利义务规范时所不可忽略的原则。

155

5.2.3.3　集中展示规范

台湾市级图书馆的用户权利义务规范大多进行了分类并集中展示，只是各馆根据本馆的实际情况，分类的标准略有不同，细化分类后的内容也就具有了一定的差异性，但并不影响用户查找或浏览某一具体规范的相关内容。例如，新北馆的用户权利义务规范集中归聚在"使用规定"栏目下，该栏目下又具体细分为阅览服务规则、座位使用管理要点、自修室使用管理要点、阳光小屋使用管理要点、借阅证申请须知、总馆延长开放管理规则、影视拍摄注意事项、置物柜使用注意事项、资讯检索使用注意事项等 30 项规定[3]，各规定中都详细罗列了某一具体行为规范的相关内容，非常清晰，使用户一目了然。将可能涉及的各种类型的用户权利义务规范分门别类地集中起来，构成一个用户权利义务规范列表，便于用户浏览，从而利于行为规范的贯彻落实。

◎　参考文献

［1］使用规定［EB/OL］．［2018-05-27］．https：//www. library. aichung. gov. tw/public/form/index-1. asp？Parser = 2，20，51，466，67，2.

［2］区域资源中心借阅服务［EB/OL］．［2018-05-25］．http：//www. ksml. edu. tw/content/index. aspx？Parser = 1，8，55.

［3］新北市立图书馆阅览服务规则［EB/OL］．［2018-05-25］．http：//www. library. ntpc. gov. tw/htmlcnt/d52799f735b74dafbb11ecb8b87a4360.

［4］桃园市立图书馆阅览规定（修订版）［EB/OL］．［2018-05-25］．http：//www. typl. gov. tw/ct. asp？xItem = 210087&ctNode=1386&mp=1.

［5］意见反映［EB/OL］．［2018-06-01］．http：//www. tnml. tn. edu. tw/portal_e1. php？button_num=e1#main.

［6］ 读者意见［EB/OL］．［2018-06-01］http：//www. ksml. edu. tw/pmail/index. aspx？Parser=99，8，48.

［7］ 阅览规定［EB/OL］．［2018-05-25］. https：//tpml. gov. taipei/ News _ Content. aspx？n = B64082F5678B94B1&sms = D0034 AF4F8239B65&s = 56BD927456FE5EF7.

［8］ 基隆市公共图书馆与新北市立图书馆一证通用及联合通还服务须知［EB/OL］．［2018-06-01］. http：//www. library. ntpc. gov. tw/htmlcnt/54a34adfd60847ecb208a53c95a88be6.

［9］ 新北市立图书馆总馆延长开放管理规则［EB/OL］．［2018-06-02 ］. http：//www. library. ntpc. gov. tw/htmlcnt/275ad746e1b 449aaa7d2b0dd5d151e31.

［10］ 新北市立图书馆阅览座位使用管理要点［EB/OL］．［2018-05-25］. http：//www. library. ntpc. gov. t w/htmlcnt/05f2edcca 862459391c398d20c470a05.

［11］ 视障读者服务［EB/OL］．［2018-05-25］. http：//www. ksml. edu. tw/content/index. aspx？Parser=1，11，114，59.

［12］ 隐私权宣告［EB/OL］．［2018-05-26］. http：//www. ksml. edu. tw/content/index. aspx？Parser=1，14，69.

［13］ 隐私保护及安全政策［EB/OL］．［2018-06-01］. http：// www. typl. gov. tw/ct. asp？xItem=2833&ctNode=1379&mp=1.

［14］ 隐私权保护政策［EB/OL］．［2018-06-01］. https：//www. library. taichung. gov. tw/public/content/index-1. asp？Parser = 1，20，508，186.

［15］ 电脑使用规定［EB/OL］．［2018-05-25］. https：//tpml. gov. taipei/News _ Content. aspx？n = B64082F5678B94B1&sms = D0034AF4F8239B65&s = 5652B145F4988648.

［16］ 网站安全宣告［EB/OL］．［2018-05-25］. http：//www. ksml. edu. tw/content/index. aspx？Parser=1，14，70.

［17］ 阅览注意事项［EB/OL］．［2018-06-02］. http：//www. ksml. edu. tw/form/Details. aspx？Parser=2，8，97，50，591.

157

［18］ 使用及管理办法 ［EB/OL］. ［2018-06-01］. http：//www. tnml.
　　　tn. edu. tw/portal_l8. php？ button_num = l8#main.

［19］ 新北市立图书馆资讯检索使用注意事项 ［EB/OL］. ［2018-
　　　05-25］. http：//www. library. ntpc. gov. tw/MainPortal/htmlcnt/
　　　9059331d2a0444fcae82a5cde4b65c85.

5.3　台湾地区的县级图书馆用户义务性规范配置分析

5.3.1　调查对象的选取原则

5.3.1.1　实用性原则

台湾县级图书馆对当地文献具有保存、利用职能，并对其管辖下的乡镇图书馆肩负业务督导职责，且台湾公共图书馆的发展比较成熟、制度比较完善，对其馆内制定的用户义务性规范进行分析评估，对祖国大陆公共图书馆事业所推行的县域公共图书馆总分馆体系建设具有实质性的启发作用。[1]

5.3.1.2　针对性原则

本节在调查对象的选取上针对台湾县级这一层次的公共图书馆，以各馆制定的用户义务性规范为样本，通过对各馆规范的具体内容进行对比分析，充分了解每个样本图书馆规范配置的优劣得失，继而根据台湾县级图书馆用户义务性规范制定的实际情况，提出具有针对性的可供海峡两岸基层公共图书馆参考借鉴的用户义务性规范配置框架。

5.3.1.3　有效性原则

通过台湾地区的图书馆调查统计系统共查询到 25 个台湾县市

立公共图书馆，考虑到样本选取的有效性，经筛选后剔除分馆，最终选取 12 个用户义务性规范较为完善的台湾县级公共图书馆作为有效样本进行实例分析。

5.3.2 用户义务性规范配置状况

台湾地区公共文化事业发展起步较早，发展较完善，其公共图书馆可分为省立公共图书馆、直辖市公共图书馆、县级公共图书馆、乡镇公共图书馆、私立公共图书馆、其他公共图书馆六大类。本节选取台湾地区县级公共图书馆作为样本，通过对县级图书馆用户义务性规范配置的内容进行比较分析，从整体上把握台湾地区县级图书馆用户义务性规范配置的特点，以期为祖国大陆基层公共图书馆用户义务性规范的制定和完善提供借鉴。

本次调查所选取的 12 个样本图书馆依次为基隆市政府文化局图书馆、嘉义市政府文化局图书馆、新竹县政府文化局图书馆、南投县政府文化局图书馆、宜兰县政府文化局图书馆、屏东县政府文化局图书馆、云林县政府文化局图书馆、彰化县政府文化局图书馆、台东县政府文化局图书馆、澎湖县政府文化局图书馆、苗栗县政府文化局图书馆、花莲县政府文化局图书馆，以下分别简称基隆馆、嘉义馆、新竹馆、南投馆、宜兰馆、屏东馆、云林馆、彰化馆、台东馆、澎湖馆、苗栗馆、花莲馆。[1]

5.3.2.1 出入馆义务性规范

出入馆义务性规范是公共图书馆的一项最基本的义务性规范，制定科学、合理的出入馆义务性规范是保证图书馆工作有序进行的基本前提。调查发现，台湾县级图书馆网站用户出入馆义务性规范配置涉及用户物品携带、用户着装、出馆时间和出入馆行为四个方面（参见表5-8）。

表 5-8　　　　　　　　　　用户出入馆义务性规范

图书馆＼规范	入馆时应当保持安静	禁止携带特定食品、饮料入馆	患法定传染病或心神丧失、醉酒及服装不整等不得入馆	禁止携带宠物入馆（导盲犬除外）	禁止携易燃物、潮湿雨具或其他具有潜在危险的物品入馆	个人物品不得在离开时遗留
基隆馆	✓	✓	✓	✓	✓	✓
嘉义馆						
新竹馆	✓	✓	✓	✓	✓	✓
南投馆	✓	✓	✓			✓
宜兰馆	✓	✓	✓		✓	
屏东馆	✓	✓	✓	✓	✓	
云林馆	✓	✓	✓	✓	✓	
彰化馆	✓	✓	✓	✓	✓	✓
台东馆	✓	✓	✓	✓	✓	
澎湖馆	✓	✓	✓	✓	✓	✓
苗栗馆	✓	✓	✓	✓	✓	✓
花莲馆	✓	✓	✓	✓	✓	✓

（1）规范内容比较全面。

台湾县级图书馆用户出入馆义务性规范较为全面，12 个样本馆中只有嘉义馆未涉及这方面的内容。其中，基隆馆、新竹馆、彰化馆、澎湖馆、苗栗馆和花莲馆六馆制定的用户出入馆义务性规范最全面，表 5-8 中的六项规定都有涉及。细致全面的出入馆义务性规范，对用户出入具有明确的引导和指示作用，能够避免或减少用户管理中所产生的矛盾。

（2）馆与馆之间规范水平不一。

南投图书馆就用户携带宠物、易燃物和潮湿雨具等物品入馆均没有做明确要求。若随意将宠物、易燃物等具有潜在危险的物品带入图书馆，不仅会直接影响图书馆的管理和服务，还会影响其他用户的学习和安全，因此，该馆应当借鉴和考虑配置相关义务性规范。此外，虽然80%以上的图书馆表明禁止携带宠物入馆，但只有云林馆和花莲馆明确规定"禁止携带宠物，但导盲犬不在此限"[2][3]。这是专门针对特殊用户群体制定的放宽政策，从细节上充分体现了公共图书馆服务的人道主义关怀，值得广大公共图书馆借鉴和推崇。

（3）不得随意遗留个人物品在馆内。

1/3的图书馆未对离馆时的个人物品遗留问题作相关规定。用户的个人物品遗留馆内，不仅直接妨碍其他用户利用图书馆，还会间接影响图书馆环境，该项规范不可或缺。[1]

5.3.2.2　借阅义务性规范

用户借阅义务性规范是图书馆用户在外借、阅览馆藏文献时应该遵守的相关义务性规则。行之有效的借阅义务性规范不仅可以保证图书馆为用户提供正常、有序的流通服务，还可以在一定程度上减少图书馆文献资料的损毁现象。样本馆用户借阅义务性规范主要涉及借阅证办理和使用、借阅期限、借阅权限、催还、续借、预借、逾期惩罚等方面的内容（参见表5-9）。

（1）用户借阅义务很受重视。

12个样本图书馆都制定了用户借阅义务性规范，但各馆的侧重点和详略程度略有不同。彰化馆和花莲馆制定的用户借阅义务性规范较为相近且和其他十馆相比更为具体、详尽，13项借阅规定几乎都有涉及，值得其他图书馆借鉴和学习。

（2）借阅证的办理和使用比较严格。

台湾县级图书馆普遍重视用户借阅证的办理和使用问题，各馆均制定了完善的借阅证使用义务性规范。譬如，苗栗馆在规定借阅证限本人使用的同时，还规定"民众申请借用图书资讯，应亲自持借书证为之，但身心障碍民众（领有身心障碍手册者）或65岁以上老人，于办证时特别声明得由同户民众代为申借者，不在此限"[4]。该馆在借阅证使用上的相关规定注重细节并具人性化，其他各馆可参考。

162

表5-9　用户借阅义务性规范

图书馆＼规范	借阅时须出示有效证件	借阅证件须本人使用，不得借用或转借他人	借阅证如有变更、丢失或所载资料如有变更，应及时办理更新或挂失（注销）	读者缴纳书籍赔偿费、补换证工本费或其他费用并领取收据后，不得请求退款	特定年龄以下之儿童应由其家长或监护人代为办理借阅证或陪同借阅	应该在规定时间范围内办理借阅证或借书服务	某些特定期刊、资料不得阅览、续借或外借
基隆馆	✓	✓	✓		✓		✓
嘉义馆	✓	✓	✓				
新竹馆	✓	✓	✓			✓	✓
南投馆	✓	✓	✓				
宜兰馆	✓	✓	✓				✓
屏东馆	✓	✓	✓				✓
云林馆	✓	✓	✓		✓	✓	
彰化馆	✓	✓	✓	✓	✓	✓	✓
台东馆	✓	✓	✓	✓	✓	✓	
澎湖馆	✓	✓	✓			✓	✓
苗栗馆	✓	✓	✓	✓	✓		✓
花莲馆	✓	✓	✓		✓	✓	

规范 图书馆	未满十八岁者，不得借阅限制级馆藏资料	借阅图书资料逾期未还或遭停止借阅权者不得行使借阅权	特定阅览区禁止阅读个人书籍、资料	已借出的图书资料不得转借他人	不论是否逾期，读者应当在规定时间送还本馆要求收回之图书	书刊、资料阅读完毕应归还至指定位置或放回原位
基隆馆	√		√		√	√
嘉义馆				√	√	
新竹馆		√			√	√
南投馆		√	√			
宜兰馆	√	√	√	√		
屏东馆		√				
云林馆		√	√			
彰化馆	√	√	√		√	√
台东馆		√			√	
澎湖馆			√			
苗栗馆		√			√	
花莲馆	√	√			√	√

163

（3）明确借、阅、还的时间范围。

部分图书馆对办理借阅证和借还书服务的时间范围做了规定，内容不尽相同，具有本馆特色。例如，新竹馆规定："办理借阅证时间为本馆开放时间，中午 11 点 30 分至下午 2 点整及闭馆前 20 分钟恕不受理。"[5]彰化馆规定："闭馆前 15 分钟停止受理申请借阅证及借、还书服务。"[6]

（4）借阅违规者权利受损。

绝大部分县级图书馆都规定借阅图书资料逾期未还或遭停止借阅权者不得行使借阅权利，这是公共图书馆对不遵守借阅规则的用户制定的处罚措施。基隆馆和台东馆均规定："读者有逾期未还书、停权未期满或赔款未缴清之情形，不得办理借阅（含续借）、预约、调阅服务。"[7][8]澎湖馆则规定："互借书籍到馆后，限于七日内办理借阅手续，逾时则不予保留。"[9]此项规范可以有效地督促用户正确行使借阅权利，及时借还书。

（5）参考室的使用有特殊规定。

譬如，屏东馆规定："进入参考室，除笔记本外，自用图书及背包提袋等，请放于置物柜，不得携入。"[10]参考室是为用户提供参考咨询服务的区域，该馆提供置物柜供用户放置自用图书等物品，可有效制止用户在该区域自习或阅览个人书籍、资料。

（6）所借资料不得随意转借他人。

宜兰馆和嘉义馆规定："严禁将借阅之资料擅自转借他人，违者停止借用权一年。"[11][12]将已借图书资料转借他人，无异于借阅证借给他人使用，无法达到"专卡专用"的目的，这一规定是对借阅证使用规则漏洞的补充。

5.3.2.3　版权义务性规范

近年来，由于数字化、信息化技术在图书馆中得到广泛应用，用户对馆藏资源的利用不仅仅局限于纸质文献，还包括文本、图像、音频、视频等电子文献，因此，图书馆版权问题也就更加复杂和多样化。为了加大版权保护力度，台湾县级图书馆对用户使用馆藏资源涉及的版权设定了相应的义务性规范（参见表 5-10）。

表 5-10   版权义务性规范

规范 图书馆	借阅馆藏资料，其使用不得违反著作权法相关规定	阅览人利用电脑或影印机列印资料，应遵守著作权法规定	严禁擅自拷贝、私用或转借资料	视听资料如非公播版或家用版不得进行公开播映	为符合著作权法规定，不得于馆内阅览个人影音资料或观看私有光碟
基隆馆	✓	✓			
嘉义馆			✓		
新竹馆			✓		
南投馆					
宜兰馆	✓		✓	✓	
屏东馆		✓		✓	
云林馆		✓			✓
彰化馆					✓
台东馆	✓			✓	✓
澎湖馆			✓		✓
苗栗馆	✓	✓	✓	✓	✓
花莲馆	✓	✓			

（1）版权义务性规范参差不齐。

这可能与样本馆版权义务性规范制定的侧重点不同有关。从整体上看，台东馆和苗栗馆的版权义务性规范相对较为全面。嘉义馆、新竹馆和彰化馆分别只涉及 1 项内容，南投馆没有制定该方面的义务性规范。

（2）强调复印服务所涉版权问题。

基隆馆和屏东馆在复印服务方面制定的版权义务性规范较为具体、详尽。基隆馆不仅规定了影印应遵守的著作权法相关规定，还清晰地规定了为用户提供影印、复印、列印的合理使用范围，并详细列明收取工本费的原则和标准。屏东馆在参考室备有影印机，并在影印机旁附影印规则供用户参阅，用户在影印图书资料时一目了然，可避免侵权。

（3）版权义务性规范的综合性较强。

基隆馆规定："借阅馆藏资料，其使用不得违反著作权法相关规定。"[7]花莲馆规定："读者影印、检索资料及其他使用行为应遵守著作权法及其他法令规定。"[3]彰化馆规定："借阅资料应依著作权法等相关规定合理使用。"[6]这种陈述方式的好处是可以涵盖所有的著作权侵权问题，但也有必要在相关显著位置展示著作权法的法律文本，便于用户熟悉自己在保护馆藏版权方面的具体义务。

5.3.2.4　馆内举止义务性规范

用户青睐图书馆，是因为用户期待图书馆能提供一个舒适安静的学习环境，而能否营造和维持这种学习环境，在很大程度上取决于用户在馆内的举止。台湾县级图书馆用户举止义务性规范的配置内容参见表 5-11。

（1）普遍重视用户馆内举止。

除嘉义馆外，其他馆针对用户举止均有较多相关规定。其中，彰化馆、宜兰馆、云林馆、台东馆、澎湖馆和花莲馆制定的用户举止义务性规范内容比较全面，表 5-11 中的八项规范内容缺项极少。这表明，台湾县级图书馆普遍重视为广大用户营造良好的服务氛围，以提高本馆服务质量和更好地保障全体用户的共同利益。

（2）重点关注用户的某些行为。

台湾县级图书馆几乎都制定了禁止喧哗、禁止追逐嬉戏、禁止吸烟和禁止在馆内消费食物和饮料的相关义务性规范。其中，新竹馆和宜兰馆对禁止用户消费食品做了更加细致的规范，两馆都特别强调：除食物和饮料外，禁止用户在馆内咀嚼槟榔。可见，打造安静、整洁的图书馆环境是台湾县级图书馆的共识。新竹馆、南投馆等多个图书馆提出禁止吸烟、禁止在馆内躺卧、睡觉等行为。公共图书馆不是休闲娱乐的场所，个体用户应当注意个人行为举止，其个性自由不能妨碍用户整体的利益，图书馆制定该类义务性规范是

表 5-11　　馆内举止义务性规范

规范 图书馆	馆内禁止喧哗、追逐嬉戏或高声谈话	读者应将手机或其他通信器材关闭或改为震动、静音	禁止吸烟	禁止随地吐痰、乱丢纸屑或其他不当行为	禁止消费某些饮食	不得于本馆内张贴广告、散发传单或推销商品	禁止在馆内躺卧、睡觉或脱鞋除袜	禁止摄影
基隆馆	√							
嘉义馆		√			√	√		
新竹馆	√		√	√	√			
南投馆	√	√	√	√	√		√	
宜兰馆	√	√	√	√	√	√		
屏东馆	√	√	√	√	√		√	
云林馆	√	√	√	√	√	√	√	
彰化馆	√	√	√		√	√		√
台东馆	√	√	√	√	√		√	
澎湖馆	√	√	√	√	√		√	
苗栗馆	√	√	√	√	√			
花莲馆	√	√	√	√	√	√		

为了更好地达到个体用户利益和整体用户利益的协调统一。

（3）馆内不能从事商业活动。

基隆馆等图书馆均规定：不得于本馆内张贴广告、散发传单或推销商品。张贴广告、散发传单或推销产品这类商业性质的活动，显然与公共图书馆的公益性相悖，而且会严重影响图书馆的管理和服务，破坏图书馆正常的活动秩序，图书馆提出该方面义务性规范无可非议。[1]

5.3.2.5　信息资源和设施使用义务性规范

图书馆信息资源包括图书馆电子资源和纸质资源，是用户利用图书馆的主要对象；图书馆的设施包括图书馆使用的设备和建筑，是用户使用图书馆的媒介和载体。公共图书馆的公益性决定了其馆内的资源和设施是免费开放供用户使用的，完善的图书馆资源和设施是为用户提供优质服务的基础。

（1）馆内资源使用义务性规范。

样本馆均配置了用户馆内资源使用的相关义务性规范，包括禁止标记、污损、裁剪、私藏图书馆纸质资源以及禁止修改、删除或以不正当的方式获取、利用电子资源和禁止查阅某些限制级的图书、文献等方面的内容，且多为总括性规范。例如，南投馆规定："借出图书，如有遗失、污损、撕毁、缺页等情形，读者应购买原书作为赔偿，如原书已绝版或无法价购，则依《图书馆刊污损遗失赔偿要点》办理。"[13] 苗栗馆规定："民众借用图书资讯时，应亲自检阅，如有前项批注、圈点、毁损情形，应先向工作人员声明。第一项批注、圈点、损毁或遗失图书之民众，未办妥赔偿手续前，停止其申借权益。"[4] 新竹馆则对资料使用的细节做了相关规定，要求"资料复印时，应爱护图书资料，勿任意折叠，并请遵守智慧财产权之相关规定"[5]。事实上，台湾县级图书馆针对用户资源使用所配置的义务性规范的内容、范围，可依据图书馆资源的性质和珍稀程度设定。

（2）馆内设施使用义务性规范。

台湾县级图书馆几乎都配置了该规范，具体包括座位使用、存

168

物柜使用、视听器材使用、电子设备使用以及还书箱使用等方面的内容。各馆制定的该项规范详略不一，但都具有本馆特色。例如，在座位使用方面澎湖馆规定："读者不得预占空位，于离座时应将个人物品带回，本馆不负保管之责，并于规定时间实施清场。"[9]苗栗馆规定："本馆将不定时巡逻，离座时应将私人物品带走，不得留置。"[4]在还书箱使用方面，彰化馆规定："视听资料严禁投入还书箱归还，如有违反规定者，依本点第十四款第三目规定办理"[6]，该馆从法律层面上对图书馆设施的使用做了规定；台东馆规定："视听资料（CD、VCD、DVD 等）请勿投入还书箱，应于本馆开放时间到馆归还。另无法投入之大型书，非本馆图书或赠书，污损、受潮及其他需柜台由馆员处理之图书，饮料、食物、垃圾及其他物品等均不得投入还书箱"[7]，该馆对还书箱的使用规范细致入微。在图书馆计算机使用方面，只有云林馆和屏东馆做了详细的义务性规范，屏东馆的该项规范共包括 10 条具体的用户使用要求和规则，可明确指引用户正确使用电脑设备，值得借鉴和参考[10]。宜兰馆、南投馆则分别对本馆的设备使用做了总括性规范。宜兰馆规定："本馆各项设备应妥善使用，如有毁损需负赔偿责任"[11]，南投馆要求用户遵守公共道德，爱护公物设施[13]。

5.3.2.6 尊重义务性规范

作为公共场所的图书馆，应当制定相应的义务性规范，引导图书馆用户文明礼貌、遵守公德，以构建和谐的图书馆氛围。台湾县级图书馆在此方面都做了相关规定。宜兰馆要求用户应当彼此尊重，使用个人笔记型电脑，以不影响他人阅读为原则。台东馆在自修室及期刊区使用和管理规定中明确强调自修室为公共阅读场所，应当礼貌待人，不得有喧哗吵闹等行为发生。澎湖馆要求用户进入图书馆应当文明礼貌，遵守公共道德。苗栗馆要求用户进馆应当文明礼貌、尊重他人，不得影响他人阅读和图书馆公共秩序。

台湾县级图书馆着重强调用户应当尊重图书馆工作人员，并不得影响其他用户使用图书馆。如新竹馆规定：凡不尊重馆员、不遵守图书馆相关规定或不接受工作人员劝告者，得视情节轻重暂停其

169

当日阅览权利或请其离馆。彰化馆要求用户进入图书馆内应衣履整洁、举止文明，不得有嬉戏追逐、随地吐痰或其他影响阅读秩序之行为。

图书馆是用户汲取知识的阵地，也是图书馆工作人员提供服务的阵地。用户在享受图书馆提供服务的过程中，难免会发生诸多冲突和矛盾，包括图书馆员和用户之间、用户和用户之间的冲突和矛盾，消除冲突的根本方法就是换位思考、相互尊重。尊重别人就是尊重自己，只有学会相互尊重，冲突和矛盾才能化解；只有相互尊重，用户才能享受到图书馆更舒适的服务，才有可能将图书馆视为知识的圣殿。[1]

5.3.2.7　安全义务性规范

2/3 的台湾县级图书馆配置了用户安全义务性规范，涉及用户人身安全、财产安全和信息安全三方面的内容。（1）人身安全义务。云林馆规定："读者如患法定传染病、心神丧失、醉酒、衣冠不整或携带宠物（视听读者携带导盲犬除外）及危险物品者，为维护其他读者安全，本馆得拒绝其入馆"[2]；澎湖馆规定："为维护读者安全，依据儿童福利法第 34 条规定'对于 6 岁以下之儿童或需要特别看护之儿童不得使其独处'，需家长陪同、看护"[9]。彰化馆、宜兰馆和花莲馆则规定：遇紧急事件时，依馆员引导避难或疏散；除紧急避难外，本馆安全门或逃生设备不得擅自开启。（2）财产安全义务。新竹馆、苗栗馆和云林馆对用户财产安全做了相关义务性规范。苗栗馆规定："用户之贵重物品或私有书籍、书包及手提袋，应自行保管，如有遗失，本馆不负保管之责。"[4]（3）信息安全义务。只有基隆图书馆涉及相关义务性规范，该馆提示用户在使用本馆网络资讯服务时应当注意个人资讯安全，避免个人资讯遭盗用。信息安全关乎用户切身利益，该方面规范应当大力倡导，以确保用户放心利用图书馆。

5.3.2.8　综合义务性规范

图书馆制定的某些义务性规范并未说明用户应该干什么、怎么干的具体内容，而是通过概括的方式笼统地概述用户应当遵守的准则，台湾县级图书馆均配置了综合义务性规范。基隆馆规定：借阅馆藏资料时，其使用不得违反著作权法相关规定。屏东馆规定：使用电脑应遵守著作权法等相关规定，如违反者，需自行负担法律责任。云林馆和花莲馆分别在制定《用户图书馆阅览要点》和《图书馆使用管理规则》时直接开宗明义，其要点第 1 条明确说明"本要点依图书馆法第八条规定订定之"[2][3]。新竹馆则规定：凡不遵守图书馆相关规定或不接受工作人员劝告者，得视情节轻重暂停其当日阅览权利或请其离馆；情节重大者，报请警察机关依法处理[5]。综合义务性规范具有很强的概括性，能够弥补具体的义务性规范的不足和疏漏之处，全方位地指导和调控用户利用图书馆的行为，因此，图书馆进行综合义务性规范的配置是十分必要的。

5.3.3 几点启示

5.3.3.1 用户义务性规范涉及面广

台湾县级图书馆用户义务性规范涉及用户出入馆、版权问题、用户借阅、馆内用户行为举止、馆内资源和设施使用、用户尊重、用户安全、综合义务性规范等方面的内容，几乎涵盖了用户利用图书馆时的各个方面的义务，可确保用户在图书馆活动中有章可循，也便于图书馆工作的顺利开展。从总体上来看，台湾县级图书馆普遍重视用户出入馆义务性规范、用户借阅义务性规范、版权义务性规范、馆内举止义务性规范和综合义务性规范的配置，值得肯定；但是，不够重视甚至忽略其他义务性规范的配置，未免有失偏颇。

171

5.3.3.2 置物义务性规范不够完备

由于公共图书馆是公共场所，考虑到图书馆环境和图书馆管理问题，大多数图书馆都会对用户进出馆时的物品携带有所要求，因此需要制定相应的置物义务性规范，以解决用户物品存放的问题。一个完备的置物义务性规范，可以有效地保障图书馆用户的个人财产安全，以减少甚至可以避免某些不必要的矛盾产生。反观台湾县级图书馆，配置相关规范的内容较少或比较简略，如"本馆置物柜仅供读者使用"[3]"读者私人物品应存放储物柜，但贵重物品应随身携带，如有遗失本馆不负赔偿之责"[4]"读者携带之背包请放在储物柜内"[13]。个别馆如澎湖馆制定了较为详细的储物柜使用规范，该馆规定："书包及手提袋（长度超过 15 公分高度超过 21 公分）、自用图书、饮料、食物等请置放于入口置物柜内，不得携入馆内，个人物品请自行妥善保管"[9]，像这样的规范非常具体，可操作性很强，值得效法。

5.3.3.3 义务性规范配置过于分散

台湾县级图书馆的用户义务性规范分布在各县级图书馆网站的不同页面中，不利于用户查找和阅读，也不利于用户遵守和执行。只有花莲馆对用户义务性规范进行了集中说明，该馆颁布了较为全面的《图书馆使用管理规则》[3]，且将有关某一方面的义务性规范都列举在同一条目下，内容明确清晰，使用户一目了然。公共图书馆应该将本馆可能涉及的各种类型的用户义务性规范分门别类地集中在一起，并构成一个完整的用户义务性规范体系，既便于用户浏览和熟悉图书馆的相关规定，又利于用户义务性规范的贯彻落实。

5.3.3.4 义务性规范配置重点突出

针对用户借阅服务、馆藏版权侵权问题、用户馆内举止以及图书馆资源和设施使用，台湾十二个县级公共图书馆均制定了相应的用户义务性规范，无疑说明这四类规范是台湾基层公共图书馆配置用户义务性规范的重点内容。图书馆提供的最基本的服务是用户借阅服务，任何一个不提供借阅服务的图书馆都不能称为真正的图书馆，尤其是为社会大众提供资源免费开放服务的公共图书馆更不能例外；公共图书馆馆藏大多数是版权作品，密切关系到著作权人的版权利益，重视图书馆馆藏版权保护问题，制定相应的版权义务性规范是图书馆义不容辞的责任；用户行为举止直接影响图书馆管理和其他用户的利益，通过约束用户行为举止来维护本馆活动秩序对于公共图书馆来说必然行之有效且是必不可少的；图书馆资源和设施既是图书馆财产又是用户利用图书馆的对象、载体，关乎本馆核心利益，对于公共图书馆而言，制定资源和设施使用义务性规范势在必行。[1]

5.3.3.5 义务性规范内涵明确

用户义务性规范应该具体、明晰，不该笼统、含糊或者抽象，这样在指导或约束用户时才更加有效、具有针对性，也可减少馆读冲突。台湾县级图书馆用户义务性规范的制定，比较注重内容的明确性和具体性。例如，澎湖馆[9]在阅览室的使用及复印、电脑使用、视听室和儿童阅览室的使用、期刊的申请外借等方面所涉及的用户义务性规范，分别集中罗列，还多处使用"不得""不准"等字眼，明确清晰。又如，在用户网络资源使用方面，规定用户"自行携带电池或移动电源，馆内不提供电力使用"，还补充列举了用户可使用馆内电力的私人电器具体范围，规定"馆内电源插座开放笔记型电脑、平板电脑及手机于特定区域使用，并以不影响他人为原则"。此外，该馆还在义务性规范中明确地引用相关法律条文，例如《澎湖县图书馆管理要点》中有这样的条文："依据儿童福利法 34 条规定，对于六岁以下之儿童或需要特别看护之儿童，不得使其独处"，该项规定出处明确，含义也明确。

5.3.3.6 以章律人与以理服人相结合

台湾县级图书馆用户义务性规范中频繁出现诸如"禁止""不允许""不得"之类的词语。这些词语听上去难免给人一种不近人情、语气生硬的疏离感，甚至可能会让人反感，从而使人产生排斥情绪和逆反心理。"知行合一"是用户的理想状态，用户若无"知"则无"行"，这里的"知"即用户行为规范，"行"即用户的合规行为。忽视教育和引导的用户行为规范很难发挥其预想的效能[14]。制定用户权利义务规范的目的是为了更有效地实现图书馆管理和更好地为用户提供服务，而非限制或惩罚用户。因此，在现实的图书馆管理活动中，公共图书馆可以考虑采取教育疏导的方式，例如设置友情提示公告、图书馆员开办讲座等，尽可能双向互动，通过阐释、教育、引导、推送等方式将用户行为规范化为用户的自觉行动，这才是上策[14]。

5.3.3.7　彰显公共图书馆的非营利性特点

公共图书馆一直被看作提高社会大众文化素质和精神文明的公共文化机构之一，其所呈现的面貌应当是积极的、富有正能量的。受调查的 12 个台湾县级图书馆中，部分图书馆针对用户营利性行为作出相关规定：于馆内张贴广告、散发传单或推销商品是不允许的，馆员可视情况取消违规者的阅读权利或将其逐出馆外。台湾县级图书馆的这类规范值得肯定。从事商业性的活动显然和公共图书馆的公益性相悖，既破坏图书馆正常的活动秩序，又不利于营造良好的阅读环境。[1]

◎ 参考文献

[1] 徐启玲. 台湾县级图书馆用户义务性规范配置研究［D］. 郑州：郑州大学，2019.

[2] 云林县政府文化处图书馆［EB/OL］.［2018-06-27］. http：//www. ylccb. gov. tw.

[3] 花莲县文化局图书馆［EB/OL］.［2018-06-27］. http：//www. hccc. gov. tw/Portal/Content. aspx？lang=0&p=004020001.

[4] 苗栗县苗栗市立图书馆［EB/OL］.［2018-06-27］. http：//www. mlc. gov. tw/g/g01_01. asp？id=10.

[5] 新竹县文化局图书馆［EB/OL］.［2018-06-27］. http：//library. hchcc. gov. tw/library/index. asp.

[6] 彰化县文化局彰化县立图书馆［EB/OL］.［2018-06-27］. http：//www. bocach. gov. tw.

[7] 基隆市文化局图书馆［EB/OL］.［2018-06-27］. http：//lib. klccab. gov. tw.

[8] 台东县政府文化处图书馆［EB/OL］.［2018-06-27］. http：//

www. ccl. ttct. edu. tw/ch/aioshow. aspx？ path ＝ 483&guid ＝ 72382e8a-752b-489f-8648-3a8322f3859e&lang＝zh-tw.

［9］ 澎湖县图书馆 ［EB/OL］. ［2018-06-27］. http：//www. phlib. nat. gov. tw/pagepub/AppPortal. aspx.

［10］ 屏东县屏东市立图书馆 ［EB/OL］. ［2018-06-27］. http：// www. cultural. pthg. gov. tw/pthglib/blog/blog01. aspx？ USER ＝ 24.

［11］ 宜兰县宜兰市立图书馆 ［EB/OL］. ［2018-06-27］. http：// www. ilccb. gov. tw/ch/library-detail. php？ menuid＝26.

［12］ 嘉义市政府文化局图书馆 ［EB/OL］. ［2018-06-27］. http：// www. cabcy. gov. tw.

［13］ 南投县政府文化局图书馆 ［EB/OL］. ［2018-06-27］. http：// library. nthcc. gov. tw/library/.

［14］ 付立宏，徐启玲. 英国高校图书馆用户禁止性规范分析 ［J］. 图书馆，2018 （6）：55-60.

第6章 中国大陆公共图书馆用户权利义务规范配置

6.1 鄂豫苏浙甘等地十五馆用户权利义务规范配置

6.1.1 调查方法

为了解大陆公共图书馆用户权利义务规范的配置情况,课题组选取若干公共图书馆进行访谈和问卷调查。访谈主要针对图书馆管理人员,问卷调查分别在馆员和用户中展开。访谈和问卷调查共涉及下列十五所图书馆:首都图书馆、山西省图书馆、上海图书馆、沈阳市图书馆、湖北省图书馆、广东省立中山图书馆、甘肃省图书馆、武汉市图书馆、宜昌市图书馆、苏州市图书馆、杭州市图书馆、深圳宝安图书馆、洛阳市图书馆、开封市图书馆、商丘永城市图书馆。

6.1.2 调查结果分析

6.1.2.1 访谈信息分析

课题组对甘肃省图书馆、湖北省图书馆、武汉市图书馆、深圳宝安图书馆、洛阳市图书馆、开封市图书馆以及商丘永城市图书馆的相关管理人员进行个别访谈，旨在从图书馆的角度了解公共图书馆用户权利义务规范的制定与实施情况。之所以选择上述 7 个图书馆作为访谈对象，是基于以下几点考虑：①由于很多图书馆都不愿意接受访谈，因此我们必须将访谈的可操作性放在第一位，上述七馆均愿意接受课题组的访谈；②上述七馆均是一级公共图书馆；③上述七馆涉及四省，涵盖省级、市级和县（区）级公共图书馆，有一定的代表性。受访对象主要是各图书馆的馆长以及相关管理人员，依据受访者的意愿以及现实情况等因素，以电话访谈、网络访谈、实地访谈三种方式进行。访谈问项如表 6-1 所示。

表 6-1 访谈问项表

问项设计	具 体 问 项
访谈对象信息	访谈时间、访谈对象
制定过程	规范的制定程序及其宗旨
	是否参考相关法律法规
	是否吸收馆员以及用户的意见
实施过程	是否考虑用户权利与义务的平衡
	是否考虑馆员的权利
	如何保证规范的系统性及可操作性
反馈过程	是否建立完善的反馈监督机制
	规范是否修改及修改原因
	是否对规范的执行效果进行评估及评估标准
整体感受	规范对维护图书馆秩序、提高馆藏利用率以及改善相关主体间关系的作用

为了保护受访者的个人信息，本书对受访者进行编码，从 1~7 分别代表受访图书馆，编号与上文所述图书馆顺序并非一一对应的关系，请勿对号入座，受访情况如表 6-2 所示。

表6-2 访谈基本信息表

编号	受访图书馆人员职务	受访日期	访谈形式
1	图书馆馆长	2019 年 6 月 22 日	电话访谈
2	图书馆馆长	2019 年 6 月 24 日	网络访谈
3	图书馆一线馆员	2019 年 7 月 1 日	网络访谈
4	图书馆馆长	2019 年 7 月 7 日	网络访谈
5	图书馆馆长	2019 年 7 月 10 日	网络访谈
6	图书馆行政部主任	2019 年 7 月 16 日	实地访谈
7	读者服务部管理人员	2019 年 7 月 29 日	实地访谈

　　访谈结束后，我们对访谈的内容详细记录，确保记录的客观公正，之后对访谈内容进行提炼。对访谈数据信息汇总与分析后发现，上述图书馆用户权利义务规范配置呈如下特点：

　　（1）用户权利义务规范的运行基本遵循"起草→试行→修改→实施"这一流程。

　　规范内容大部分经由图书馆各部室起草，汇总后交由馆长带领的领导班子进行审核，审核通过后试行，在试行的过程中收集各方意见与建议，最后形成正式的公共图书馆用户权利义务规范文件投入实施。在规范的设计上，以各省市的相关条例为参考，各部门单独制定内容，其分散性以及专门性比较强，容易产生制度"缝隙"，整个规范的系统性和完善性难以保证。

　　（2）用户行为规范的自主性较强、更新较慢。

　　由于中国大陆图书馆法制建设有"地方先行"的特点，图书馆用户权利义务规范的制定最初可参考的法规比较少，图书馆仅能根据工作经验以及各地区图书馆工作管理制度等相关政策来制定图书馆用户行为规范。随着中国大陆公共文化服务事业的发展以及相关政策法规的丰富，图书馆虽在不断地完善其用户权利义务规范，但主要是针对新技术设备的使用以及业务流程的变化制定新的规范内容。总的来说，规范的更新速度较慢，适配度较差。

　　（3）用户权利义务规范以"用户第一，服务至上"为宗旨进行制定。

值得一提的是，图书馆用户义务性规范的内容大都借鉴各地市民公约或者宪法、民法等法律法规中关于公民义务的规定，体现为《读者文明服务公约》，具体内容在不同的图书馆有不同的体现。图书馆用户义务性规范在保障用户权利的前提下约束用户的不良行为，以达到用户权利与义务的平衡。但是在访谈中有管理人员反映，随着权利意识的觉醒，用户尤其是年轻用户非常注重对个人权利的维护，但对义务方面的遵守情况并不乐观。

（4）反馈监督机制日趋完善。

图书馆大多配备投诉意见箱、意见簿，并丰富了反馈渠道，比如电话、网站、微信、邮箱等。但是，不同的图书馆对于用户意见与反馈处理的速度不同，这会导致一些用户的不满。而随着公共图书馆免费开放，图书馆所收到的投诉数量相对于其他文化部门的数量多一些，诚如某馆长所言，"公共图书馆免费开放之后带来的一个直接问题就是用户的素质参差不齐，在这种情况下，用户什么稀奇古怪的要求都有，不满足的话就会接到投诉，一经投诉，在多数情况下为了息事宁人就只能评判工作人员的错"。公共图书馆服务性的职业特点决定了类似情况在现实生活中难以避免，但是"用户第一，服务至上""一切为了用户"等观点并不代表用户的一切言行都是对的，图书馆以及图书馆员应保持理性。对于损害图书馆利益和大多数用户利益的行为要勇于拒绝，否则不仅保障不了用户监督权的正常行使，损害其他用户的利益，还会损害图书馆员的权利，损害用户与图书馆之间的和谐关系。图书馆应该在保障用户批评建议监督权与维护图书馆、图书馆员以及其他用户权利之间进行平衡，对用户的合理意见认真对待，对无理要求耐心解释并拒绝，以获取用户的理解与配合。

（5）对用户权利义务规范的评估缺乏统一的标准。

关于这个问题，在访谈过程中得到的回答主要有两种：第一种主要依据各省市公共图书馆的评估标准中的相关条款来对图书馆用户权利义务规范的内容以及实施效果进行评估；第二种是馆内评估，主要是对工作经验、用户意见及投诉进行综合分析，由馆领导

179

及读者服务部相关工作人员主观判断，根据用户的需要对规范的内容进行更新。

6.1.2.2　问卷信息分析

（1）问卷发放与信度效度分析。

①问卷发放。在访谈的基础上，为进一步了解公共图书馆用户行为规范的配置情况，我们设计了公共图书馆用户行为规范配置问卷调查表，从用户和馆员两种视角探寻公共图书馆用户行为规范配置水平。发放问卷的样本图书馆按照下述原则确定：（1）样本图书馆必须是一级公共图书馆，因为一级公共图书馆的用户权利义务规范建设水平相对较高，课题组获取有价值信息的可能性较大；（2）样本图书馆的地理范围尽可能覆盖东西南北中；（3）样本图书馆的类型包含省、市、县（区）级图书馆；（4）调研活动的可操作性，即所选样本图书馆必须有工作人员愿意提供协助，课题组能够进行问卷调查。据此，我们选取下列十二所图书馆进行问卷调查：首都图书馆、甘肃省图书馆、山西省图书馆、沈阳市图书馆、上海图书馆、广东省立中山图书馆、杭州市图书馆、宜昌市图书馆、苏州市图书馆、洛阳市图书馆、开封市图书馆以及商丘永城市图书馆。

发放用户问卷旨在了解用户对公共图书馆制定的用户权利义务规范的意见与需求。问卷采用李克特量表的形式，从用户权利性规范与用户义务性规范两个方面设计问题，将选项设置为五个分数等级，对选项从5—1赋值，分值越高，代表用户越认可。用户权利性规范主要涉及用户获取图书馆基本信息的权利、接受免费服务的权利、图书馆空间设备自由使用的权利、受到平等尊重对待的权利、受到安全保障的权利以及批评建议监督的权利等方面，用户义务性规范主要涉及用户入馆行为以及用户馆内行为两个方面。

用户问卷共发放1200份，每个图书馆均等发放，共回收1048份，回收率为87.3%，剔除无效问卷后，得到1036份有效问卷，有效回收率为86.3%。

设计馆员调查问卷，是为了换一个角度了解用户行为规范配置情况和实施效果。馆员问卷也是从用户权利性规范与义务性规范两个方面展开。馆员问卷共发放 360 份，回收 312 份，回收率为 86.7%，剔除无效问卷后，最后得到 308 份有效问卷，有效回收率为 85.6%。

②信度分析。本部分选用的是 α 系数的计算方法，即检验每个维度下各个项目之间是否存在相似的特性，比较适用于测验结果以多值计分的情形。按照 Nunnally 的标准（1978 年）[1]，当 α 大于 0.9 时，信度非常好；当 α 值介于 0.7~0.9 时，信度较高；当 α 值介于 0.35~0.7 时，信度中等；当 α 值小于 0.35 时，信度很低，应该剔除。一般来说，只要 α 值达到 0.8 以上，问卷的问题信度是有调查价值的。本部分运用 SPSS 20 统计分析软件对两份问卷的调查数据进行信度分析，如表 6-3 与表 6-4 所示，用户调查问卷和馆员调查问卷的 α 系数分别为 0.965 和 0.896，各项指标内部一致性较高，信度较好。

表 6-3 　　　　　　　　　　**用户问卷信度分析**

可靠性统计资料

Cronbach's Alpha	基于标准化项的 Cronbach's Alpha	项目个数
.960	.965	43

表 6-4 　　　　　　　　　　**馆员问卷信度分析**

可靠性统计资料

Cronbach's Alpha	基于标准化项的 Cronbach's Alpha	项目个数
.894	.896	30

③效度分析。效度是指问卷的有效性和正确性，反映问卷能够准确测量所需内容的程度，问卷越能测量出所需的内容，其效度越高；反之，效度越低。本部分进行内容效度与结构效度分析。在内容效度上，两份问卷经过多次修改与完善，紧密围绕公共图书馆用户行为规范设计问题，问卷内容可以真实反映问题，具有较好的内

容效度；在结构效度上，使用因子分析法，通过 SPSS 20 统计分析软件做因子分析适合性评估，采用 KMO 和 Bartlett 球形度检验，一般来说，结果分析 KMO 值越大，说明被测问卷有效性越好。KMO<0.5 不能作为因子分析；KMO>0.7 为中等效度；KMO>0.9 则问卷十分有效。我们运用 SPSS 20 统计分析软件对两份问卷的 KMO 值进行测量，进行 Bartlett 的球形度检验，得到的结果如表 6-5 和表 6-6 所示。

表 6-5　　　　　　　　用户问卷 KMO 和 Bartlett 检验

Kaiser-Meyer-Olkin 测量取样的适当性		.954
Bartlett 的球形度检验	近似卡方	17454.196
	df	903
	显著性	.000

得到 KMO 值为 0.954，说明变量间的相关性很强，Bartlett 的球形度检验结果显示，显著性值小于 0.05，说明用户调查问卷具有较好的结构效度。

表 6-6　　　　　　　　馆员问卷 KMO 和 Bartlett 检验

Kaiser-Meyer-Olkin 测量取样的适当性		.809
Bartlett 的球形度检验	近似卡方	1932.726
	df	378
	显著性	.000

得到 KMO 值为 0.809，说明变量间的相关性较强，Bartlett 的球形度检验结果显示，显著性值小于 0.05，说明馆员调查问卷也具有较好的结构效度。

（2）基于用户角度的公共图书馆用户行为规范配置情况。

①满足用户基本信息权利的情况。

由表6-7可知，图书馆各项基本服务政策以及信息资源的布局比较合理，用户的知情权得到了基本保障，而在开放时间以及信息资源的种类方面评分较低，用户的认可度较低。从开放时间来看，很多用户反映，其开放时间并未达到昭示的开放时长，部分图书馆会在中午闭馆，要求用户离馆；而下午闭馆时，图书馆工作人员会以打扫馆舍为由，要求用户提前离馆，这引起了一些用户的不满。在信息资源种类方面，很多年轻用户表示，图书馆资源更新速度慢，许多馆藏文献跟不上自己的需求。一方面，图书馆应该听取用户的意见与心声，在经费允许的情况下，尽力满足用户对于文献信息的需求；另一方面，公共图书馆虽是一个保障知识与信息获取的中介机构，它的一端是众多作者生产的各种载体的知识与信息，另一端是各行各业、不同年龄、不同文化背景的社会成员。信息资源毕竟有限，图书馆既不可能收全知识信息，也不可能满足所有社会成员的所有需要，因此，图书馆有必要进行有效取舍并科学设计服务，才可以在总体上保证用户对信息与知识的最大获取，从而达到用户的满意。

表6-7　　　　　　**用户对基本信息权利的认可度**

保障基本信息权利	不同等级占比（%）					均值
	5	4	3	2	1	
图书馆指引与标识	37.5	47.9	12.4	1.9	0.4	4.2
基本服务政策布局	47.3	36.3	14.1	1.7	0.6	4.28
信息资源布局	45.2	37.3	14.1	3.1	0.4	4.24
公告与活动信息发布	43.6	38	15.8	2.1	1.4	4.22
信息资源种类	32.8	39.6	19.7	6.6	1.4	3.96
展览讲座培训等	38.4	33.2	23.2	3.9	1.4	4.03
开放时间	24.3	30.5	25.1	13.3	6.8	3.52

②用户对享受免费均等服务权利的认可情况。

表6-8　　　　　　　用户对享受免费均等服务权利的认可度

享受免费均等服务的权利	不同等级占比（%）					均值
	5	4	3	2	1	
图书馆不存在隐形收费	78.8	19.1	1.4	0.6	0.2	4.76
工作人员不存在擅自收费	81.3	15.6	2.1	0.8	0.2	4.77
图书馆收费项目可以接受	63.5	28.2	6.8	1.4	0.2	4.53

　　公共图书馆服务的特点之一是免费均等，任何人在利用图书馆的权利上是平等的。由表6-8可知，图书馆在开展免费服务方面，用户比较满意，其认可程度均达到75%以上。这说明，公共图书馆在免费服务理念下开展工作成效较好。当然，也有部分用户对图书馆的收费服务不太满意，他们难以认同图书馆的部分收费标准，如打印费、复印费价格。由表6-9可知，用户进馆普遍受到了平等公正的服务。但是在交谈过程中有些用户反映，部分图书馆员存在服务态度冷漠、工作期间玩手机、大声聊天等现象。希望馆员转变服务态度，切实履行工作职责，认真解答用户提出的问题，对不遵守规范的用户及时提醒与指正，提高自身的专业素养，为用户提供更优质、更贴心的服务。

表6-9　　　　　　　用户对享受平等尊重权利的认可度

享受平等尊重的权利	不同等级占比（%）					均值
	5	4	3	2	1	
利用图书馆资源过程中受到充分尊重	48.5	39.4	11.2	0.8	0.2	4.35
工作人员友善礼貌，服务周到	41.3	42.9	14.3	1.2	0.4	4.24
及时提供个性化帮助	40.2	38.8	17.8	2.7	0.6	4.15
公平公正，提供无差别服务	57.1	31.7	10	0.6	0.6	4.44

续表

享受平等尊重的权利	不同等级占比（%）					均值
	5	4	3	2	1	
不存在滥用职权的行为	66.2	26.3	6.2	0.8	0.6	4.57

③用户对空间设备自由使用权的认可情况。

表 6-10　　　　**用户对空间设备自由使用权的认可度**

空间设备自由使用的权利	不同等级占比（%）					均值
	5	4	3	2	1	
图书馆环境整洁舒适，文化氛围浓厚	41.5	31.5	21	5	1	4.08
图书馆座位数量充足	43.6	31.1	16	6	3.3	4.06
图书馆电子设备的数量与性能可以满足需求	41.7	38.6	13.3	4.4	1.9	4.14
对图书馆网络的速度和稳定性感到满意	43.2	34	15.8	4.8	2.1	4.11

　　公共图书馆是向社会公众免费开放的场所，用户对图书馆的空间以及设备具有无偿的使用权。由表 6-10 可知，图书馆在保障用户空间与设备使用自由方面，评分不高。在与用户交谈的过程中，多名用户表示阅读环境嘈杂，常有孩童随意跑动、大声喧闹的现象，但是这种现象并未得到馆员的及时制止；而在座位方面，较多学生用户表达了自习室数量太少导致自习座位紧张的意见，这可能与调研期间学生与孩童用户达到高峰期有一定关系。

　　④用户对安全保障权的认可情况。

　　用户在接受图书馆服务时享有人身安全、财产安全及个人信息安全不受损害的权利。这是最重要的权利，是宪法和民法赋予公民人身权、财产权以及隐私权在图书馆服务领域的具体体现[2]。在人身和财产安全方面，图书馆基本配备了安全保障设施来保障用户

185

的人身和财产安全，例如，图书馆几乎在每一楼层配备了灭火器、储物柜、视频监控摄像头等设备，但其可用性有待提高。有用户反映储物柜能用的很少且经常出现故障，监控摄像头长时间不开，图书馆应该定期进行排查。在保障用户个人隐私权方面，虽然很多用户打了较高分（参见表6-11），但是他们表示其实并不清楚个人隐私是否泄露，图书馆对于保护个人隐私方面的规定内容并不明确，用户并不知晓个人信息被获取的内容、范围及渠道。其打高分的原因是，他们对图书馆的整体印象比较好并且没有发生明显的个人隐私泄露行为。这说明，用户的信息安全意识还较为薄弱，图书馆在保护用户个人隐私方面的规范内容还有待完善。

表 6-11　　　　　　　　用户对安全保障权的认可度

安全保障权	不同等级占比（%）					均值
	5	4	3	2	1	
图书馆设置安保措施来保护人身与财产安全	65.6	29	4.6	0.6	0.2	4.59
图书馆采取积极措施保护个人信息安全	59.3	30.9	8.5	1.2	0.2	4.48
图书馆不存在个人信息外泄的行为	57.9	33.2	7.5	1.2	0.2	4.47

⑤用户对批评建议监督权的认可情况。

用户有权参与图书馆管理，并对图书馆和馆员提出批评和建议。近年来随着图书馆规范体系的完善以及各项服务的改进，图书馆提供了多种与用户进行交流的渠道，但是用户表示批评建议监督权并未得到充分的行使，很多用户表示图书馆的意见箱形同虚设，"有意见也没意见"。一方面，工作人员对于用户意见的反馈速度"令人着急"；另一方面，工作人员对于意见的处理并未得到用户的理解与认同，容易引发图书馆用户的不满情绪。（参见表6-12）

表 6-12   用户对批评建议监督权的认可度

批评建议监督的权利	不同等级占比（%）					均值
	5	4	3	2	1	
图书馆提供了完善的用户参与管理程序	48.3	35.3	13.7	2.1	0.6	4.29
图书馆提供明确的程序供您提出批评与建议	39.2	36.7	18.7	4.8	0.6	4.09
反馈速度	40.3	37.6	18.1	3.1	0.8	4.14

⑥用户对入馆义务性规范的认可度。

用户进馆应自觉遵守图书馆的各项规章制度，这不仅是为了保护他人的权利，也是自身权利的保障。由表 6-13 可知，用户对于文明入馆、遵守馆纪馆规、尊重馆员以及其他图书馆用户等规范基本上是认可的，但对于凭证入馆、入馆安检、对随身携带物品进行限制等意见不一。这历来是公共图书馆容易遭遇的争议性问题。公共图书馆是免费向社会成员开放的场所，因此需要承诺在开放时间内向一切用户开放，不设任何限制，也不管用户的阶层、种族、宗教信仰、经济能力、性别、年龄等如何。从这一角度来看，公共图书馆要求用户凭证入馆或入室是不合适的，因为任何出示证件的做法，都增强了图书馆对于用户的管制功能，都有可能强化公共图书馆的官僚体制色彩，这可能成为公众利用公共图书馆的障碍，导致一部分具有图书馆利用倾向和诉求的人群放弃利用，使图书馆在客观上产生排斥性。但访谈发现，现实中公共图书馆更倾向于认为凭证入馆或阅览并进行安全检查的要求比较合理，因为不加限制的入馆条例会使"烦扰性"行为增加，甚至有可能会危害其他用户以及馆员的安全。虽然不设门槛是为了最大化保障用户获取知识与信息的权益，但有可能是保障了个别人的权利而侵犯了其他用户权利，并且会增加馆员的工作难度，违背了其保障用户权益的初衷，在现实生活中其操作性有待考量。对于用户入馆或入室是否需要身份证明并进行安全检查，可以适当地约束，而这个约束的度需要图书馆根据具体情况来斟酌。

表 6-13　　　　　用户对入馆义务性规范的认可度

用户入馆	不同等级占比（%）					均值
	5	4	3	2	1	
用户需凭证入馆或入室	37.3	34.6	15.6	7.5	5	3.92
用户入馆需进行安全检查	47.7	33.8	13.9	3.5	1.2	4.23
图书馆对用户携带入馆的物品进行限制	38.2	36.7	17.4	5.8	1.9	4.03
用户入馆需注意自己的言行举止、仪表着装、个人卫生	66.8	29.9	2.1	1.2	0.2	4.62
用户入馆需遵守馆内纪律	72.2	24.5	2.7	0.4	0.2	4.68
用户入馆需尊重馆员与其他用户	72.6	24.3	2.3	0.6	0.2	4.69

⑦用户对馆内义务性规范的认可情况。

从表 6-14 可以看出，用户对于爱护馆内公共财物、维护图书馆环境与正常秩序、禁止吸烟与使用明火等义务性规范比较认可，而对及时反馈利用图书馆的体会、不在馆区从事无关活动以及在馆内饮食等方面存有异议。一般情况下，当一个人在图书馆内的行为已经妨碍到其他用户的信息利用活动时，图书馆为了维护其他用户的利益，有必要对妨碍者的行为实施约束，甚至要求其离开图书馆。问题在于，究竟哪些行为以及这些行为实施到什么程度，会对其他用户权利构成威胁，这是一个很难决断的问题，这对图书馆用户权利义务规范的制定、图书馆资源的配置、馆员职业素养、图书馆用户的素质等都有一定的要求，很难制定统一的评判标准，需要各图书馆根据实际情况来决断。

表 6-14　　　　　　**用户对馆内义务性规范的认可度**

用户馆内行为规范	不同等级占比（%）					均值
	5	4	3	2	1	
馆内不能扰乱正常秩序，危害人们安全	78.4	19.1	1.9	0.4	0.2	4.75
自觉维护图书馆环境	76.6	19.7	2.5	0.6	0.6	4.71
避免在馆内饮食	62	25.7	8.9	2.9	0.6	4.46
爱护馆内公物	79.3	18.7	1	0.8		4.76
爱护图书馆信息资源	76.1	19.3	3.7	0.8	0.2	4.7
不在馆内吸烟及使用明火	79.3	18.7	1.4	0.4	0.2	4.77
通信设备静音/振动	68	24.1	6	1.7	0.2	4.58
不在馆区从事无关活动	58.3	29.7	9.7	2.1	0.2	4.44
不应占用多余空间与设备	70.7	23.2	4.2	1.5	0.4	4.62
使用信息资源尊重他人知识产权	67.4	25.9	5.8	0.8	0.2	4.59
违反图书馆相关规定要勇于承担责任	72.8	22.6	3.7	0.8	0.2	4.67
及时反馈利用图书馆的体会	58.5	28.2	8.7	3.5	1.2	4.39

（3）基于馆员角度的公共图书馆用户权利义务规范配置情况。

①馆员对用户权利义务规范配置的总体评价。

如表 6-15 所示，绝大多数馆员认为图书馆对用户的管理有章可循，用户享有的权利已经制度化，但近一半馆员认为用户应承担的义务还不够明确。一些馆员表示，过于笼统的义务性规范对用户来说形同虚设，这说明图书馆对用户应承担的义务设置还不到位。不到五分之一的馆员认为用户权利性规范与义务性规范的搭配十分合理，并且认为图书馆用户权利义务规范的实施效果非常好的仅占十分之一。这表明，公共图书馆用户权利义务规范的配置还有待完善，规范的内容与实施的效果之间存在差距。

表6-15 馆员对用户权利义务规范配置的总体认可度

问 项	等级占比（%）				
	5	4	3	2	1
明确制定用户权利义务规范	71.4	22.1	5.2	1.3	0
明确规定用户享有的权利	72.7	24	2.6	0.6	0
明确规定用户承担的义务	51.3	39	7.1	2.6	0
权利性规范与义务性规范搭配合理	17.5	62.3	16.2	3.9	0
用户权利义务规范的实施效果	10.4	60.4	23.4	5.2	0.6

（注：表中5~1为选项的认可等级编码，5~1表示程度从强至弱）

②馆员对用户权利性规范配置的评价。

如表6-16所示，从馆员的角度来看，图书馆在免费均等服务以及资源配置方面做得较好，他们认为图书馆的服务资源、设施设备可以保障用户基本信息权利、免费接受文化服务的权利、受到平等与尊重对待等权利的实现，这一点与上文中用户角度的问卷结果存在些许差异。在保障用户监督权与参与权方面，图书馆还可以做得更好。但在保护用户个人隐私方面，规范的设置不够完善，虽然大多数馆员认为图书馆比较注重用户的隐私，但只有不到一半的馆员表示图书馆明确制定了侵犯用户个人隐私的处理方案，这说明，图书馆用户权利义务规范对用户隐私权的保护还需要进一步强化。

表6-16　　　　　　馆员对用户权利性规范配置的认可度

用户权利性规范	占比（%）	
	是	否
信息资源种类满足需求	91.6	8.4
信息资源及时更新	94.8	5.2
免费服务	97.4	2.6
无差别服务	92.9	7.1
满足特殊人群信息需求	98.7	1.3
为特殊人群配备专用设施设备	98.7	1.3
保障用户人身和财产安全	98.7	1.3
保障用户个人信息安全	85.7	14.3
明确收集信息的范围与类别	65.6	34.4
明确侵犯用户隐私的处理方案	46.8	53.2
明确用户监督的渠道	88.3	11.7
完善用户参与管理的程序	80.5	19.5

③馆员对用户义务性规范配置的评价。

由表6-17可知，馆员对图书馆规定的用户应文明入馆、入馆接受安检、遵守馆纪馆规、尊重馆员及其他用户、爱护馆内公共财产、及时反馈利用图书馆的体会、注意保护他人的知识产权、勇于承担违规责任等义务性规范的内容是比较认同的，其占比均在60%以上。但从用户遵守程度来看，是存在明显差距的。馆员认为，仅1/4的用户在入馆时会十分注意自己的言行举止、衣装整洁；不到1/10的用户可以做到完全遵守馆纪馆规；仅八分之一的用户可以自觉地做到尊重馆员和其他用户；仅1/9的用户注意保护馆内的公共财产。此外，对于用户入馆需进行安检，以及图书馆对部分公共物品的使用时间进行限制等，则是公共图书馆界具有争议性的问题。这说明"理想很丰满，现实很骨感"，图书馆用户权利义务规范的实施效果与设定规范的初衷之间存在差距，用户权利性规范与用户义务性规范也未达到相对的平衡状态。

表6-17　　　　馆员对用户义务性规范配置的认可度

用户义务性规范及其效果	等级占比（%）					简单判断	
	5	4	3	2	1	是	否
图书馆设置用户言行衣着规范	61.7	31.8	4.5	1.9	0		
用户遵守程度	24.7	37	29.2	8.4	0.6		
用户应接受图书馆安检	61	29.9	4.5	3.2	1.3		
用户配合程度	20.1	58.4	16.2	5.2	0		
用户能做到自觉遵守馆纪	9.1	61.7	23.4	5.2	0.6		
用户应尊重他人	64.9	31.8	2.6	0.6	0		
用户遵守程度	13	50	29.9	5.8	1.3		
用户应爱护馆内公共财产	79.2	18.8	1.3	0.6	0		
用户遵守程度	14.3	53.2	21.4	9.1	1.9		
应限制用户使用公共物品的时间	31.2	55.2	8.4	3.2	1.9		
用户接受程度	14.3	64.3	14.9	4.5	1.9		
用户能否及时反馈利用图书馆体会						68.8	31.2
图书馆是否应提醒用户注意知识产权						71.4	28.6
用户遵守程度	25.3	37	24	11.7	1.9		
用户违反规定时是否勇于承担责任						60.4	39.6

（注：表中5~1为选项的认可等级编码，5~1表示程度从强至弱）

6.1.3　公共图书馆用户权利义务规范配置存在的问题

通过访谈结果的反馈以及用户问卷与馆员问卷结果的对比，不难发现，大陆公共图书馆权利义务行为规范的配置还不够完善，实施效果也不是很理想，与国家文化改革发展的要求、用户日益增长的文化需求、丰富民众精神生活的要求还有不适应的地方。

6.1.3.1 用户权利义务规范的内容不够完善

首先，从图书馆用户权利义务规范的制定过程来看，规范内容由各部门制定，"碎片化""分散化"比较严重，容易形成制度"缝隙"，在权利性规范与义务性规范的内容设置上易存在盲区与空白点。其次，在规范内容的设置上，不能形成一致，例如公共图书馆的开放时间，大部分图书馆基本可以做到全年开馆时间超过300天以上，并且部分图书馆可以做到单日开放时间达到12小时，充分保障用户利用图书馆的自由。但是，有些公共图书馆实行"午休"制，不仅在午休期间不提供任何服务，而且还要闭馆，要求用户离馆，导致一些距离图书馆较远的用户"有苦难言"，这在某种程度上"拒绝"了部分有需求的用户，压缩了其利用图书馆的时间，违背了图书馆不仅要自由开放，还要给予用户充分的时间保障的要求，他们的权利难以得到保障。最后，图书馆在用户权利义务规范的内容设定上缺乏可资参照的权威性标准，有些规范内容的设定比较笼统，缺乏可操作性。例如，"图书馆保障用户批评建议的权利"，图书馆确实为用户提供批评建议的渠道，但是用户仍反映意见难以得到反馈，这就需要相应条款的具体化，如明确回复时间、回复程序、解决方案等。对于用户权利性规范与义务性规范应有统一的制定标准，否则难以保障规范的整体性与协调性。

6.1.3.2 用户权利性规范与义务性规范失衡

随着国家对公共文化服务事业的重视，学界对图书馆用户权利研究的重视以及人们权利意识的觉醒，图书馆在保障用户文化权利方面有着很大的进步，如图书馆章程、开放时间、联系方式、交通指南、办证程序、馆内布局、馆藏信息、借阅规则、上网指南等保障用户权利方面的内容比较详细。而对图书馆用户义务方面的内容设置比较笼统，例如图书馆要求用户文明入馆，"文明"二字如何定义，这在不同的图书馆用户眼中可能具有不同的理解；图书馆仅

193

标示要求用户自觉遵守《市民守则》或者相关文明守则，但现实
生活中能够做到仔细研读《市民守则》等文明规范的用户又能达
到多少呢？规范的内容不够具体，用户无法明确进馆应该遵守哪些
义务性的规定，这不仅加大了图书馆用户管理的难度，增加图书馆
和用户发生矛盾冲突的可能性，还会在无形中使得其他遵纪守法用
户的权利受到损害。

6.1.3.3　用户行为规范配置内容与实施效果存在差距

规范再完美，如果不能落到实处，就形同虚设。一方面，规范
的内容缺乏相应的保障，使其难以有效地执行与落实。图书馆用户
的多样化导致用户的素质参差不齐，图书馆用户行为规范毕竟不是
法律，调控力和约束力有限，执行力相对较差。另一方面，由于一
些规范的内容并没有上升到法律层面，不能作为用户必须遵守的法
定义务，仅从属于道德领域，能否落实很大程度上取决于用户自身
的道德水平和文化素养，这便使得规范结构之间存在缝隙与张力，
为各种争议性因素的放大与扩张提供了现实可能性，从而引发各种
矛盾与冲突的可能，导致其他用户权利保障受到限制，馆员等其他
相关主体权利受到侵害。

可见，公共图书馆亟须在现有用户权利义务规范配置的基础上
进行整合与改进，既切实保障用户的权利，又鞭策用户承担相应的
义务；既实现用户权利与义务的平衡，又保障用户与用户之间、用
户与馆员之间以及用户与其他相关主体之间的权利与义务平衡，从
而最大限度地发挥公共图书馆的功能，充分满足用户的信息需求，
保障用户的文化权益，丰富用户的精神生活。

◎ **参考文献**

[1] 赵艺. 基于用户服务的公共图书馆知识转移研究 [D]. 太原：
山西大学，2013.

[2] 马立春. 论读者的法律权利 [J]. 河南图书馆学刊，2001，21
（4）：36-37.

6.2 东北地区地市级图书馆用户权利义务规范配置[1]

6.2.1 样本选择

课题组选取了东北地区共计16所地级及地级市公共图书馆为范例样本,其中包括黑龙江省6所,即哈尔滨市图书馆(简称"哈尔滨馆")、齐齐哈尔市图书馆(简称"齐齐哈尔馆")、大庆市图书馆(简称"大庆馆")、伊春市图书馆(简称"伊春馆")、牡丹江市图书馆(简称"牡丹江馆")、大兴安岭地区图书馆(简称"大兴安岭馆");吉林省5所,即长春市图书馆(简称"长春馆")、四平市图书馆(简称"四平馆")、通化市图书馆(简称"通化馆")、松原市图书馆(简称"松原馆")、延边图书馆(简称"延边馆");辽宁省5所,即沈阳市图书馆(简称"沈阳馆")、大连市图书馆(简称"大连馆")、鞍山市图书馆(简称"鞍山馆")、丹东市图书馆(简称"丹东馆")、葫芦岛图书馆(简称"葫芦岛馆")。[1]

6.2.2 用户权利性规范配置状况

图书馆用户权利性规范的内容不是一成不变的,随着社会的发展和人们法律意识的增强,其内涵也将得到不断丰富和完善。本部分主要讨论图书资料借阅权规范、用户隐私权规范、用户平等权规范、用户教育权规范、用户知情权规范和用户参与管理和监督权规范。

6.2.2.1 图书资料借阅权规范

借阅图书是用户对图书馆资源利用的一个主要方式,因此图书

195

借阅权规范也是用户权利性规范的一项重要组成内容。由表 6-18
看出，绝大多数图书馆都允许用户单次借阅 5 册以上的图书或期
刊，借阅期普遍在 1 个月左右，且都支持续借。开设分馆的图书馆
也都支持馆际通借通还。虽然所有的被调查机构都提供电子阅览服
务，但只有不到 1/3 的图书馆提供在线预约服务。概括来说，各图
书馆在传统的服务项目——图书借阅方面的规范配置已相当成熟，
且随着移动互联网技术的发展，多所图书馆已开始积极探索"互
联网+"等新兴的图书馆服务模式。

表 6-18　　东北地区地市级图书馆图书资料借阅权规范[1]

权利性规范 图书馆	可同时借阅 5 册及以上	借阅期限 30 天及以上	到期可续借	在不同分馆借阅的图书可通借通还	提供在线预约服务	提供电子阅览
哈尔滨市图书馆	✓	✓	✓	✓	✓	✓
齐齐哈尔市图书馆		✓	✓	✓		✓
大庆市图书馆	✓	✓	✓	✓		✓
伊春市图书馆	✓	✓	✓	✓		✓
牡丹江市图书馆		✓	✓	—		✓
大兴安岭图书馆	✓	✓	✓	✓		✓
长春市图书馆	✓	✓	✓	✓	✓	✓
四平市图书馆		✓	✓	✓		✓
通化市图书馆	✓	✓	✓	—		✓
松原市图书馆		✓	✓	—	✓	✓
延边图书馆	✓	✓	✓	✓	✓	✓
大连市图书馆	✓	✓	✓	✓	✓	✓
沈阳市图书馆	✓			✓		✓
葫芦岛市图书馆		✓	✓	—		✓
鞍山市图书馆	✓	✓				✓
丹东市图书馆	✓		✓	—	✓	✓

（注："√"表示信息完整；"—"表示不确定；下文同类表格同此表）

6.2.2.2 用户隐私权规范

当代社会，大众对个人隐私的保护意识显著提升，隐私保护已涉及方方面面的内容，而读者对图书馆各类资源的利用范围和借阅登记等个人信息也属于个人隐私的范畴。作为用户的一项基本而重要的权利，用户隐私权规范可以有效地保护读者放心地使用公共服务资源。一般来说，公共图书馆对于读者的隐私权规范配置主要体现在允许用户自主选择、用户个人信息显示和修改以及隐私保护声明三方面（参见表6-19）。

通过表6-19可以看出，各馆关于前两项规范的配置情况良好，针对用户开展了多种个性化服务，提供了诸如"我的图书馆""个人图书馆"等在线图书服务平台。各馆不仅允许读者通过手机注册、邮箱注册等方式享受个性化服务，并可以修改个人信息。令人诧异的是，课题组所调查的各所图书馆均未出台完整的用户隐私保护声明。相较于国外公共图书馆，可以说国内公共图书馆在保护读者隐私方面几乎是空白，因此研究并制定完善的隐私保护规范刻不容缓。[1]

表6-19 东北地区地市级图书馆用户隐私保护权规范[1]

权利性规范　　图书馆	允许用户自主选择	用户个人信息显示和修改	用户隐私说明
哈尔滨市图书馆	✓	✓	✕
齐齐哈尔市图书馆	✓	✓	✕
大庆市图书馆	✓	✓	✕
伊春市图书馆	✓	✓	✕
牡丹江市图书馆	✓	✓	✕
大兴安岭图书馆	✓	✓	✕
长春市图书馆	✓	✓	✕
四平市图书馆	✓	✓	✕

权利性规范 图书馆	允许用户自主选择	用户个人信息 显示和修改	用户隐私说明
通化市图书馆	✓	✓	✗
松原市图书馆	✓	✓	✗
延边图书馆	✓	✓	✗
大连市图书馆	✓	✓	✗
沈阳市图书馆	✓	✓	✗
葫芦岛市图书馆	✓	✓	✗
鞍山市图书馆	✓	✓	✗
丹东市图书馆	✓	✓	✗

6.2.2.3　用户平等权规范

《中华人民共和国公共图书馆法》（2017）第 3 条规定："公共图书馆应当按照平等、开放、共享的要求向社会公众提供服务。"[2] 各类读者可以自由地享受无差别对待服务是用户平等权的体现，符合时代发展要求。各馆涉及用户平等权规范的内容参见表6-20。

表6-20　　东北地区地市级图书馆用户平等权规范[1]

图书馆	权利性规范
哈尔滨市图书馆	设有视障读者阅览室、少年儿童借阅活动中心
齐齐哈尔市图书馆	设有少儿阅览室、视障阅览室
大庆市图书馆	设有少儿馆、无障碍阅读室
伊春市图书馆	设有未成年人借阅中心
牡丹江市图书馆	设有未成年人借阅中心、视障人士阅览室
大兴安岭图书馆	开设少儿阅览室
长春市图书馆	设有老年读者阅览室、视障人士阅读室、低幼儿童活动室

续表

图书馆	权利性规范
四平市图书馆	设有儿童阅览室
通化市图书馆	设有少儿阅览室、残障阅览室
松原市图书馆	设有少儿图书借阅室视障阅览室
延边图书馆	为老年人、残疾人免费服务。
大连市图书馆	为残疾人提供多种便利性设施和服务
沈阳市图书馆	设有少儿阅览室、视障阅览室
葫芦岛市图书馆	设有儿童馆
鞍山市图书馆	设有未成年人阅览室、盲人阅览室
丹东市图书馆	无

由表6-20可以看出，各公共图书馆都比较重视保障读者的平等权，特别是对未成年读者及视力障碍人士的保护。但也有少数图书馆忽略了某些特殊人群的需求，譬如四平馆规定"凡是年满10周岁，并愿意遵守我馆规章制度的所有公民，持本人有效证件即可免费办理读者证"[3]。另外，绝大多数图书馆未明确声明外籍人士办证条件。随着全球知识交流的普及，越来越多外籍人士来到中国学习、工作和生活，公共图书馆不能忽视该类人群的知识交流需求。公共图书馆对用户平等权利保障的核心内容在于平等配置和平等保护。[4]现代公共图书馆应重视保障那些因故不能享受常规服务的弱势群体读者的平等权利。[5]

6.2.2.4　用户教育权规范

199

作为城市知识信息中心，图书馆对用户开展的各项教育培训活动，不仅推动读者对馆内文献资源利用的最大化，而且有效地提升了区域民众的文化素养以及知识交流的效率。一般来说，公共图书馆关于用户受教育方面的权利性规范主要包括公益培训、阅读推广、学术讲座和主题展览四个方面（参见表6-21）。

表 6-21　　　东北地区地市级图书馆用户教育权规范[1]

图书馆 ＼ 权利性规范	公益培训	阅读推广	学术讲座	主题展览
哈尔滨市图书馆	✓	✓	✓	✓
齐齐哈尔市图书馆	✓	✓	✓	✓
大庆市图书馆	✓	✓	✓	✓
伊春市图书馆	✓	✓	✗	✓
牡丹江市图书馆	✓	✓	✓	✓
大兴安岭图书馆	✗	✓	✓	✗
长春市图书馆	✓	✓	✓	✓
四平市图书馆	✗	✓	✓	✓
通化市图书馆	✓	✓	✗	✓
松原市图书馆	✓	✓	✗	✓
延边图书馆	✓	✓	✓	✓
大连市图书馆	✗	✓	✓	✓
沈阳市图书馆	✓	✓	✗	✓
葫芦岛市图书馆	✓	✓	✓	✓
鞍山市图书馆	✓	✓	✗	✓
丹东市图书馆	✗	✗	✗	✓

　　横向来看，大约有一半的图书馆能够为读者提供上述所有的服务，并且多数图书馆都能够履行三项以上教育职能，只有丹东馆仅仅提供主题展览一种服务。纵向来看，四种服务中阅读推广和主题展览是开展率最高的，达到了 93.75%，而开展学术讲座的比例最少，只有 62.5%。学术讲座的比例略低于其他三项服务的原因可能与公共图书馆的职能定位有关，像高校图书馆因其面向学生、教师及科研人员，开展学术讲座服务的比例势必相对较高，而推动、引导和服务全民阅读才是公共图书馆的首要任务。

6.2.2.5 用户知情权规范

用户知情权规范可以帮助用户快速熟悉、利用图书馆各项资源，其内容一般包括开放时间、入馆须知、规章制度、服务指南等。被调查的图书馆在这些基础性权利性规范配置方面大多表现良好。绝大多数图书馆都通过其官网或微信公众号向公众公布具体的开放时间和相关规章制度，比较充分地保障了读者的知情权。略有不足的是，一些图书馆的相关规范配置稍显匮乏，譬如葫芦岛馆和丹东馆没有制定入馆须知及具体的功能区阅览制度，不能使读者很好地了解馆内行为规范，这些图书馆应当在制定规章制度时注意规范的全面性。

6.2.2.6 用户参与管理和监督权规范

公共图书馆运营管理的好坏可直接影响其用户权利的行使和实现，因此读者有权利为图书馆的建设发展提供自己的建议和行使其监督权。《中华人民共和国公共图书馆法》（2017）第42条指出："公共图书馆应当……听取读者意见，建立投诉渠道，完善反馈机制，接受社会监督。"[6]调查发现，目前国内图书馆并不重视此方面用户权利性规范。16所图书馆只有哈尔滨馆章程中提到"读者享有对本馆的服务进行监督和提出表扬、批评、建议的权利"[7]。大庆馆设立的"读者投诉制度"[8]也较好地保障了读者行使其监督权。图书馆作为社会公共文化服务机构，应努力保障提供优质的服务，满足不同人群的使用要求，其运行和管理应该经常听取读者的建议，引导读者自觉为图书馆的管理和服务献计献策。

6.2.2.7 用户权利性规范配置的启示

通过上述对东北地区地市级图书馆用户权利性规范配置的分析，可以得出以下几点结论。

（1）基础性规范配置良好。

东北地区各地市公共图书馆在一些基础性用户权利性规范（譬如图书资料借阅权、用户平等权、用户知情权等）方面配置良好，绝大部分图书馆制定的用户权利性规范比较全面，且具体实施情况良好。特别是各所图书馆对于特殊人群的权益保障非常重视，广泛开展了以残障人士为主要阵地的特殊人群服务，并最大限度地保障了未成年群体的权益。扎实而全面的基础性规范配置较好地保证了公共图书馆正常服务的进行，充分满足了读者的一般性阅读需求，这点值得国内相关图书馆借鉴学习。[1]

（2）重视用户教育权规范。

随着经济与社会快速发展，大众对公共文化服务不断提出更高要求，现代公共图书馆已不仅仅是大众进行阅读与自修的场所，它已逐渐成为支撑和促进创新发展的城市第三空间。调查发现，16所图书馆也对此进行积极的回应，各馆无一例外地通过利用馆内资源为用户提供了形式多样的教育培训，如公益培训、阅读推广、学术讲座、主题展览等。这不仅有效地促进了馆读联系，而且大大提升了区域民众的知识交流效率。其他地区公共图书馆可对馆内空间进行合理再造，以此扩大用户受教育的权利，提升民众信息素养。

（3）隐私保护意识欠缺。

被调查的图书馆没有一所出台有完整的隐私保护声明，只有为数不多的图书馆在零散的规章中提及一句"要尊重读者隐私"。在一个公众高度重视隐私的社会环境下，公共图书馆有责任和义务加强对用户隐私权的保护，特别是要重视互联网隐私标准的研究。《中华人民共和国公共图书馆法》（2017）中第43条明确规定："公共图书馆应当妥善保护读者的个人信息、借阅信息以及其他可能涉及读者隐私的信息，不得出售或者以其他方式非法向他人提供。"[6]公共图书馆应根据相关法律法规，同时借鉴国外图书馆在用户隐私保护方面的发展经验，尽快制定出合理、完善的隐私保护条例，以此为读者建筑起一道安全屏障，保护其利益不受侵害。

（4）图书馆和用户交互性低。

随着文化、科技、经济交融加深，民众的权利意识也日趋增强。公共图书馆的读者不再像过去一样单一、被动地享受图书馆提供的各种资源和服务，而是主动地希望参与到图书馆的建设、管理中。他们希望自己拥有更多的话语权，监督权。所以在管理运行的过程中，公共图书馆应当改变单一主体形态，设法让读者也参与其中，譬如建立完善的读者反馈机制，广泛收集读者的建议与批评，以便及时合理地调整其服务内容与方式；开展深入的用户调研，结合实际需求为读者提供多元化、多层次服务，进而扩大用户权利。[1]

6.2.3 用户义务性规范配置状况

东北地区地市级图书馆用户义务性规范主要涵盖入馆义务性规范、非阅览区域行为举止义务性规范、阅览室行为举止义务性规范、电子资源利用义务性规范、资料外借义务性规范、知识产权义务性规范和安全义务性规范七个方面。

6.2.3.1 用户入馆义务性规范

用户入馆义务性规范是用户在享受图书馆提供的各项服务之前首先需要遵守的行为准则，它是保证馆内安全和环境良好的重要前提。主要涉及内容有持证进入、仪表规范等六个方面（参见表6-22）。

表6-22 　东北地区地市级图书馆用户入馆义务性规范[1]

义务性规范 图书馆	持有效证件进入	禁止携带易燃、易爆物品	禁止带领宠物进入	要衣着整洁；禁止穿背心、拖鞋等入馆	未成年读者需家长陪同	酗酒者、精神病患者等禁止入馆
哈尔滨市图书馆	✓	✓				
齐齐哈尔市图书馆	✓	✓	✓	✓		
大庆市图书馆	✓				✓	
伊春市图书馆	✓	✓				
牡丹江市图书馆	✓				✓	
大兴安岭图书馆	✓			✓		

续表

义务性规范 图书馆	持有效证件进入	禁止携带易燃、易爆物品	禁止带领宠物进入	要衣着整洁；禁止穿背心、拖鞋等入馆	未成年读者需家长陪同	酗酒者、精神病患者等禁止入馆
长春市图书馆	✓	✓				
四平市图书馆	✓	✓		✓		✓
通化市图书馆	✓		✓			
松原市图书馆	✓	✓	✓	✓	✓	
延边图书馆	✓	✓	✓	✓	✓	
大连市图书馆	✓	✓		✓		
沈阳市图书馆	✓	✓				
葫芦岛市图书馆	✓					
鞍山市图书馆	✓	✓	✓	✓		
丹东市图书馆	✓					

由表6-22可知：（1）松原馆对用户入馆义务要求最为全面，涉及表中六个方面内容，多数馆也都占据2个以上规范要求，而丹东馆仅仅规定用户需持有效证件进入。（2）多数馆都禁止携带易燃易爆等危险品入馆，这大大减少了馆内安全意外的发生。（3）一半左右的被调查馆对读者仪表规范提出了规定，要求用户衣着整洁，禁止穿背心、拖鞋等入馆。该规定更多体现了对馆内其他用户的尊重。（4）值得注意的是，少数馆提出"禁止携带宠物进入和酗酒者、精神病者等禁止入馆"的要求，此举不仅有助于图书馆正常运行，而且对馆内其他读者的人身安全提供了保障，值得借鉴。[1]

6.2.3.2　非阅览区域行为举止义务性规范

非阅览区域行为举止义务性规范强调了用户在图书馆非阅览区域内应该遵守的一系列行为准则，是图书馆用户义务性规范的重要内容之一。它直接保证了图书馆是否可以为用户创造一个良好的知识信息获取空间。非阅览区域行为举止义务性规范的具体内容分析参见下表6-23。

表6-23 东北地区地市级图书馆用户非阅览区域行为举止义务性规范[1]

义务性规范 图书馆	馆内必须保持安静	禁止吸烟、使用明火	爱护馆内设施及一切公物	禁止在馆内娱乐及从事交易等无关活动	举止文明、讲究卫生
哈尔滨市图书馆	✓		✓		✓
齐齐哈尔市图书馆	✓	✓			
大庆市图书馆	✓	✓	✓	✓	
伊春市图书馆	✓		✓		✓
牡丹江市图书馆	✓		✓		✓
大兴安岭图书馆	✓			✓	
长春市图书馆	✓		✓	✓	
四平市图书馆	✓	✓	✓	✓	✓
通化市图书馆	✓				
松原市图书馆	✓	✓	✓	✓	✓
延边图书馆	✓	✓	✓	✓	✓
大连市图书馆	✓	✓	✓		✓
沈阳市图书馆	✓	✓			
葫芦岛市图书馆	✓		✓	✓	
鞍山市图书馆	✓		✓	✓	✓
丹东市图书馆	✓	✓			✓

（1）四平馆、松原馆、延边馆和鞍山馆的用户非阅览区域行为举止义务性规范最充分，包含了所有内容项，表明他们对用户在馆内非阅览区域内的行为举止比较重视。（2）绝大多数图书馆对用户非阅览区域行为举止义务性规范制定得比较全面，这有利于读

者在一个良好的公共环境中进行信息活动。（3）只有一半的图书馆明确提出"禁止在馆内娱乐及从事交易等无关活动"，这明显低于其他内容的被提及率。调查中发现，少数人利用公共图书馆空间进行商业活动，如散发传单等，这给图书馆的管理工作带来了严重的影响，各馆应加大对这类行为的监督和处罚力度，净化阅读空间。

6.2.3.3　阅览室行为举止义务性规范

阅览室行为举止义务性规范包括读者在报纸、期刊、古籍文献等所有纸质文献收藏空间的行为举止规范，其内容主要涉及用户出入阅览室及阅览室内活动等五个方面，参见表 6-24。

表 6-24　东北地区地市级图书馆用户阅览室行为义务性规范[1]

义务性规范 图书馆	将移动设备调成静音状态，严禁在室内打手机	禁止携带书包、饮食进入	禁止在阅览室吐痰、扔垃圾，保持整洁	禁止在室内拍照，除非得到许可	禁止带入书籍或将书籍带出
哈尔滨市图书馆	✓		✓		
齐齐哈尔市图书馆	✓	✓	✓		
大庆市图书馆	✓	✓	✓	✓	
伊春市图书馆	✓	✓	✓		
牡丹江市图书馆	✓	✓	✓		✓
大兴安岭图书馆	✓		✓	✓	
长春市图书馆			✓		
四平市图书馆	✓		✓	✓	✓
通化市图书馆	✓		✓		✓
松原市图书馆	✓	✓			✓

续表

义务性规范 图书馆	将移动设备调成静音状态，严禁在室内打手机	禁止携带书包、饮食进入	禁止在阅览室吐痰、扔垃圾，保持整洁	禁止在室内拍照，除非得到许可	禁止带入书籍或将书籍带出
延边图书馆	✓	✓	✓	✓	✓
大连市图书馆		✓	✓		
沈阳市图书馆	✓	✓	✓	✓	✓
葫芦岛市图书馆			✓		
鞍山市图书馆	✓	✓	✓		✓
丹东市图书馆			✓		

（1）沈阳馆、延边馆制定的用户阅览室行为义务性规范较全面，涵盖表 6-24 中所有内容项，一半左右的图书馆涵盖了四项。周详的规范保障了室内环境卫生，为读者创造了良好的阅读氛围。（2）大庆馆、大兴安岭馆、四平馆、延边馆和沈阳馆禁止读者在室内拍照，除非其得到许可，有利于保障馆藏资源的知识产权和其他用户的肖像权。（3）保持移动设备静音和禁止在室内打手机是各馆都比较认可的规范，但实际的执行情况不容乐观，还是有相当一部分用户缺乏自觉性，违反规定。针对此类用户，图书馆务必将惩罚措施落到实处，以保障其他用户的合法权益。

6.2.3.4 电子资源利用义务性规范

目前，大多数公共图书馆都提供电子阅览服务，公共图书馆有必要制定这方面的规范内容。东北地区地市级公共图书馆用户电子资源利用义务性规范主要涉及三个方面，即电子设备安全、用户可浏览的电子资源范围和电子阅览室座位的平等使用权，参见表 6-25。

207

表6-25　东北地区地市级图书馆用户电子资源利用义务性规范[1]

义务性规范 图书馆	未经同意，不得携带光盘、软盘上机操作	遵循网络安全及上网规定	严禁读者玩电脑游戏和浏览不健康网站	爱护机器设备、严禁损坏电脑部件	不在电子阅览室内占位
哈尔滨市图书馆					✓
齐齐哈尔市图书馆					
大庆市图书馆					
伊春市图书馆				✓	
牡丹江市图书馆	✓	✓	✓	✓	
大兴安岭图书馆					
长春市图书馆					
四平市图书馆	✓	✓	✓	✓	✓
通化市图书馆	✓	✓	✓	✓	✓
松原市图书馆					
延边图书馆	✓	✓	✓	✓	
大连市图书馆					
沈阳市图书馆					
葫芦岛市图书馆					
鞍山市图书馆					
丹东市图书馆					

　　被调查图书馆在用户利用电子资源方面的义务性规范表现不尽如人意，两极分化十分严重。一半以上的图书馆尚未制定相关规范，只有四平馆和通化馆制定的规范很全面，涵盖电子设备安全、用户可浏览的电子资源范围和电子阅览室座位的平等使用权。电子资源已经是当代图书馆的一项重要馆藏，图书馆很有必要加强相关规范制定，以保障读者充分而合理地利用。

6.2.3.5 外借义务性规范

外借义务性规范是用户在借阅、归还馆藏文献时的行为规范，不仅保证了文献借阅活动的有序进行，还能在一定程度上防止馆藏文献被损坏和丢失。16 所受调查图书馆在此项义务性规范制定方面表现良好，其所制定的外借义务性规范内容参见表 6-26。

表 6-26　　　　　东北地区地市级图书馆外借义务性规范[1]

义务性规范 图书馆	到期前归还所借物品	发现有缺页、破损等情况应及时声明	禁止在图书、期刊上折叠、涂改等	图书若遗失或损坏，视情节轻重予以赔偿	交付罚款后，遗失的物品若完整归还，可申请退款
哈尔滨市图书馆	✓	✓	✓	✓	
齐齐哈尔市图书馆	✓	✓	✓	✓	
大庆市图书馆	✓				
伊春市图书馆	✓	✓	✓	✓	
牡丹江市图书馆	✓	✓	✓	✓	✓
大兴安岭图书馆	✓				
长春市图书馆	✓	✓	✓	✓	
四平市图书馆	✓	✓	✓	✓	
通化市图书馆	✓				
松原市图书馆	✓	✓	✓	✓	
延边图书馆	✓			✓	✓
大连市图书馆	✓			✓	
沈阳市图书馆	✓			✓	
葫芦岛市图书馆	✓			✓	
鞍山市图书馆	✓	✓	✓		
丹东市图书馆					

（1）样本图书馆关于馆藏文献外借的义务性规范相对比较集

中，共同性规定较多，这说明针对外借这一传统服务项目，各馆都已达成共识。（2）牡丹江馆和延边馆关于外借的规定最为全面，对读者借阅行为进行了详细的规范，有利于保障馆藏资源安全性。（3）牡丹江馆和延边馆都规定"用户交付罚款后，遗失的物品若完整归还，可申请退款"，这体现了其人性化服务的思考。

6.2.3.6 知识产权义务性规范

随着社会法制的日趋健全，社会各界对知识产权的保护也逐渐增强，但被调查图书馆在此方面却没有采取积极的措施。东北地区16所地市级图书馆中，没有一所图书馆设有著作权声明，只有哈尔滨馆在其章程中提到"读者应尊重知识产权，依法利用文献信息资源"，多数图书馆只是笼统规定"除特别批准外，阅览室内禁止照相、摄影及用自带数字化设备复制本馆文献"。这些散落在不同规章制度中的零星提示并不足以引起读者的重视。实际来看，一般民众的知识产权保护意识还不是很强，公共图书馆作为公共服务提供者，似应主动承担更多的责任，制定更加切实有效的规范来提升读者的知识产权意识。[1]

6.2.3.7 安全义务性规范

安全责任大于一切。这里所说的安全包括人身安全和财产安全，图书馆作为重要的文献资料收藏场所，其财产价值无法衡量。图书馆作为一个人群密集型公共场所，用户的安全问题更不容有失。近年来公共图书馆屡次发生的意外事故为我们敲响了警钟，图书馆有必要对用户安全义务性规范做出明确规定。但是，此次受调查的图书馆对用户安全保障的规范制定情况不容乐观，没有任何一家图书馆出台完善的用户安全义务性规范，只有四平馆、松原馆、延边馆和鞍山馆规定"如若发生紧急事件，请读者按照工作人员的指引避难或疏散"，其余馆多是在其"入馆须知"或其他零散的规章制度中提及一句诸如"禁止携带易燃、易爆等危险品入馆""馆内禁止吸烟、使用明火"等的警示语言。可见，上述公共图书馆在用户安全义务性方面的规范配置还有待完善。

6.2.3.8 用户义务性规范配置的启示

通过对东北地区地市级图书馆用户义务性规范的比较分析，可以得出以下几点结论。

（1）普遍重视义务性规范。

相比于用户权利性规范配置，被调查图书馆大多更加重视用户义务性规范的配置。用户义务性规范的制定也比较全面，涉及用户馆内行为的方方面面。特别是针对用户入馆、馆内行为举止、资料外借等方面的义务，各馆都制定了较为翔实的规范，充分保证了图书馆活动的有序进行，为读者打造了良好的阅读环境。值得注意的是，一些图书馆对知识产权、信息安全等"高阶"规范的关注不足。图书馆在制定用户权利义务规范时，应注意提升"高阶"规范的厚度，提高公共图书馆的服务效能。

（2）人性化规范配置值得推崇。

一些图书馆在配置其用户权利义务规范时融入了人性化因素，这是一大亮点，反映了公共机构服务观念的改变。譬如，针对用户不慎丢失借阅的图书，牡丹江馆和延边馆提到"用户交付罚款后，遗失的物品若完整归还，可申请退款"，这一规定比较合理。有些用户出于种种原因导致图书资料的丢失，既然找到了，出于人性化考虑，在没有造成损失之前，申请退款也无可厚非。另外，有别于部分图书馆禁止用户携带食物与液体进入馆内，大兴安岭馆却另辟蹊径，单独设立饮食休息区，这一人性化举动显然为用户带来了便利，节省了他们外出就餐的时间，可以更专注于其学习研究。公共服务的本质就是应该以人为本，公共图书馆未来应该继续加强人性化规范配置，力求在规范内最大限度地保障用户的利益。

（3）安全义务性规范需要完善。

东北地区地市级图书馆对于安全的要求一般仅限于在用户入馆时禁止其携带易燃易爆等危险物品以及禁止在馆内使用明火及抽烟，而从实际情况来看，这显然不是一种有效的方法。一方面，多数读者对安全问题并未足够重视，还有很大一部分读者违反上述相关规定；另一方面，在规范的具体实施过程中，工作人员往往睁一

211

只眼闭一只眼，这也为后续的意外埋下隐患。安全问题并不是只靠单方面规定读者的行为就可以避免的，它需要图书馆与读者共同努力，所以这也要求图书馆在加强对安全问题重视的同时，制定详细、可操作性强的紧急预案，并加强各种防意外预演。此外，图书馆可通过多形式（如展览、培训、教育），多途径（馆内、官网、公众号）提升用户安全防护意识。

（4）知识产权保护亟待加强。

随着信息技术的发展，用户对各类信息资源的使用越来越便捷，而随之产生的侵权问题也越来越严重。图书馆在为用户提供各种形式的服务时，应当加强对著作权人的合法权益的保护。首先，图书馆要坚决明确相关义务性规定，譬如使用电子资源、数据库、馆内打印机和扫描仪等仪器设备时，用户应当分别遵守相关规定。其次，相较读者被动地、消极地接受侵权后的惩罚，图书馆可以主动地、积极地利用馆内资源大力普及知识产权知识，切实提升用户保护馆藏资源的版权意识，从根本上提高用户的知识产权素养。[1]

◎ 参考文献

［1］李志，付立宏．图书馆用户行为规范配置研究——以东北地区地市级图书馆为例［J］．图书馆，2019（7）：57-65.

［2］中华人民共和国公共图书馆法［M］．北京：法律出版社，2017：10.

［3］入馆须知［EB/OL］．［2018-05-07］．http：//www.jlsplib.cn/bzxz.asp.

［4］袁红军．公共图书馆用户权利性规范配置的动力分析［J］．图书馆学研究，2018（2）：9-12.

［5］常安．论图书馆权利体系中的自由与平等及其统一［J］．中国图书馆学报，2015（1）：28-37.

［6］中华人民共和国公共图书馆法［M］．北京：法律出版社，2017：12.

［7］哈尔滨市图书馆章程［EB/OL］．［2018-05-07］．http：//

hrblib. org. cn/gywm/19964. html.

[8] 读者投诉制度 [EB/OL]. [2018-05-07]. http：//www. dqlib. net/html/about/gf/25. html.

6.3 山东省部分公共图书馆用户权利义务 规范配置

6.3.1 调查方法

为了了解山东省公共图书馆用户权利义务规范配置的现状，课题组分别选取山东省图书馆、青岛市图书馆和青岛市黄岛区图书馆三所不同规模的公共图书馆（下文分别简称 A 馆、B 馆、C 馆）为样本展开调查，并采用第 3 章构建的指标体系对样本图书馆用户行为规范配置水平进行评价。为了确保调研数据的真实可靠性，课题组对以上三所图书馆进行了实地调研，调研主要包括两个部分：（1）对图书馆员进行访谈；（2）对图书馆用户进行权利义务规范配置的满意度调查。为了保证用户的针对性，课题组采取线下的方式，在样本图书馆内进行问卷发放与回收，共得到 412 份问卷，删掉无效问卷，最终获得有效问卷 380 份，其中 A 馆 193 份，B 馆 131 份，C 馆 56 份。运用 SPSS 软件对 380 份问卷进行信度和效度计算，得到信度值为 0.846，效度值为 0.938，具有较强的可靠性。

通过对 380 份问卷整理、统计，分别计算出用户对三所图书馆的每个评价指标的打分众数和平均值，参见表 6-27。

213

表 6-27　　　三所公共图书馆用户打分情况统计表

指标	A 馆	B 馆	C 馆
规范配置的科学性（A_1）	众数 = 5 均值 = 4.4	众数 = 5 均值 = 4.4	众数 = 4 均值 = 4.1

续表

指标	A 馆	B 馆	C 馆
规范配置的合法性（A_2）	众数 = 5 均值 = 4.6	众数 = 5 均值 = 4.5	众数 = 4 均值 = 3.6
规范配置的技术性（A_3）	众数 = 5 均值 = 4.6	众数 = 5 均值 = 4.5	众数 = 4 均值 = 3.9
规范配置的正当性（A_4）	众数 = 5 均值 = 4.6	众数 = 5 均值 = 4.5	众数 = 4 均值 = 3.8
规范配置的完备性（A_5）	众数 = 5 均值 = 4.5	众数 = 5 均值 = 4.3	众数 = 4 均值 = 3.6
规范配置的目标性（A_6）	众数 = 5 均值 = 4.4	众数 = 5 均值 = 4.3	众数 = 4 均值 = 3.6
规范配置的操作性（A_7）	众数 = 5 均值 = 4.5	众数 = 5 均值 = 4.3	众数 = 4 均值 = 3.8
规范配置的可行性（A_8）	众数 = 5 均值 = 4.5	众数 = 5 均值 = 4.4	众数 = 4 均值 = 3.8
规范配置的前瞻性（A_9）	众数 = 5 均值 = 4.3	众数 = 5 均值 = 4.2	众数 = 4 均值 = 3.8
规范配置的系统性（A_{10}）	众数 = 5 均值 = 4.4	众数 = 5 均值 = 4.4	众数 = 4 均值 = 3.8
规范配置的用户参与度（A_{11}）	众数 = 5 均值 = 4.4	众数 = 5 均值 = 4.2	众数 = 4 均值 = 3.8
规范配置中用户监督救济水平（A_{12}）	众数 = 5 均值 = 4.3	众数 = 5 均值 = 4.2	众数 = 4 均值 = 3.5
规范配置中用户监督反馈水平（A_{13}）	众数 = 5 均值 = 4.2	众数 = 5 均值 = 4.0	众数 = 4 均值 = 3.3

　　第 3 章已经完成对用户权利义务规范配置的各个评价指标权重的计算，在具体调研时，通过用户对各个评价指标的打分结果可以计算出用户对样本图书馆规范配置的整体满意度水平，满意

度计算公式为：

$$满意度总分值 = \sum_{i=1}^{n} A_i \bar{X}$$

（注：i = 1，2，3，…，13；$\bar{X}$ 为用户对样本图书馆各个评价指标打分的平均值；A_i 为各个评价指标的权重值）

根据表 6-27 数据，分别计算 A、B、C 三馆的用户满意度总分值：

（1）A 馆用户满意度总分值：

4.4×0.1620＋4.6×0.1661＋4.6×0.0466＋4.6×0.0378＋4.5×0.0392＋4.4×0.0393＋4.5×0.0365＋4.5×0.0382＋4.3×0.0428＋4.4×0.0392＋4.4×0.0836＋4.3×0.0925＋4.2×0.0936＝4.0658

（2）B 馆用户满意度总分值：

4.4×0.1620＋4.5×0.1661＋4.5×0.0466＋4.5×0.0378＋4.3×0.0392＋4.3×0.0393＋4.3×0.0365＋4.4×0.0382＋4.2×0.0428＋4.4×0.0392＋4.2×0.0836＋4.2×0.0925＋4.0×0.0936＝3.9689

（3）C 馆用户满意度总分值：

4.1×0.1620＋3.6×0.1661＋3.9×0.0466＋3.8×0.0378＋3.6×0.0392＋3.6×0.0393＋3.8×0.0365＋3.8×0.0382＋3.8×0.0428＋3.8×0.0392＋3.8×0.0836＋3.5×0.0925＋3.3×0.0936＝3.4159

6.3.2 "基础标准"维度用户满意度分析

从表 6-27 可以看出，用户对 A、B、C 馆的"科学性"打分均值分别为 4.4、4.4、4.1，对 A、B、C 馆的"合法性"打分均值分别为 4.6、4.5、3.6。相比而言，C 馆得分较低，A、B 馆平均分值无明显差别。

通过走访三所公共图书馆并通过对馆员的采访得知，目前我国公共图书馆领域尚未形成一套完善的用户权利义务规范配置流程，现行规范的来源主要包括两种：一是继承原有的用户权利义务规范，并对一些陈旧的、无法与实际情况相匹配的规范内容进行修改；二是重新制定新的规范内容。第二种方案耗时较长，主要适用于新建图书馆的规范配置。三所样本图书馆用户权利义务规范配置流程如下。

6.3.2.1　A 馆用户权利义务规范配置流程

（1）调研阶段。

A 馆在规范配置的调研阶段的工作，主要从四个方面展开：第一，全面了解当前读者需求；第二，对《中华人民共和国公共图书馆法》进行细化，将本法律的内容进行扩充，充分融入规范的内容中；第三，考虑本馆业务发展的需要，规范内容要与当前本馆的业务相匹配；第四，兄弟馆（例如国家、上海、浙江图书馆等软硬件设备设施较先进的馆）的调研，通过实地调研和线上沟通交流，汲取经验。

（2）规范制定阶段。

A 馆的用户行为规范配置人员主要是对图书馆业务较熟悉的工作人员。规范的制定主要分为六个步骤：第一步，业务部门起草；第二步，征求专家以及各部门的意见；第三步，馆领导班子集体讨论；第四步，试运行阶段；第五步，用户调研；第六步，正式运行。

6.3.2.2　B 馆用户权利义务规范配置流程

（1）调研阶段。

在调研阶段，B 馆主要从五个方面展开工作：第一，遵循政府的相关规定，落实和执行《公共图书馆服务规范》；第二，对国家开展的每四年一次的省、市、地级市/县公共图书馆评估的相关指标进行分解和执行；第三，完成上级部门考核的相关工作任务；第四，调查读者的需求；第五，了解本馆的实际情况（经费、软硬件设备设施配置水平、服务对象等）。

（2）规范制定阶段。

B 馆的用户权利义务规范配置人员主要包括一线工作人员以及部门管理人员，专业覆盖面比较广泛，学历均为本科学历以上。规范制定主要分为六个步骤：第一步，办公室起草；第二步，监务会或馆长办公室多方讨论；第三步，逐轮修改；第四步，规范试运行阶段（半年）；第五步，调查（用户来信、来访；读者访谈；读者座谈会）；第六步，正式运行。

6.3.2.3 C馆用户权利义务规范配置流程

（1）调研阶段。

C馆在规范配置调研阶段的工作，主要从三个方面展开：第一，遵循《中华人民共和国公共图书馆法》的相关规定；第二，遵循上级相关部门的要求；第三，征求用户的意见。

（2）规范制定阶段。

C馆的用户行为规范配置人员主要为一线工作人员及对业务比较熟悉的馆员，学历为本科及以上。规范制定主要分为六个步骤：第一步，办公室起草；第二步，征求上级及各个部门的意见；第三步，修改；第四步，试运行；第五步，收集用户反馈；第六步，正式运行。

显然，三所图书馆用户权利义务规范配置的流程大体一致，但具体的步骤细化程度不一。例如：规范配置前期的调研阶段没有固定的调研结构，虽然A馆和B馆相对C馆前期的调研工作较为全面，但A馆和B馆的调研内容也有所区别；三所图书馆规范制定阶段都大体分为6个步骤，但每个步骤的落实情况、具体的执行深度均具有较大的弹性。

6.3.3 "内容"维度用户满意度分析

6.3.3.1 技术性

从表6-27可以看出，用户对于三所公共图书馆规范配置的技术性打分分别为4.6、4.5和3.9。浏览三所图书馆的官网以及图书馆内展示的规范内容后发现，三所公共图书馆官网的规范配置技术性较高，无明显的用词不严谨以及易造成用户误解的内容出现。但在实地调研过程中，笔者发现C馆墙壁及展架上存在张贴临时规范的现象，如设备故障暂停使用声明等。这种临时规范无法保障

217

规范配置的技术性水平，规范制定主体应说明设备产生故障的原因以及产生故障后采取的举措，并且说明设备预计能够正常使用的时间，最终对读者表示歉意，以体现临时政策的规范性并充分保障用户的知情权。

6.3.3.2　正当性

通过线上、线下浏览三所公共图书馆用户权利性规范的内容，对规范内容的公益性、平等性以及便利性进行分析。首先，三所图书馆的规范内容均能体现公益性特征，例如为用户开展一些公益性的讲座，以及为用户提供一些免费服务等，尤其是 A 馆推出了 Ithink 真人图书馆服务，通过打破原有服务模式，为用户提供一种新型的公益服务，以柔韧的方式倡导和呼吁平等。其次，在平等性方面，A 馆专门成立了"外来务工人员服务中心"和"光明之家"视障阅览室两个服务窗口以及少儿馆，而 B 馆和 C 馆官网上并没有发布有关弱势群体的借阅规范。最后，在便利性方面，A、B、C 馆均为用户提供馆际互借、通借通还、自助借还书等用户服务，值得一提的是 B 馆还为用户提供了图书邮寄服务，不但为一些行动不便的人群提供便利，而且还大大节约了用户的时间。虽然三所图书馆均为用户提供了便利性服务，但这些服务内容并未在图书馆官网的用户权利义务规范中得以体现，可能会导致读者误认为没有提供此类服务，因此对馆内现有用户权利义务规范进行及时更新和完善尤为重要。相较 A、B 两馆，C 馆为用户提供的服务更基础，服务类型也缺乏新颖性，造成此现象的原因可能是 C 馆的规模及实际条件受限。但是，即使图书馆规模较小也应该紧跟图书馆发展的趋势，坚守图书馆的服务宗旨，促使服务类型特色化和多样化。

6.3.3.3　完备性

规范内容的完备性直接影响规范配置的水平，只有规范内容全面而具体，才能帮助用户知悉自身享受的服务以及利用图书馆过程中应遵守的规则，以保障图书馆正常工作的开展。从表 6-27 可以看出，三所样本图书馆在规范内容完备性方面用户打分的均值分别为 4.5，4.3，3.6。C 馆分值最低，规范内容完备性较差，虽然 A 馆与 B 馆的得分相对 C 馆较高，但也存在一定的不足。对三所样本图书馆的权利性规范与义务性规范的内容分别进行比较，得到表 6-28（表中"√"代表本馆用户权利义务规范包含相关的内容，"—"代表无相关内容）。

表 6-28　　　　三所图书馆规范内容"完备性"对比

用户权利义务规范内容"完备性"评价要点			A 馆	B 馆	C 馆
权利性规范	知情权规范	自建刊物	√	—	—
		图书馆位置信息	√	√	√
		图书馆简介	√	√	√
		停车位信息	—	—	—
		办证须知	√	√	—
		收费标准	√	√	—
		图书馆发展规划	√	√	√
		财政预算	—	—	—
		信息动态更新	√	√	√
		信息发布渠道多样性	√	√	√
		用户权利义务规范版本	√	√	—
		图书捐赠	√	—	√
		业务统计	√	√	—
	借阅权规范	阅览权规范	√	√	√
		外借权规范	√	√	√
	时间保障权规范	开馆时间	√	√	√
		借阅时间	√	√	—
		便利性服务开放时间	√	√	—
	安全保障权规范	人身安全权规范	—	—	—
		财产安全权规范	√	—	—

219

续表

用户权利义务规范内容"完备性"评价要点			A 馆	B 馆	C 馆
权利性规范	隐私权规范	用户个人信息保护	—	—	—
		未成年用户隐私信息保护	—	—	—
	受教育权规范	信息素养培训	—	✓	—
		公益性讲座、论坛、展览的举办	✓	✓	✓
	受尊重权规范	平等权规范	✓	✓	—
		弱势群体信息保障服务	✓	✓	—
	空间、设备使用权规范	空间使用权规范	✓	✓	✓
		设备使用权规范	✓	✓	—
	参与权规范	捐赠权规范	✓	—	✓
		志愿服务权规范	✓	✓	—
		批评建议权规范	✓	✓	—
		文献荐购	—	—	—
义务性规范	出、入馆义务性规范	借阅证使用要求	✓	✓	—
		线上入馆须知	—	✓	—
		携带物品限制	✓	✓	—
		用户仪表要求	✓	✓	✓
		出、入馆安全检查	—	✓	✓
	馆内义务性规范	保护环境	✓	✓	✓
		尊重他人	✓	✓	✓
		公共设备、设施使用要求	✓	✓	✓
		人身、财产、隐私安全保护	—	—	—
		版权保护	—	✓	✓

　　表 6-28 共包含 42 项评价要点，A、B、C 三馆分别占全部评价要点的比例为 74%、69% 和 45%。A 馆和 B 馆的差距不大，但 C 馆相对要弱一些，原因可能与 C 馆提供的服务种类和服务方式有

关，例如 C 馆的用户服务方式较传统，只为用户提供到馆服务，导致规范内容较少。虽然 A 馆和 B 馆的规范内容较齐全，但也存在一些短板。例如，A 馆的义务性规范中缺乏版权保护以及人身、财产、隐私安全保护等内容，容易造成侵犯版权、泄露他人隐私等不良行为的产生，A 馆应针对性地制定相关规范内容，从而更好地规范用户的行为，避免纠纷的产生。随着社会的发展，人们在对知识的需求量提高的同时，对提供知识的渠道也有了新的要求，传统的纸质资料由于时效性和便宜性不强，很难满足用户的需求，因此图书馆应在"互联网+"时代寻求新型的服务方式和知识传播渠道，完善用户权利义务规范的内容和细节，真正拉近知识与用户之间的距离，充分发挥公共图书馆的作用。

6.3.3.4 目标性

三所样本图书馆的规范内容均围绕本馆的办馆宗旨展开，但由于规范配置水平不一，用户对"目标性"指标的打分分值也会有差别，用户对 A 馆、B 馆和 C 馆规范内容目标性的打分均值分别为 4.4、4.3 和 3.6。显然，A 馆和 B 馆制定的用户权利义务规范的目标比 C 馆更明确一些。

6.3.3.5 可操作性

从表 6-27 可以看出，用户对 A 馆、B 馆和 C 馆的"可操作性"指标的打分均值分别为：4.5、4.3 和 3.8。浏览三所样本图书馆规范内容时可发现：（1）三所样本图书馆的规范内容较为清晰，无难以理解的言辞或表达方式。（2）在各主体权责分配方面，A 馆和 B 馆制定的相关内容较少，而 C 馆在用户行为规范中明确列出网站免责声明，内容详细具体，避免后期由于用户操作不当等原因而造成的侵权行为。（3）在用户违规处罚方面，不少用户指出"馆内占座、吃零食等不良现象经常出现，图书馆并未采取相应的处罚措施"的问题，三所图书馆虽然在"入馆须知"中均明确提出不准抢占座位等相关规定，但未针对不良行为提出惩罚举措，以至由于个别用户的素质问题而影响到其他读者，从而导致规范内容

221

的实际作用降低，因此合理的违规处罚方式是用户行为规范的必要
组成部分，其在图书馆用户管理中的作用不可忽视。

6.3.3.6　可行性

三所样本图书馆均根据本馆的规模、经费和设备设施水平等实
际状况，制定了相应的用户权利义务规范。课题组实地调研发现，
由于暑假的原因，A 馆和 B 馆的用户大多抱怨自习座位不够用等问
题，而 C 馆的自习座位一半处于空闲状态。寒暑假是图书馆用户
到馆的高峰期，大部分学生用户到馆的原因是寻求自习场所，图书
馆应寻求解决办法，来缓解高峰期座位紧张的现象。针对高峰期
"座位不足"现象，可以从两方面进行缓解：一方面，倡导图书馆
的区域联动，实现用户分流，即将省馆和市馆的用户向各区图书馆
进行引流，不但避免区馆的资源浪费，而且可缓解省馆和市馆资源
紧张的问题；另一方面，图书馆相关部门可以将闲置的办公室或者
展厅作为临时自习室，在特殊时期灵活处理，以保证为用户提供更
多的学习资源。

6.3.3.7　前瞻性

虽然三所样本图书馆均提出相应的图书馆发展愿景，例如 A
馆和 B 馆提出了"十三五"发展规划，C 馆也提出要全面加强图
书馆智能化建设。但很多方面有待优化，例如图书馆应对可能发生
的小概率事件作出紧急预案（火灾、水灾、信息泄露等），以保障
用户的人身财产安全。

6.3.3.8　系统性

A 馆和 B 馆规范内容的系统性较高，C 馆在这方面则比较薄
弱：（1）规范的内容大多是体现用户享有的权利，而对用户应履
行的义务涉及较少。例如，C 馆虽对读者证办理方法以及借阅规则
进行说明，但没有指出用户在使用借阅证时的要求，可能会导致
"一证多用"现象的产生。（2）C 馆规范内容较散乱，条理性有待
加强。C 馆的规范大多采用图片的形式进行上传，不但规范内容混

乱，而且重复度较高。（3）规范内容较陈旧。C 馆现行的用户权利义务规范中的许多内容与当前的图书馆发展水平不匹配，需与时俱进，及时更新。

6.3.4 "用户"维度用户满意度分析

从规范配置过程的用户参与程度看，三所样本图书馆在规范配置的过程中均有用户的参与，但用户参与的力度有待提高。例如，规范制定的全过程可以选取一些各方面素质较高的用户加入，有利于规范制定人员倾听用户的真实需求。从规范运行后用户的参与途径看，A 馆和 B 馆均为用户开通了馆长信箱、在线客服以及官方平台留言等方式，而 C 馆仅在"联系我们"一栏中提示用户可以通过 QQ 进行问题咨询，但并没有发布 QQ 账号信息，以至于该用户参与途径形同虚设，从而导致 C 馆的"参与度"指标得分仅为 3.8 分。

三所样本图书馆制定的规范中，基本没有涉及用户监督救济及监督反馈的内容。

6.4 公共图书馆用户权利义务规范配置的方向

6.4.1 用户权利义务规范配置原则

6.4.1.1 完善用户权利义务规范配置的程序

调查表明，大陆公共图书馆领域目前亟须完善用户权利义务规范的配置流程。该流程需对以下几点进行细化，以保证规范配置的科学性和合法性。

（1）加强调研工作。

充分将用户调研工作渗透到规范配置的各个阶段，例如：规范配置前期的调研、规范试运行期间的调研等，在用户调研时应保证调研的充分性，要充分考虑调研样本的层次特征和数量，并对调研结果进行统计分析，真正了解广大用户的需求，从而有的放矢地解决当前存在的问题。

（2）明确规范制定的具体步骤。

公共图书馆要形成一套完善的用户权利义务规范配置流程，使规范制定者有据可依，同时针对该流程的每个环节应做出详细的指导方案。例如：明确配置全过程应遵循的原则；对规范制定人员的数量、选取方式、学历及专业水平等进行明确的要求；规范制定过程中要对制定的规范进行全面、反复的论证，以保障规范配置的科学、合理等。

6.4.1.2 凸显用户权利义务规范配置的正当性

用户权利义务规范的正当性包括规范内容的公益性、平等性以及便利性三个方面。提高用户权利义务规范配置的正当性可以从以下三个方面进行：第一，提高用户服务种类的多样性及特色性。例如，定期为不同年龄段的用户提供相应的服务，服务内容及形式应多样化，以满足不同用户的需求。第二，做好用户服务的宣传工作，避免因信息不对称而导致资源浪费。在宣传方面，图书馆在完善线上用户权利义务规范的同时，定期在线下为用户发放一些服务小贴士，及时向用户传递馆内服务资讯。第三，图书馆与自媒体相融合。近几年自媒体运营火热，抖音、快手等短视频 APP 的出现，吸引了大众群体的眼球，人们常常利用一些空余时间浏览视频信息。随着社会的发展，公共图书馆传统的服务方式正面临转型的挑战，图书馆服务应与用户的生活方式相匹配，图书馆可以尝试通过自媒体平台对公众进行知识传播和提供借阅服务，充分体现公共图书馆的办馆宗旨。

6.4.1.3 以公共图书馆法为指引[1]

2017 年 11 月 4 日前，我国没有出台全国范围内统一施行的公共图书馆法案，导致国内各图书馆在制定用户行为规范时无法可依，用户权利义务规范配置水平良莠不齐。存在问题比较多的主要是用户权利性规范与义务性规范配置失衡。目前国内公共图书馆普遍重义务轻权利，此外，用户权利义务规范配置过于分散，没有形成一套系统的规范体系结构。《中华人民共和国公共图书馆法》（2017年11月4日颁布）首次明确了图书馆和用户的权利义务，各馆应当以该法案为指南，健全规范构造机制，结合自身实际，制定比较完善的用户权利义务规范。特别是要加强对用户隐私权和馆藏作品知识产权的保护，这样才能创造一个良好的知识交流生态环境，激活公共图书馆服务的新潜能。

6.4.1.4　基于信用视角配置用户权利义务规范[1]

调查表明，多数公共图书馆在读者办理相关证件时要收取一定费用，当用户出现某些违规行为时，图书馆多采用罚款等方式处理。现有的这些规定不仅与公共图书馆的公益性定位相左，也未起到实质性的利好作用。现代公共图书馆可以"信用"为出发点，配置其用户权利义务规范，以改善馆读关系。2015年上海图书馆在国内率先采用信用免押金办证[2]，此举获得了用户的一致好评。而香港浸会大学则采取以限制用户权利代替罚款的方法，当用户违规行为达到特定次数，即认为用户违背了信用，图书馆就会禁止用户进入馆内以维持图书馆权益[3]。以上这些基于信用视角的创新型规范配置，为公共图书馆发展提供了有益的思路。

6.4.1.5　借鉴系统理论增强用户参与度[1]

事实证明，传统的以公共图书馆为单一主体的管理模式并没有达到发展的最优解，缺乏用户和社会力量的参与使得多数图书馆制定的用户权利义务规范与实际情况相脱节。系统理论为我们提供了一种新的视角。系统理论认为，用户是系统的一部分，其作用不仅仅是参与并单纯获得某种形式的服务，相反，用户的参与不是孤立的，通过用户参与的互动协作能带来系统效益的增值。公共图书馆用户权利义务规范表征的是图书资源利用者与图书馆之间互相作用

225

的总和，如若我们将这种总和看作一个知识交流生态系统，那么用户和图书馆就是其有机构成部分。为了使该系统获得良好发展，图书馆应该广泛吸收用户的参与，加强图书馆与用户之间的联系，以此使整个知识交流系统高效运转。

6.4.1.6　利用新信息技术扩大用户权益[1]

移动互联技术的发展大大促进了知识传播与交流的速度。相应地，传统图书馆服务也应紧随时代需求向信息化转型。通过调查可以看出，虽然许多公共图书馆已着手现代信息技术的应用，并逐步加强其网络化建设，但相比于欧美建设较为成熟的公共图书馆，抑或是和一些国内顶尖的高校图书馆相比而言，其服务还存在诸多不足。譬如，受调查的东北地区地市级图书馆只有1/3左右提供在线预约服务，这显然不能最大限度地为用户提供便利性服务。因此，公共图书馆应当充分利用现代信息技术武装自己，围绕着信息技术逐步提升服务的内涵，利用大数据、物联网和人工智能等相关信息技术开展针对不同用户群体的精准化服务，以此拓宽用户利用图书馆资源与服务的权利。

6.4.2　用户权利义务规范配置框架

公共图书馆用户权利义务规范包括用户权利性规范和用户义务性规范两个组成部分，因此用户权利义务规范配置框架的构建也应从这两个方面着手。

6.4.2.1　用户权利性规范配置框架

公共图书馆用户享有的权利决定用户权利性规范的配置。用户权利性规范的种类和范围与图书馆用户享有的权利种类和范围基本上是一一对应的关系。一般来说，公共图书馆用户权利性规范涉及时间保障权、文献借阅权、用户隐私权、用户知情权、用户平等权、用户安全权、用户教育权、用户参与权、空间共享权等方面的规范。

（1）时间保障权规范。该规范主要规定开放日和开放日的开放时长、节假日是否开放以及图书馆是否设置 24 小时阅览区。

（2）文献借阅权规范。该规范主要规定文献借阅册数、不同馆区是否可以通借通还、文献续借、网上预约服务、非本馆用户可否办理借阅证借阅图书等方面的内容。

（3）用户隐私权规范。该规范主要体现在：图书馆是否出台书面的用户隐私保护声明？用户是否可以个性化方式选择文献阅读？用户是否有权了解和修改自己的个人信息？图书馆是否告知用户对其个人信息的使用目的？

（4）用户知情权规范。该规范能够帮助用户更快、更便捷地利用图书馆文献、设备和多功能区等资源，主要涉及下列内容：图书馆是否制定了入馆须知、设备使用指南和功能区使用细则？用户是否能够便利地知悉图书馆制定的用户管理政策文本？用户是否能够便利地知悉图书馆服务时间、服务方式和文献资源的变更信息？

（5）用户平等权规范。用户平等权包含两个方面的内容，即用户与图书馆员平等、用户与用户平等。前者是指用户与图书馆员的人格平等，尽管图书馆员是信息服务的提供者，但其并不享有任何特权；后者是指所有用户平等享受图书馆提供的信息服务。用户平等权规范就是对上述权利做出具体规定。

（6）用户安全权规范。该规范主要体现在用户出入馆安全提示、消防安全提示、用户财产安全提示、用电安全提示和意外事故应急措施等方面。

（7）用户教育权规范。图书馆对用户的教育培训有助于图书馆资源利用的最大化。该规范主要体现在新生入馆提示和教育、用户检索指南和学术讲座指南等方面。

（8）用户参与权规范。用户是图书馆系统的重要组成部分，用户是图书馆系统正常运转的重要影响因子。用户参与权规范主要涉及用户是否有权对图书馆管理活动和服务活动进行批评、建议、监督和管理等方面的内容。

（9）空间共享权规范。一些图书馆在馆内建立了多功能研讨间等较小空间，以方便用户以小组为单位进行学习或科学研究，于是空间共享权应运而生。空间共享权是一个新兴概念，是用户使用图书馆空间资源的重要权利。空间共享权规范主要涉及共享空间的预约、使用理由、使用人数、使用时长等内容。

6.4.2.2　用户义务性规范配置框架[4]

公共图书馆用户的义务主要牵涉下列事项，即出入图书馆、文献借阅、馆藏作品的版权保护、图书馆内设备和空间使用、用户在图书馆内的行为举止、人际尊重、安全保障和概括性义务。相应地，用户义务性规范也就针对上述权利而设定。

（1）用户出入馆义务性规范。这是指用户出入图书馆时所应遵守的图书馆规范。该规范涉及用户出入馆时的物品携带要求、用户准入、出入馆时间限定、用户进出馆行为以及用户着装要求等方面的内容。

（2）用户借阅义务性规范。该规范主要涉及借阅证的办理和使用、借阅权限、借阅时间限定、借阅期限、预借、续借、借阅催还、逾期惩罚等方面的内容。

（3）版权保护义务性规范。这主要是指为了保护馆藏作品著作权人的合法权益，图书馆依据著作权法的相关规定所制定的避免用户侵犯版权行为的规范。该规范包括纸质馆藏资源的版权保护规定和电子资源版权保护的规定，主要以馆藏作品的合理使用规范为主。[4]

（4）图书馆财产使用义务性规范。该规范的制定是为了约束或引导用户，使其正确、合理地使用图书馆设施设备或空间，以确保图书馆能够可持续运行。该规范涉及阅览座位使用、存物柜使用、视听器材使用、电子设备使用、还书箱使用、多功能研讨间使用以及其他硬件设施使用等方面的内容。

（5）用户行为举止义务性规范。这是指图书馆为了约束用户在馆内的言谈举止，专门制定的相关义务性规范。具体涉及用户发声、不良行为、休闲娱乐、饮食和从事商业性活动等方面的义务性规范。

（6）人际尊重义务性规范。图书馆作为承担社会精神文明建设的主要阵地,可通过制定人际尊重义务性规范来倡导用户文明礼貌、尊重他人,这对构建和谐社会具有积极的推动作用。该规范涉及的内容主要包括尊重馆员、尊重其他用户、尊重馆内其他游客等方面的内容。

（7）安全保障义务性规范。保障用户的人身安全、财产安全和信息安全是图书馆义不容辞的责任。该规范主要涉及电梯使用须知、防火防盗方面的规定以及如何保护用户在利用图书馆服务的过程中所产生的个人隐私信息。

（8）总括义务性规范。该规范具有较强的概括性,并且很难将其归入上述规范类型中,是一种具有行业指导性的用户义务性规范,涵盖用户所应遵守的图书馆管理、图书馆服务、信息伦理和社会公德等方面的内容。[4]

◎ 参考文献

［1］李志,付立宏.图书馆用户行为规范配置研究——以东北地区地市级图书馆为例［J］.图书馆,2019（7）:57-65.

［2］上海图书馆打造全民信用图书馆［EB/OL］.［2018-05-07］. http://sh.people.com.cn/n/2015/1201/c134768-27222879.html.

［3］User Behaviour Policy［EB/OL］.［2018-05-07］.http://library.hkbu.edu.hk/about/user_behaviour.html.

［4］徐启玲.台湾县级图书馆用户义务性规范配置研究［D］.郑州:郑州大学,2019.

第7章　公共图书馆用户权利义务规范配置的运行机制

公共图书馆用户权利义务规范配置的运作机制是一个有机整体，可分为五个二级机制：①动力机制；②整合机制；③激励机制；④控制机制；⑤保障机制。动力机制的功能是为公共图书馆用户权利义务规范配置提供充足的动力；整合机制的功能是重组公共图书馆用户权利义务规范配置所涉要素，协调规范配置活动中相关主体之间的利益；激励机制的功能是促使规范制定主体、馆员和用户的行为方式和价值观念向规范配置的取向——用户利益最大化靠拢，激发公共图书馆活力；控制机制的功能是维系良好的公共图书馆用户权利义务规范配置秩序，控制配置的方向；保障机制的功能是保障公共图书馆用户权利义务规范配置活动的运行安全。

本书第2章已经界定过，"图书馆用户权利义务规范"和"图书馆用户行为规范"是同义语，为叙述简洁起见，下文多使用"图书馆用户权利义务规范"。

7.1　公共图书馆用户权利义务规范配置的动力机制

动力泛指事物运动和发展的推动力量。系统动力学的基础是反馈理论，是美国麻省理工学院 J. W. Forrester（1956）[2]的一门分析研究信息反馈的学科，也是一个系统科学与管理科学的主要分支学科[3]。着重突出不同系统间的彼此联系与作用，系统自身发展与动态演变过程，通过计算机仿真技术、定性与定量相结合，剖析系统发展现状及其演变趋势[4]，其研究领域多集中于经济发展、人口变化、自然生态、公司决策、资源危机等复杂系统，根据各个系统的内在联系进行动态变化模拟，做出各个领域的发展态势，被学界称为"战略与策略实验室"[5]。

公共图书馆事业发展系统较为复杂，涉及不同的利益相关者，各个利益相关者错综复杂，普遍存在思想观念、利益、管理体制等方面的差别。系统动力学强调各子系统和整体的内在联系，寻求各要素之间的因果关系，说明系统中各要素的功能，可为公共图书馆用户权利义务规范配置的动力机制提供理论基础。[1]公共图书馆用户权利义务本身就是一个较为复杂的系统，存在着诸多影响其发展的动力因子，如用户的认知、受教育程度、情绪等，这些因子与图书馆其他利益相关者、文献信息、环境、技术等子系统相互作用、相互联系。

7.1.1　公共图书馆用户权利义务规范配置的动力基础

图书馆是一个复杂的信息生态系统。图书馆信息生态系统可分为用户、文献信息、社会环境和馆员四大要素，四大要素相互影响、彼此作用，不断变化，往往牵动其他因素来影响整体。图书馆员感知这些变化后，形成主观上的意愿与客观形势上融合互补，及时把握各要素间的生态关系，汇集成一股动力，从而成为公共图书馆用户权利义务规范配置的动力源，持续推动用户权利义务高度统一，达到整个图书馆生态系统新的平衡。

7.1.1.1　用户

用户是公共图书馆系统的核心构成要素。如果没有用户，图书馆就没有存在的价值。因此，公共图书馆必须树立用户至上的思想，一切工作必须以用户为出发点和归属，最大限度地满足用户日益增长的知识需求。

7.1.1.2　文献信息

《中华人民共和国公共图书馆法》（2017）规定：文献信息包括图书报刊、音像制品、缩微制品、数字资源等。文献信息是用户行使权利义务的基础，无文献信息，用户权利义务成为空中楼阁。文献信息建设涉及资源采购、编目、标引、保存、上架等，以及相关培训，如各类型数据库使用培训、科学数据培训等。随着大数据、物联网、云计算等技术的飞速发展，互联互通，无缝链接，自由获取，网络信息资源、开放获取、搜索引擎等文献信息获取渠道为用户提供便利，对公共图书馆文献信息资源建设产生了深远影响。因此，图书馆不得不考虑从文献保障权、用户教育培训权等方面着手，主动变革，适应时代发展需要，譬如资源荐购。资源荐购主要是指图书馆向用户推荐良刊好书，开设用户服务窗口，向用户提供最新书刊、电子文献征订目录，供用户浏览选择推荐，以及广泛收集用户的文献需求意见。资源荐购是将用户应有权利转化为实有权利的重要形式，可以增强用户的主人翁意识，激发用户参与图书馆管理的动力，调动用户与图书馆合作的积极性。[1]

7.1.1.3　社会环境

公共图书馆是开展社会教育的公共文化设施，承担着培育用户科学文化素质的任务与责任。用户具有社会属性，在图书馆服务过程中占有一席之地，与其他用户、图书馆、图书馆员和社会环境发生互动。图书馆与用户、与时代共命运，因时代发展而变化，社会条件决定了用户权利义务规范配置。新时代赋予公共图书馆基本原则如自由、平等、公正、开放、免费、共享等，用户权利义务才得以落实。社会环境包括了国家政策、文化科技教育发展水平、社会经济实力等。不同的社会环境对用户权利义务规范配置有所差异，因地域法规政策、文化科技教育和社会经济发展水平而定。

7.1.1.4 图书馆员

图书馆员是图书馆用户权利义务的监督者或执行者。图书馆员严格按照相关图书馆法律、图书馆规章制度等规定，认真落实用户权利义务。但是，图书馆规章制度制定与实施应该体现人性化的一面，包括名称、内容、风格等，应遵循"无限制收藏、有限制提供"和"以法律规定为准绳，避免自我限制提供"的原则，维护用户的自主选择权[6]。图书馆员凭借学识与修养，通过主观认知与判断用户权利义务呈现的状态，根据评判结果做出抉择。可见，图书馆员所具备的批判性思维、创造、沟通和协作能力是用户权利义务规范配置的基础。[1]

7.1.2 公共图书馆用户权利义务规范配置的动力分支

公共图书馆用户权利义务规范配置受到多种动力因子的共同作用和影响。用户知识需求、信息技术进步、自由平等精神、图书馆伦理是重要的动力分支。其中，用户的知识需求是最根本的动力，信息技术进步、自由平等精神和图书馆伦理是派生动力，均受用户知识需求的牵制。四者合力，共同推动公共图书馆用户行为规范配置的良性运行。

7.1.2.1 用户知识需求[7]

任何事物的运行都有其动力支撑，图书馆用户权利义务规范配置的运行自然也不能例外。公共图书馆用户权利义务规范配置的目的是为了调控用户的知识利用行为，因此，满足用户的知识需求理应成为公共图书馆用户权利义务规范配置运行的根本动力。

首先，用户知识需求是公共图书馆运行的动力源。图书馆运行动力是一个复杂的系统，用户本身的各种知识需要则是最基本的原动力。动力源于人的需要。用户知识需求之所以能成为图书馆运行的动力，在于它自身的内在属性：第一，用户知识需求与满足两者之间具有不可分割性。任何知识需求，不管其程度强弱如何，也不管其满足的可能性有多大，它都有一个不可遏止的、要求满足的态势或趋势。"需求—满足"的这种相关不可分割的特性，决定知识需求本身必然要推动用户参与社会中的各种知识活动尤其是公共图书馆知识活动，成为用户和图书馆的内在动力。第二，用户知识需求之所以成为公共图书馆运行动力，还在于它有一种永不会满足的特性。并不是说一种需要满足了，动力就消失了。马克思曾经指出："人以其需要的无限性和广泛性区别于其他一切动物。"[8]公共图书馆系统是社会的一个子系统，其运行自然不能违背这一基本规律。

其次，公共图书馆的运行以满足用户的知识需求为动力，已成为人们的共识。黄宗忠先生指出："图书馆的扩张是社会知识交流的需要。"[9]郭星寿教授认为，"以教育为主的知识普及活动是图书馆演变的文化动因"[10]。吴慰慈先生提出："图书馆作为一种工具，正是为适应人类间接信息交流需要而产生的。"[11]《国际图联关于WTO 对图书馆影响的声明》指出："图书馆是一项公共事业，是致力于向公众提供最广泛的信息、知识和思想的独特的社会组织。"[7]公共图书馆用户权利义务规范配置是为了促进公共图书馆的良性运行，自然也要时刻瞄准用户的知识需求。

最后，图书馆的服务对象是用户，用户需求的实现是建立在一定用户权利义务规范基础之上的。用户需求是图书馆服务的起点，满足用户需求是图书馆服务的终点，从起点到终点，用户需求表现不同的特性，如对图书馆整体印象，包括馆舍环境、文献信息、馆员形象、管理水平、技术便捷性、设备易用性、服务态度、规章制度等，不同内容均产生相应的权利与义务，最大限度地实现用户需求。[1]随着社会的进步，用户需求日趋丰富与复杂，服务的智慧化、智能化、数字化等程度越来越高，这就要求用户权利义务与时俱进，不断地补充新内容，保障用户需求的实现。公共图书馆存在的价值在于为用户提供的服务内容。由于用户需求的多元化、复杂化，公共图书馆若总是按照惯性思维提供知识信息服务，要满足用户的个性化需求就会显得力不从心，从而容易引起图书馆服务与用户期望值之间的落差。这种落差就是动力，它为用户权利义务内容的创新设定提供依据。

7.1.2.2　信息技术进步

信息技术进步可以为公共图书馆用户行为规范配置提供强大的推动力。公共图书馆传统服务如参考咨询、科技查新、课题跟踪、定题服务、情报分析、代查代检、馆际互借、文献检索等，仍然发挥着维护用户权利的职责。随着科技进步，人工智能、物联网、GPS 等智能技术的迭代更新，促使图书馆服务不断地进行着生态演进。[12]智能手机、平板电脑和电子阅读器等移动终端普及，用户获取知识的渠道更加快捷。用户权利范畴不断适应来自数字馆藏和新技术运用，如人工智能、信息可视化软件 Ucinet、计量可视化分析软件、智慧技术、图书馆虚拟导游、游戏平台教学、无线充电、云计算、无人机快递、物理图书数字界面、移动图书馆中心、共享图书馆管理集成系统等多方面的挑战，[13]在很大程度上拓展了用户权利的范畴。例如新一代图书馆服务平台，一个拥有先进架构体系，具备新的资源组织和服务模式，基于云计算和规模化数据分析技术，提供传统资源服务、数字资源服务、数据服务和知识服务的第三代图书馆服务平台，[14]使得用户享有图书馆服务的权利得到进一步拓展。由于新技术运用，带来了公共图书馆服务的变革，如在线咨询、微信、微博、E-mail、短信、移动图书馆、移动客户端、NFC 自助借书客户端、文献远程传递等，用户享有的各种权利得以加强。公共图书馆面对信息技术进步的冲击，以及信息技术对用户行为产生的深远影响，应有所作为，采取积极措施拓宽与保护用户利用公共图书馆资源与服务的权利，如重视对图书馆空间的反思、提升数据管理的关注度、注重加强用户体验和优先应用移动数据和内容传输、重新定义图书馆员的角色、建设新型学习基础设施和开发整合优质资源、推进图书馆知识服务建设、提升图书馆员信息素养、探索跨界合作服务等。[15]

7.1.2.3　自由平等精神

（1）自由精神。

235

日本图书馆协会于 1979 年 5 月 30 日通过《图书馆自由宣言》，"认知自由"是其核心内容。随着科学技术的飞速发展，大量未知知识被新技术激活，新技术运用促使人们获取知识的渠道剧增，知识碰撞、融合、交流、重组日新月异，社会大环境发生了深刻变化，自由、民主、信任、互惠互利、合作性和丰富的社会网络等作用正在彰显活力，人们追求自由的权利要求渐渐增强。公共图书馆首当其冲。社会文化环境与互联网技术为用户充分利用图书馆、参与图书馆管理、行使广泛的话语权提供了可能。这种愿望的实现是基于自由思想。自由是法律主体可以为或不为一定的行为。[16]国际图联和联合国教科文组织《公共图书馆宣言》（1994）指出："社会和个人的自由、繁荣与发展是人类的基本价值。"彰显自由是公共图书馆的一个基本态度、权利定位。《公共图书馆宣言》昭示了公民的知识自由权利，反映出公共图书馆在知识自由和知识资源分配问题上的价值观念和核心立场。可见，自由是公共图书馆用户权利的本质，知识自由是公共图书馆的核心职责和使命，蕴含着公平、多元、包容的图书馆精神。这种自由精神好似一座灯塔，必然会指引公共图书馆用户行为规范配置的方向。[1]

（2）平等精神。

新时代要求图书馆提供无差别对待的普遍服务，也是用户平等的一种体现。平等既是一种权利，又是图书馆核心价值观重要构成部分。平等权作为人的一项基本权利，是其他所有权利实现的基础和前提。用户平等权的实现是体现图书馆自身制度正义的重要因素，用户平等权分为形式平等权和实质平等权，形式平等权体现为用户免费、公开利用图书馆资源的一种机会平等；而实质平等权则强调图书馆对弱势群体利用图书馆状况的关注和照顾，弥补其因体力、智力等方面的差异而形成的在资源利用中的劣势地位。[17]《公共图书馆宣言》（1994）指出：公共图书馆应该平等地向所有人提供服务。

用户平等权不是绝对的平等，而是根据不同的情况区别对待，主要是因用户基本状况如知识结构、健康程度、年龄等有所差异，因此用户平等权是一种相对权利，但图书馆应当执行同等情况同等对待原则，保障不同用户平等权的实现，特别是弱势群体用户。[18]
例如上海图书馆提供无障碍服务残疾人，网站设置信息无障碍栏
目，包括网页无障碍、无障碍强化导航功能等，旨在面向视障人士
中的全盲人士、低视力、色盲、色弱和光泽性过敏人士、聋哑人
群、行动障碍人群和老年人，从而消除残障人士和老年人获取信息
的障碍。《中华人民共和国公共图书馆法》（2017）也强调了用户
平等权："政府设立的公共图书馆应当考虑老年人、残疾人等群体
的特点，积极创造条件，提供适合其需要的文献信息、无障碍设施
设备和服务等。"因此，公共图书馆用户权利提倡"普遍均等、惠
及全民"，兼顾"机会均等、条件相对"，用户依法行使权利，图
书馆重视人性化管理与服务。[1]

7.1.2.4 图书馆伦理

所谓图书馆伦理，是指图书馆员在图书馆活动的全过程中处理
图书馆内外部利益关系的善恶价值取向，以及在行为上应遵循的伦
理原则和道德规范的总和。图书馆伦理属于一种特殊的职业伦
理。[19]图书馆伦理的具体规范不是人们主观愿望的产物，而是社会
分工和劳动分工的结果。

至今，世界上许多国家的图书馆行业组织都颁布了约束图书馆
或信息机构从业者的伦理准则，如澳大利亚、美国、英国、瑞士、
法国、葡萄牙、瑞典、加拿大、爱沙尼亚、荷兰、智利、中国、克
罗地亚、印度尼西亚、以色列、意大利、牙买加、日本、朝鲜、新
西兰、新加坡、立陶宛、马来西亚、菲律宾、俄罗斯、斯洛文尼
亚、斯里兰卡、乌克兰等。有的国家制定的伦理准则很详细，如瑞
士、法国、葡萄牙、荷兰、智利、日本、斯里兰卡、英国等；有的
国家或地区制定的伦理准则相对粗略，如俄罗斯、加拿大、新西
兰、中国等。2002 年 11 月 15 日，中国图书馆学会六届四次理事
会通过了《中国图书馆员职业道德准则（试行）》。其主要内容如
下：①确立职业观念，履行社会职责；②适应时代需求，勇于开拓
创新；③真诚服务读者，文明热情便捷；④维护读者权益，保守读
者秘密；⑤尊重知识产权，促进信息传播；⑥爱护文献资源，规范

职业行为；⑦努力钻研业务，提高专业素养；⑧发扬团队精神，树立职业形象；⑨实践馆际合作，推进资源共享；⑩拓展社会协作，共建社会文明。

但总的来看，世界各国所制定的图书馆伦理准则主要涉及下列内容：①主张知识自由流通，反对各种形式的文献内容审查制度；②承认和尊重知识产权；③保护用户在搜寻、获取资料和咨询过程中所牵涉的隐私权；④当馆员个人利益与用户、同事或图书馆组织的利益发生冲突时，不以牺牲后者来保全前者；⑤不断提高馆员的专业知识水平和职业技能；⑥维护信息的存取自由；⑦积极地、主动地、无歧视地为所有用户提供最好的服务；⑧竭力维护图书馆和图书馆职业的声誉；⑨从本专业的角度参与社会的教育、科学和文化生活；⑩与同行和其他相关行业的从业者开展合作，对他们示以忠诚。

图书馆伦理的动力功能，就是在图书馆用户行为规范配置活动中，通过一定的伦理规范来调整图书馆员之间的关系，协调图书馆员之间的行为，从而使他们所从事的活动最好地服务于用户行为规范配置。图书馆伦理犹如一个调节器，在社会原则与个体原则相互作用的基础上发挥着自己的调节职能和方向（世界观）职能，不断控制和调整着图书馆员的思想感情和行为，保证图书馆用户行为规范配置的有序运转。[19]图书馆员共同的道德观不仅可以通过人与人之间的传递和感染，在潜移默化中建立起一种友好的人际关系、集体氛围，改善馆员与馆员、馆员与用户、馆员与图书馆、图书馆与社会的相互关系，而且可以凝聚图书馆员的思想和行为，为用户权利义务规范配置的运行提供不竭的动力。

7.1.2.5　图书馆评估

图书馆评估对于提升各级公共图书馆业务建设和服务工作能力，提高图书馆科学化管理水平，促进图书馆事业快速发展具有重要意义。图书馆评估也是国家综合评价公共图书馆事业，分析每个公共图书馆的工作状况，促进图书馆工作规范化、标准化，促使图书馆将用户应有权利变成实有权利的重要途径。全国公共图书馆评估定级工作由文化和旅游部（原文化部）组织考核。文化和旅游部（原文化部）自 1994 年开始组织全国县及县以上公共图书馆评估定级工作以来，已连续六次在全国开展公共图书馆评估定级工作。

图书馆评估具有法律依据。《中华人民共和国公共图书馆法》（2017）第 47 条规定："国务院文化主管部门和省、自治区、直辖市人民政府文化主管部门应当制定公共图书馆服务规范，对公共图书馆的服务质量和水平进行考核。"[20]对公共图书馆的服务质量和水平进行考核，实质上就是对公共图书馆进行评估。在原文化部发布的《公共图书馆评估指标》（2015）中，几乎所有的指标都牵涉用户的权利和义务。例如，读者服务区比例、阅览面积、阅览坐席数量、计算机终端数量、读者服务区无线网覆盖范围、经费、文献资源、公共空间免费开放、基本服务免费提供、每周开馆时间、为特殊群体服务、年阅读推广活动次数、年讲座培训次数、环境管理、安全保卫等，[21]就关乎用户的借阅权、资源保障权、时间保障权、平等权、教育培训权、安全权等权利，也关乎用户与上述权利相关联的义务。要充分实现用户的权利并且要让用户切实履行自己的义务，公共图书馆就必须加强制度建设，尤其是用户管理制度建设，将用户的权利义务制度化。可见，图书馆评估对用户权利义务规范配置的推动作用是非常显著的。实际上，图书馆评估和用户权利义务规范建设是相互促进、相辅相成的关系：用户权利义务规范建设能够促进图书馆的标准化和规范化水平，提高办馆水平和服务质量，从而提高图书馆的评估等级；图书馆评估涉及图书馆管理和服务工作的方方面面，图书馆为了提升自己的评估等级，不得不加强评估所涉及指标的制度建设尤其是用户管理制度建设，推动用户权利义务规范配置的良性运行。

239

◎ 参考文献

[1] 袁红军. 公共图书馆用户权利义务规范配置的动力机制研究[J]. 图书馆理论与实践，2020（1）：12-19.

［2］ Forrester J W, Lynets J. System Dynamics TIMS Studies in The Management Sciences 14, Amsterdam: North-Holland ［J］. Journal of Forecasting, 1980: 209-228.

［3］ 钟永光, 贾晓箐, 李旭, 等. 系统动力学 ［M］. 北京: 科学出版社, 2010: 3.

［4］ 刘爽. 基于系统动力学的大城市交通结构演变机理及实证研究 ［D］. 北京: 北京交通大学, 2009: 12.

［5］ 王其藩. 系统动力学 ［M］. 北京: 清华大学出版社, 1988: 38-46.

［6］ 付立宏, 杜超楠. 美国国家图书馆用户义务性规范比较研究 ［J］. 图书馆建设, 2015 (5): 17-21, 31.

［7］ 付立宏. 基于知识管理的图书馆运行动力机制 ［J］. 中国图书馆学报, 2005 (6): 25-28, 68.

［8］ 马克思恩格斯全集 (第 49 卷) ［M］. 北京: 人民出版社, 1982: 130.

［9］ 黄宗忠. 图书馆学导论 ［M］. 武汉: 武汉大学出版社, 1988: 180.

［10］ 郭星寿. 现代图书馆学教程 ［M］. 太原: 山西高校联合出版社, 1992: 150.

［11］ 吴慰慈, 董焱. 图书馆学概论 ［M］. 北京: 北京图书馆出版社, 2002: 62.

［12］ 苏美文. 智能技术驱动下图书馆服务演化研究 ［J］. 图书馆学研究, 2018 (22): 77-80, 43.

［13］ 傅平. 图书馆技术发展新趋势 ［J］. 新世纪图书馆, 2018 (2): 15-18, 22.

［14］ 张磊, 贺晨芝, 赵亮. 面向数据与知识服务的第三代图书馆服务平台 ［J］. 国家图书馆学刊, 2018 (6): 40-48.

［15］ 徐路. 图书馆未来发展的关键趋势, 面临挑战和重要技术——基于《新媒体联盟地平线报告: 2015 图书馆版》的分析 ［J］. 图书情报工作, 2017 (2): 26-32.

［16］ 雷磊. 权利的地位: 一个逻辑—规范的分析 ［J］. 浙江社会

科学，2016（10）：48-59，156.

［17］常安，燕辉. 图书馆权利体系中的平等权研究［J］. 图书馆，
2016（9）：1-6.

［18］常安. 论图书馆权利体系中的自由与平等及其统一［J］. 中
国图书馆学报，2015（1）：28-37.

［19］付立宏. 基于知识管理的图书馆运行保障机制［J］. 图书情
报知识，2006（6）：91-95.

［20］中华人民共和国公共图书馆法［M］. 北京：法律出版社，
2017：12-13.

［21］中华人民共和国文化部. 公共图书馆评估指标［M］. 北京：
国家图书馆出版社，2015.

7.2 公共图书馆用户权利义务规范配置的整合机制

　　"整合"（integration），即整理、组合，最初来源于生物学，
是指生物机体或细胞中各个组成部分在结构上有着严密的组织形
态，在功能上能够很好地协同运作，共同组成一个完整的良性系
统。[1]之后，"整合"一词在数学、物理学、哲学、心理学、社会
学等领域中被广泛利用。从社会学意义上来看，整合是指由系统整
体性及系统核心性的统筹、凝聚作用而形成的，能使许多相关部分
或者关联因素集合成一个新的、统一的、整体的构建与优化的过
程，是一个组织内不同部门之间用来协调其活动所采取的行为和所
使用的结构。[2]整合并非各独立部分功能的相加，而是产生新的功
能。机制，是指系统的各组成部分和各部分发挥的功能以及相互联
系。公共图书馆用户权利义务规范配置的整合机制即为公共图书馆
用户权利义务规范配置各主体、制度、资源、管理方式、监督方式
等各有机体之间的功能与相互联系的方式，是用来协调与平衡各主
体间的权利与义务关系，实现利益均衡，以更好地发挥规范作用的
具体运行方式。

241

建立一个高效的公共图书馆用户权利义务规范配置的整合机制，要将公共图书馆用户权利义务规范配置视为一个系统，通过对公共图书馆用户基本权利和义务的分配以及对利益分配方式的确定，使规范配置相关要素相互渗透、相互关联、形成科学合理的规范配置结构，从而实现权利性规范与义务性规范的整体优化，用户权利性规范与用户义务性规范得以相互配合，发挥系统的最大功能，达到整体最优，实现整体最大效益以及规范的高效运行。

　　公共图书馆用户权利义务规范配置水平的高低，不仅需要加强图书馆规章制度建设，还需要对图书馆物质资源建设进行合理优化并将相关主体的价值观念融入用户权利义务规范配置的运行过程，使强制保障功能与价值引领功效合为一体。针对当前用户权利义务规范的制度化建设不足、权利义务配置不均衡以及人们规范意识不强等问题，我们提出"制度整合—资源整合—观念整合—沟通监督"四者有机结合的公共图书馆用户权利义务规范配置整合机制，四者相互呼应，相互补充，在确认公共图书馆"用户第一，服务至上"这一理念的基础上，控制冲突和权利义务失衡，将整合理念体现在规范的具体设计与运行之中。

7.2.1　优化用户权利义务规范配置的流程、内容与结构

　　公共图书馆用户权利义务规范体系作为一个图书馆制度系统，需要通过实现自身的整合来达到其运行的最终目的——均衡。对公共图书馆用户权利义务规范配置进行整合的最终目标，就是用户权利性规范与义务性规范的合理配置及其作用的最大限度的发挥。权利和义务是公共图书馆用户权利义务规范的基本构成要素，其实现具有特定的价值，即相关主体权利与义务需要的满足，也是利益的实现，通过协调各方面可能存在的冲突，使得各方利益在和谐共容的基础上实现合理优化。

7.2.1.1　完善用户权利义务规范的运行流程

　　当前，我国图书馆管理体制"分割化"特征明显，但是图书

馆用户权利义务规范的制定与实施要有全局观念，统筹推进公共图书馆用户权利义务规范建设向统一化、标准化、规范化的方向迈进。要全方位地对公共图书馆用户权利义务规范的运行过程进行整合，各个部门要围绕着健全图书馆用户权利义务规范体系的整体目标、以用户为中心，做到职责分工明确，对各部门的规范内容进行规划与建设，按照统一部署要求，结合各部门工作实践经验，科学有序地对规范的内容进行细化与落实，同时建立专家评估机制，对规范的制定、实施、运行进行评价与指导。

首先，在规范的制定过程中，加强组织领导和统筹协调，文化主管部门、立法机关、图书馆相关部门、图书馆用户各方要充分整合形成明确的意见，汇聚各方面的力量，结合实际，确定规范的具体内容，同一地区高一级的公共图书馆可以对低一级的公共图书馆用户权利义务规范建设实行指导，完善各地的公共图书馆用户权利义务规范配置体系，并一以贯之加以落实。其次，在规范的实施过程中，开放社会参与，让各种群体参与图书馆的服务运营与管理。只有相关主体充分参与和支持，才能建立一个良好的图书馆用户权利义务规范体系。再次，要完善公共图书馆用户权利义务规范监督反馈机制与评估机制。完善监督的渠道与程序，增强用户与图书馆的互动。制定公共图书馆用户权利义务规范评估标准，政府与图书馆管理体系内部定期对图书馆用户权利义务规范的内容与实施效果进行自上而下的检查与评估，力图发现用户权利义务规范运行过程中关于人员、资源、设备、环境等方面存在的不足与缺陷，或者就管理者、利益相关者提出的意见与建议进行检查与核实，切实解决问题。

7.2.1.2 整合用户权利义务规范内容

公共图书馆用户权利义务规范包括用户权利性规范和用户义务性规范。在结构上，权利性规范与义务性规范的设置应该是互相对应的；在功能上，权利性规范与义务性规范应该是互补的，各自以对方的存在作为条件。因此，需要对用户权利性规范与用户义务性规范的内容进行有效整合。近年来，《中华人民共和国公共文化服

243

务体系保障法》（2016）、《中华人民共和国公共图书馆法》（2017）等法律相继出台，确立了公共图书馆免费均等开放的基本共识，但是这些共识大多是宏观上的战略性指导思想，具体的可操作性不强。各公共图书馆应在总体制度规划基础上，在以人为本的理念下，结合相关法律法规，明确各方权责，制定详细的图书馆用户权利义务规范，对用户权利性规范体系与义务性规范体系内容不断地建构与完善，对各种权利关系与义务关系进行条理化和合法化处理，丰富与细化权利性规范与义务性规范的内容。

7.2.1.3 整合用户权利义务规范结构

对用户权利义务规范进行整合，可以提高图书馆的文化标准与主体间行为的一致性，规范化人与人之间的社会关系，指导或约束人们的社会行为。这不仅包括已经制度化的、明文规定的法律、纪律、条令，还包括没有法规化、条理化的民风民俗、社会道德等。因此，规范整合的另一方面就是将非制度化的规范内容与制度化的规范内容进行整合。如表 7-1 所示，根据制度化与非制度化这一特点，可以将图书馆用户权利义务规范分为法律制度类规范以及道德伦理类规范，其中法律制度规范分为图书馆已经制度化的权利性规范与义务性规范，道德伦理规范分为非制度化或不成文的权利性规范与非制度化或不成文的义务性规范，其执行力度是由强到弱的。

表 7-1　　　　　　　　　　　用户行为规范结构表

规范	法律制度规范	道德伦理规范
形式	制度化的权利性规范	非制度化的权利性规范
	制度化的义务性规范	非制度化的义务性规范
执行力	强→弱	

制度化的规范是一种稳定的、受到尊重的行为模式，是一种公开的规范体系，这一体系确定各自的职位以及他们的权利、义务等。法律规范的功能在于它的确认性、普遍性以及强制性，因而其

作用是巨大的，法律对权利与义务的规定具有直接针对性的规范功能，即把图书馆活动主体的各种利益，包括个人利益、团体利益、社会利益的整合，形成法律上的权利和义务，从而成为图书馆统一遵行的具有强制性的行为规范。而非制度化的规范是一种人们约定俗成的集体意识或集体良心，是大家普遍认同的信仰与情操，是在最基本的道德规范上的一致性，规范着用户个体行为符合道德的标准，从而维系公共图书馆的正常运转。图书馆应该将非制度化的行为规范予以明确，将用户、馆员或者其他主体的权责角色区分清楚，为制度化的规范提供补充，使道德调整方式和法律调整方式共同作用于图书馆与用户的权利义务关系，形成一个系统的图书馆用户权利义务规范配置体系。

7.2.2 图书馆资源配置整合

公共图书馆提供的各种信息资源、空间设备以及服务是保障用户权利义务规范正常运作的前提，馆藏信息资源、服务设施资源以及人力资源是保障图书馆提供免费均等服务的基本条件。只有基础设施与资源建设好了，全面保障用户的权益才有可能。因此，公共图书馆用户权利义务规范配置的高效运行离不开图书馆资源的优化配置。图书馆资源配置整合的目标就是对各项资源进行科学有效的组织，协调好彼此之间的关系，使其能够形成一个新的整体，满足图书馆用户多样化的信息需求，为图书馆用户权利义务规范的有效实施提供根本性保障。

7.2.2.1 合理配置图书馆信息资源

公共图书馆的信息资源体系是图书馆开展各项服务、完成图书馆教育使命、保障图书馆用户信息公平的基本资源，有效地对图书馆的各类信息资源进行整合是图书馆开展服务的基础。对图书馆馆藏信息资源进行整合，首先，对现有传统信息资源、数字信息资源进行合理配置，完善图书馆的信息资源体系，加强对信息资源的整体规划与管理，配备相应的检索工具和服务，为用户提供一站式的

245

获取各种信息资源的条件，消除不同类型、不同层次的用户与信息需求得不到满足的矛盾，保障人们自由平等获取信息的机会。其次，要加强信息资源建设，面向用户需求，进行合理规划、设计、整理、剔旧与更新，不断积累与更新文献资源，丰富馆藏信息资源种类，最大限度地满足不同层次用户的不同需求，形成一个高效高质量的信息资源体系，形成强大的文献保障能力，切实解决用户看书难、找书难的问题。再次，图书馆要加强与外部资源的整合，优化馆际图书互借服务，持续开展机构间的合作业务，增强资源建设能力，提高互通能力，实现信息资源的共建共享与协调，充分保证信息资源的利用效率，满足用户个性化与知识化服务的需要。只有做到图书馆信息资源的充分整合、有序组织以及分布合理，才能保障好用户基本的信息权利，切实提升图书馆用户行为规范的配置水平。

7.2.2.2　科学架构图书馆空间环境及服务设施

公共图书馆的建筑布局与设施设备决定着图书馆信息资源与图书馆员之间内部交互的可能性和方便性。一座具有现代精神的公共图书馆，应该体现多元化、自由化的特点，能够为不同年龄、不同层次、不同背景的用户提供不同层次的文化场所，为用户配备一个自由开放、舒适便利、多功能、现代化的环境。无论是谁，都应该在这里找到属于自己的空间，实现空间自由。因此，公共图书馆要提高馆舍环境质量，增强环境功能，根据图书馆用户的信息需求，设计合理的空间布局、设施设备布局以及标识系统。要体现"以人为本"的理念，做到"无差别、无障碍、无门槛"，考虑到所有人的需要，对所有用户一视同仁、平等对待，不因环境、硬件设施、设备等因素排斥任何个人，及时了解阻碍用户利用图书馆服务的因素，消除因图书馆空间环境或服务设施设计不合理而产生的障碍。对功能空间进行合理分配，合理安排书库、阅览室、展览区、自习区、公共活动空间、儿童活动中心、青少年活动中心、视听障碍阅览室、用户交流区、冥想休息区等布局与分布，满足用户文献借阅、参加活动、科普教育、安静阅读、休闲娱乐等需要，充分保障用户自由利用图书馆空间的权利。在设施设备方面，图书馆要合理安排诸如电子触摸屏、OPAC 查询机、自助借还机、复印机、打印机、计算机等电子设备的布局与数量。图书馆应为馆内空间设施设置功能标识符，方便用户使用。此外，图书馆还要保障用户在馆内的安全，从人身安全、财产安全、信息安全等方面构筑全方位的安全保障机制并加以落实，建设一个安全可靠的图书馆空间和设施设备环境，让图书馆用户有入馆如家的体会。

7.2.2.3 优化图书馆管理人才队伍

实际上，用户权利义务规范是馆员与用户共同遵守的"法"。《国际图联关于图书馆与发展的宣言》（2013）指出："图书工作人员是训练有素、值得信赖的中介者，致力于引导人们寻找所需信息[3]。"馆员在用户权利义务规范的运行过程中不可或缺，馆员的言行是图书馆形象的直接体现。馆员作为图书馆用户权利义务规范的辅助实施主体，在维护图书馆形象方面极为重要，一支素质优良的馆员队伍是确保图书馆良好运行发展的关键。图书馆要进行内部人力资源的整合，注重图书馆组织内部人员团队的构建，对现有人员进行合理分工。通过合理的组织管理模式，优化服务流程，协调各部门与各层次人员的利益，统一思想，规范行动。一方面关注馆员发展，为馆员提供平等的专业培训与继续教育的机会，帮助馆员提高专业技能与自身素质；另一方面，尝试制定馆员激励方案，提高工作绩效。建立与绩效挂钩的激励机制，调动馆员的积极性与能动性，提升馆员的职业信心与满意感。

只有通过对公共图书馆信息资源、馆舍空间设备资源、人员队伍等进行有机整合，从整体上把握图书馆的资源配置情况，实现各大资源系统的整合与对接，才能够保证图书馆用户权利义务规范配置有长足的进步和落到实处。

7.2.3 图书馆活动主体价值理念整合

公共图书馆是文化的凝合剂，通过丰富的文化工具将各种身份、各种信仰的团体或者个人聚合起来。然而，不同身份、不同背景的人具有不同的价值观念和道德标准。价值是与事实相对应的概念，是人类的抽象概念、理想、规范、标准、判断和倾向，它在无形中引导与支配人们的思想与活动。在多元价值观下，如何选择是始终伴随人类发展的问题。对公共图书馆用户权利义务规范配置的认同与遵守与否，就体现了不同个体对价值观的衡量标准。对图书馆的服务方式、馆员以及用户的行为方式等的思考与反省，不仅涉及图书馆用户权利义务规范健全运行、制度合理安排和规范科学制定背后的价值考量与抉择，还涉及不同主体之间根本的关系问题。安全、信任、责任、诚信、奉献等词汇都是技术与制度外的人类价值选择与理想追求，是人成其为人的主观能动性与主体性的具体变形。和谐的图书馆环境应是各方面的利益关系都能够得到妥善照顾和协调的环境，而各方面利益关系的协调，既要依靠法治与制度来实现，也要借助于思想方面的教育来疏导与引导。规范再健全、制度再合理，如果执行者与实施者做不到位，那么规范还是无法顺利运行，所以图书馆用户权利义务规范要注重人的因素，达成图书馆价值观、馆员职业道德以及用户信息伦理三者有机整合。

7.2.3.1　明确图书馆的价值观

一套稳健运行的用户权利义务规范体系不仅需要完备的内容支撑，还需要精神、理念等方面的引导。公共图书馆要在免费均等服务的大背景下，将价值观建设融入用户权利义务规范体系建设。首先，公共图书馆应该转变思想，将全体馆员和用户都视作管理主体，相信大家共建的力量，一切管理活动都要相信他们、依靠他们、信赖他们、尊重他们，加深图书馆是人民的图书馆的印象。其次，公共图书馆应起到价值观念的引领作用，对用户进行正确的思想引导与价值观的倡导，帮助他们正确认识与理解用户权利义务规范的公平正义，如公平是机会的公平、权利的平等、机会的平等，而不是绝对的平均或平均主义，绝对的平等是不存在的，应当理解差异化的平等。再次，图书馆应该督促馆员树立正确的职业道德观，增强其责任意识与服务意识，充分发挥潜能，使其更好地为图书馆用户服务。

7.2.3.2 明确馆员和用户的道德方向

作为人们生活及行为规范的总和，道德不靠强制力量施加影响，而是以是与非、善与恶、公与私等进行道德判断，靠生活中的文化风俗、舆论倾向以及人们的信念发挥作用，它将客观社会的外在要求内化为信念与需要，培养人的道义感、责任感和善恶判断能力，使人在无人监督与要求的情况下仍能坚持自己的原则与信念。2019 年 10 月 27 日，中共中央、国务院印发的《新时代公民道德建设实施纲要》指出："要以习近平新时代中国特色社会主义思想为指导，全面推进社会公德、职业道德、家庭美德、个人品德建设，强化道德认同、指引道德实践，引导人们明大德、守公德、严私德，不断提升公民道德素质。"[4]在公共图书馆用户权利义务规范的建设中，应该把这些内容具象化，需要具体的条文加以贯彻执行，提升馆员及用户履行价值观的自觉性，将道德层面的追求融进行为规范中，使之成为图书馆员和用户普遍认同并遵守的行为细则。运用多种方式，大力宣传馆员职业道德和用户信息伦理，批评各种不道德行为和错误观念，帮助馆员和和用户辨别是非，对失德行为、失范行为和不文明行为适时适度曝光，开展建设性的舆论监督。

总之，价值理念整合是人们价值观念的趋同性，是一个精神纽带，可为图书馆用户以及图书馆活动中的其他主体提供共同遵守的价值取向，促成其精神生活与文化生活的有序化、合理化，强化其归属感，消解矛盾冲突、观念对抗与权利差别，从而形成一个有凝聚力的共同体，帮助塑造共同的价值观与道德观，处理好制度体系建设与思想道德建设之间的关系，实现公共图书馆用户权利义务规范良性运行的目标。

249

7.2.4 加强沟通整合

7.2.4.1 健全表达渠道

有交流才会有沟通，有沟通才会有相互的理解与信任。公共图书馆作为一个公共文化的场所，其发展需要馆员、用户与其他主体的广泛参与，彼此保持顺畅的交流，并让人们产生共同的归属感。图书馆在提供服务的过程中存在着各种隐形的矛盾与冲突，仅用强制性措施实现整合是远远不够的，潜在的冲突与摩擦可能会不断锐化，若不能为其维持合理的机制与必要的活力，那么一系列潜在的问题势必涌出。因此需鼓励各类主体的表达意愿，只有给予他们表达自己意愿的机会，才能协调他们的利益，从而实现利益的均衡。通过表达，可以听到不同的声音、不同的价值观念、不同的思想追求，有利于促进图书馆活动主体间的相互沟通与理解，增强其平等意识与民主法制意识，促进用户权利义务规范配置的民主化、科学化。

7.2.4.2 完善监督机制

有监督才有保障，有保障才能实现整合功能的有效实施。为了提高公共图书馆用户权利义务规范配置的整合效率，必须规范监督体制。首先，要健全图书馆用户权利义务规范制定及实施的信息公开程序，提高用户权利义务规范在制定以及实施过程中的透明度，全面保障图书馆用户的知情权利，使得用户时刻了解图书馆用户权利义务规范的成效。其次，要完善公共图书馆各项服务的监督渠道，图书馆不但要尽力做到拓宽用户监督的渠道，还要丰富用户监督的方式，落实用户的意见，实现有效监督。最后，实行全员监督、人人监督、共同监督，形成一个自上而下完整的监督体系。

◎ 参考文献

[1] 姚建军. 对社会系统运行中冲突与整合的认知与思考 [J]. 系统科学学报，2015，23（1）：32-35.

[2] 王陈琳. 城市社区养老服务投入整合机制研究 [D]. 成都：电子科技大学，2015.

[3] IFLA Statement on Libraries and Development（August 2013）[EB/OL].［2020-05-15］. https：//www.ifla.org/publications/

ifla-statement-on-libraries-and-development.

［4］ 新华社．中共中央国务院印发《新时代公民道德建设实施纲
要》［EB/OL］．［2019-11-16］．http：//www. gov. cn/xinwen/
2019-10/27/content_5445556. htm.

7.3 公共图书馆用户权利义务规范配置的激励机制

管理学理论认为，要促成作为行为目标的激励过程和激励状态的实现，可以采取正面激励和负面激励两种路径。正面激励即采取奖励、表扬等办法在物质或精神上对个体进行激励，鼓励被激励者实施一定的行为或者保持现有的行为状态，以达成整个组织的预期目标。负面激励在方向上与正面激励相反，即对个体的某些悖于组织目标的行为进行否定或者惩罚，使得个体为自己的行为付出相应的代价，进而劝阻个体不要实施或者终止正在实施的此类行为。

管理学中的激励有三大功能：激发、维持、引导。激励的价值在于促使人们向上、向善。激励机制是指对相关主体的行为进行激励的各种办法、手段、制度及其有机体。激励机制也是一种个体承担责任的规则。

激励模式是激励机制的核心部分。激励模式发挥激励施加者与被激励者之间的中介作用。目前，关于激励模式的观点异彩纷呈，各具特色。付子堂认为，法律激励分为五种激励模式，即外附激励、内滋激励、公平激励、期望激励、挫折激励。[1]胡元聪提出三种激励模式：权利、义务、责任分配的激励；成本、收益配置的激励；资格、待遇、荣誉三方的激励。[2]丰霏将激励模式划分为三种：权利、义务和责任的激励；奖励和惩罚的激励模式；助力和阻力的激励模式。[3]可见，激励无外乎通过权利形式、义务形式或者是责任（第二性义务）形式来实施。无论采用何种激励模式，最终目标在于实现公共图书馆用户权利和义务的有效配置。

251

7.3.1 公共图书馆用户权利义务培育机制

权利形式是激励因素制度化的最根本途径。权利和义务可以相互转换,而与权利相比较,义务为行为主体提供一种确定的指引,并且配合责任的规定,因而将激励因素规定为义务形式有利于满足人们对激励因素的需要。激励理论中那些激励因素都以能够给行为主体带来满意感为共同特征,而权利形式最能给当事人带来直接的满意感,义务形式带来间接的满意感,而责任形式往往是直接带来不满意感或者用来消除不满意感的。激励因素进入图书馆制度的主途径是通过权利形式和义务形式。

毋庸置疑,由于不同激励因素的特点会体现出不同的用户权利义务类别,在坚持采用以权利为主要形式的用户权利义务培育机制时,公共图书馆应当把握激励的适度性,采用合理的激励范围、激励力度与频度。[4]用户利用图书馆时会考虑成本与收益的关系,希望物有所值,图书馆需要把握一个度,满足用户的知识需求。强调正激励的重要性,并不一定忽视负激励在用户义务实现中的重要性。传统图书馆服务总是停留在被动和简单的借阅、参考咨询(当面咨询、电话咨询、信函咨询等)、单一图书采访等,用户与馆员互动性差,用户利用图书馆过程中容易产生焦虑情绪,特别是图书借阅超期罚款,用户违规现象较为严重,负激励使用较多,从而降低了用户利用率。伴随着新技术在图书馆中运用,图书馆管理与服务自动化水平大幅度提高,馆员与用户交互频率增强,突出了用户中心地位,图书馆正激励占据重要地位,开展线上线下推广宣传服务项目(数据库、知识咨询、学科服务、荐购服务等),导致图书馆的宣传过度频繁,用户应接不暇,当用户接触到这些资源与服务后,有可能产生失落感。因此,公共图书馆宜结合《中华人民共和国公共图书馆法》中用户激励的相关条款,根据实际情况,正激励与负激励二者相互配合,寻找一个平衡点。譬如,《中华人民共和国公共图书馆法》第三条规定公共图书馆应当将推动、引导、服务全民阅读作为重要任务。公共图书馆有"应当"义务,但当公共图书馆不作为的情况下，该法却未规定一些强制性的法律责任，这种"应当"义务就显得苍白无力，更接近于一种道德义务。原因或许在于，公共图书馆具备公共物品属性，属于社会公共文化服务体系范畴。如果单纯地寻求过度或低度的负激励难以达到为用户服务的理想效果，那么公共图书馆就可以使用适度的正激励，积极、主动开展阅读推广活动。公共图书馆可借助全民阅读推广的政策利好，注重少年儿童、成年人、特殊社会群体阅读推广政策的衔接，制定全面、成熟的阅读推广相关政策。[5]

7.3.2 公共图书馆用户权利义务选择机制

除了以权利为主要形式的激励模式外，尚需灵活运用其他激励模式。

7.3.2.1 确定用户行为规范配置的激励目标

激励的适度性还应当注意适度的问题与法律的可操作性密切相关。公共图书馆依据相关的法律制定用户激励的适度性方案。法律义务的实现最终依赖于行为主体选择合法行为，用户既是行为主体，也是激励的目标所在，这就需要为激励在法律义务实现过程中的运作设定正确的方向。激励目标的构建应当注意将对激励问题的关注放置于整个法律运行的过程之中。公共图书馆是公共文化设施，其激励目标应符合多数用户的普遍需要——开放获取、平等、共享；《中华人民共和国公共图书馆法》与其他法律制度的激励目标之间相互衔接、彼此互补；激励目标具有可操作性、持续性、复制性、稳定性等。《中华人民共和国公共图书馆法》第33条规定，公共图书馆应当免费向社会公众提供公益性讲座。河南省图书馆的"豫图讲坛"、湖南图书馆的"湘图讲坛"、文化吉林讲坛与吉林社科讲坛等，早已引起广大用户的关注。同时，公共图书馆具有人文资源价值再造的资源优势，可多策并举，充分体现人文资源的精神内涵，开展基于馆藏人文资源吸引、带动、激励用户的阅读服务，保障用户阅读权利。[6]

253

7.3.2.2　辩证运用激励模式

（1）权利模式与义务模式的灵活选择。

权利与义务关系一同组成了图书馆用户权利义务规范的核心范畴，授予用户一般权利，如免费进行书目检索、凭借阅证免费借阅文献资料、获得有关文献信息咨询服务、参加读者活动、向图书馆或者主管部门提出批评和建议、依照规定获得图书馆提供的其他服务等，并相应规定用户应当履行的义务，如妥善保管与按时归还文献、自觉遵守图书馆规章制度、爱护设施与馆藏文献等。用户根据自身需要可以酌情选择权利，但也要兼顾义务，达到权利与义务的高度统一，以便更好地利用公共图书馆。

（2）奖励模式与惩罚模式的审慎选择。

奖励模式多数是鼓励性、倡导性的，公共图书馆应采取物质奖励模式与精神奖励模式配套使用，规避追逐经济利益的奖励，按照必备的有效认定程序，因馆而异，因用户而异，采用不同的激励方式，最低限度地持续调动用户的积极性。诚然，在物质奖励与精神奖励并重的同时，公共图书馆应当注重精神文明建设，完善精神奖励制度，帮助用户形成正确的价值观。

（3）完善助力模式和阻力模式的配套选择。

公共图书馆用户权利义务规范配置激励中可采用一种综合性质的助力和阻力激励模式。其中，助力是指用户行为规范为用户行为发生而设置相应的辅助机制，为用户的行为创造条件，帮助其实施规范所期望的行为；阻力是指用户权利义务规范为用户的行为避免而设置相应的约束机制，破坏用户的行为条件，阻止其实施规范所不期望发生的行为。[7]助力和阻力激励模式主要是针对与用户行为相关的、构成行为条件或途径的其他行为的实施主体进行相应的权利模式、义务模式、责任模式、奖励模式或惩罚模式设计，通力合作，彼此相互配合，共同发挥激励功能。因此，需要完善助力模式和阻力模式的配套选择。助力模式和阻力模式是一组具备辅助性质的激励模式，例如，大部分地方图书馆法关于设置少年儿童图书馆（室）的规定均有明确的表述："有条件的地区应当设置独立建制的少年儿童图书馆。无独立建制少年儿童图书馆地区，应当在公共图书馆内开设少年儿童图书阅览室。"其目的是尽可能保障所有儿童在任何条件下都能享受利用图书馆的权利。[7][8]

助力模式与阻力模式的配套使用非常必要。尽管助力模式与阻力模式都是用以配合其他激励模式发挥作用，仅居于"配角"地位，然而，在公共图书馆用户权利义务规范配置实践中，助力模式与阻力模式的缺失或内容不完善却可令用户权利义务规范的激励功能大打折扣。完善助力模式和阻力模式，不仅是指在用户权利义务规范配置的形式上应设计助力模式与阻力模式，而且是指在助力模式与助力模式的实质内容的设计上也应尽可能地做到完善。

◎ 参考文献

[1] 付子堂 . 法律的行为激励功能论析 [J]. 法律科学，1999（6）：21-28.

[2] 胡元聪 . 我国法律激励的类型化分析 [J]. 法商研究，2013（4）：36-45.

[3] 丰霏 . 法律制度的激励功能研究 [D]. 长春：吉林大学，2010：97.

[4] 董琴娟 . 中国图书馆联盟发展研究 [M]. 北京：光明日报出版社，2013：91.

[5] 董雪敏，王颖纯，刘燕权 . 美国阅读推广政策的梳理及持续发展研究 [J]. 图书馆，2018（2）：63-68.

[6] 张春春 . 图书馆保障公民阅读权利的路径新探：人文资源价值再造 [J]. 图书馆建设，2018（3）：36-40，46.

[7] 袁红军 . 公共图书馆用户权利义务规范配置的激励机制研究 [J]. 图书馆学研究，2019（17）：27-31，20.

[8] 吴洪珺 . 我国国家及地方法规中有关公共图书馆少儿服务条款的比较与研究 [J]. 四川图书馆学报，2019（1）：11-16.

255

7.4 公共图书馆用户权利义务规范配置的控制机制

7.4.1 公共图书馆用户权利义务规范配置的控制框架

公共图书馆用户权利义务规范配置的控制框架应该首先确定控制目标，根据既定的控制原则，进行用户需求分析和图书馆控制机制实施能力分析，进而提出相应的控制措施。公共图书馆用户权利义务规范配置控制机制的基本框架如图 7-1 所示。

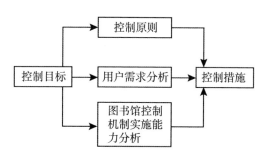

图 7-1 公共图书馆用户权利义务规范配置控制框架图

控制目标是控制机制实施的根本出发点，公共图书馆用户权利义务规范配置的控制目标是在一系列方法和措施的基础上，保护规范的准确性和适用性，只有当控制目标明确时，公共图书馆用户权利义务规范配置的控制机制才能顺利实施。

控制原则是控制机制实施所依据的标准或准则，包括科学民主原则、协调性原则和实事求是原则，具体要求如下：（1）科学民主原则。公共图书馆用户权利义务规范配置的控制机制必须在科学理论的指导下，遵循科学控制的原则，运用科学思维方法来实施控制，其主要标志是：掌握全面的信息，反应迅速且准确；控制方向准确、控制目标明确;控制实施步骤清晰、有度;控制主体明确、下达的要求具体;控制过程调控得当,意见反馈及时。同时,公共图书馆用户权利义务规范配置的控制机制要具有广泛性,要以维护用户的利益为宗旨,注意确认和保障用户的权利,而不是以少数人的意志为依归,权利义务规范的控制过程和程序要具有民主性。(2)协调性原则。公共图书馆用户权利义务规范的配置涉及多个主体和多个环节,同时受到内外环境的影响和制约,控制机制的每一个环节都必须具有协调性,否则会影响用户权利义务规范作用的发挥。首先,公共图书馆用户权利义务规范的配置受到政府、社会、法律等外部环境的影响,同时也要考虑内部管理模式、用户需求等因素,用户权利义务规范配置的控制机制要协调内外环境的关系,使其相互联系、相互作用、相互制约,共同发挥用户权利义务规范的积极作用。其次,用户权利义务规范配置的控制机制要协调图书馆与用户的关系,保证图书馆和用户双方权利的实现和义务的履行,减少摩擦,提高规范配置的准确性和效果。最后,公共图书馆作为规范配置的主体,控制机制的建立要做到协调各部门的分工,明确各岗位的职责,确保用户权利义务规范的顺利实施。(3)实事求是原则。公共图书馆用户权利义务规范配置的控制机制要从用户的实际情况出发,充分了解用户的习惯和阅读规律;要从图书馆的客观实际出发,图书馆管理者不仅要认识到外部环境对控制机制的影响,也要意识到控制机制影响和改变外部环境的责任;要从图书馆管理者的实际情况出发,图书馆管理者要对图书馆组织内部的控制情况有足够的了解、量力而行,一切从实际出发。

对用户需求进行分析,主要包括用户对信息资源的数量和质量、对公共图书馆环境和设备、对图书馆员服务水平和专业度以及对图书馆检索系统等内容的需求分析,是公共图书馆对用户权利义务规范进行配置的基础,也是实施控制机制必须要了解的内容。

另外,还需要分析图书馆控制机制的实施能力。图书馆管理者在控制过程中起主导作用,需要对各职能部门控制机制的实施能力进行评估,当评估结果不令人满意时,需要及时做出调整和修改,必要时可以采取对馆员进行培训、参观其他优秀图书馆等措施。

257

随着内外环境的变化和用户需求的变化，公共图书馆用户权利义务规范配置的控制机制可能无法满足控制需求，这就需要其与时俱进，及时作出调整，提出更适合公共图书馆用户权利义务规范发展的控制措施。

7.4.2 公共图书馆用户权利义务规范配置的控制措施

7.4.2.1 以公共图书馆环境为起点

在现实中，每个公共图书馆不仅面临的外部环境千变万化，而且所具备的内部条件也千差万别。静态的、封闭的管理模式已经越来越不能适应图书馆内在需求和外界环境的变化，用户需要的是一个开放的、自适应的控制机制，并且能够适应内外环境的改变，因此不能机械地套用其他图书馆用户行为规范配置的控制模式，[1]而应该允许每一个公共图书馆在遵循用户需求及其配套控制原则的基础上，结合自身情况，适当参考其他优秀公共图书馆用户权利义务规范配置，选择合理的控制程序和适当的控制方法，设计出反映公共图书馆特点的控制体系，[2]公共图书馆用户权利义务规范配置的控制要与复杂且不断变化的图书馆内外部环境保持很强的相关性。

7.4.2.2 分级实施控制

目前多数公共图书馆用户权利义务规范配置都有多重控制目标，而且还有各种层次的规范指引，因此图书馆在实施控制的过程中，需要区分控制的层级，首先进行战略控制，[2]在战略形成的基础上进行管理控制，最后在馆员的配合下实现作业控制，以此来建立控制机制。

首先，战略层级主要侧重于制定战略目标，即公共图书馆制定用户权利义务规范配置的目标，是图书馆决策者尤其是馆长的职责。在这一过程中，图书馆需要分析内外部环境，设定用户权利义务规范配置的目标[2]，同时分析规范配置控制过程中可能会出现的问题并制定对策。为了形成有效的战略，还需要优化控制环境，否则控制将不会起作用，控制环境应当包括图书馆发展战略、图书馆人才培养战略、图书馆特色文化建设战略和图书馆社会责任意识培养等。[3]

其次，管理控制是图书馆管理者影响组织其他成员以实现组织目标、落实组织战略的过程，[2]主要是图书馆部门主任的职责。图书馆要实现其战略目标，首先需要将战略目标逐步细化和层层分解，再将其落实到各个组织单元，即从图书馆的整体目标到部门目标，再到个人目标，[2]在这一过程中需要检查图书馆内部各部门和馆员为达到目标所进行的各项活动的进展情况，包括图书馆信息的传递、用户信息的获取与利用、图书馆组织各项活动的报告与总结等，部门主任还需要对实时控制后所取得的效果进行评价，对比分析预定控制目标是否达到，如果产生与目标不符的结果，还需分析产生结果偏差的原因，从而进一步纠正偏差，以确保最终控制目标的实现。由于控制体系归根结底是由人执行的，因此还需要考虑对计划执行者的激励，即建立激励制度，[2]充分调动馆员的积极性。除了以上因素，还需要考虑内部监督因素，即需要设置专门机构或人员对控制制度的设计和运行情况进行检查，确保控制机制的正常有效运转。[2]

最后，作业控制主要侧重于具体用户行为规范配置的完成，主要针对具体的用户权利义务规范内容，属于各部门馆员的职责，负责控制的各个环节和程序。

7.4.2.3 增强管理者的控制意识和执行能力

图书馆管理者是用户权利义务规范配置控制的负责人，规范配置控制机制的设计、执行和评价都由管理者负责。为提高控制质量，管理者必须具有强烈的控制意识以及科学的、符合图书馆发展的控制理念和极高的责任意识。可以通过去其他优秀公共图书馆进行实地调研的方式，汲取优秀的控制理念，了解其他公共图书馆因实施有效的控制制度而得到快速发展的经验，同时也不能忽略馆员控制意识的增强，调动馆员积极参与用户权利义务规范配置的控制中，真正提高管理者的控制意识。

259

　　提高公共图书馆对用户权利义务规范配置控制制度的有效执行迫在眉睫，许多公共图书馆都制定了较完善的用户权利义务规范，也提供了一系列的读者反馈渠道，但是从调查结果来看，普遍出现管理者控制积极性低和信息沟通不畅的问题。制度的制定并不等于制度的执行，很多图书馆仅仅把规范的制定当做一个固有流程，制定文件后往往将其束之高阁，在实际的管理过程中并没有真正按照权利义务规范执行，忽略了与用户的信息沟通，这样的公共图书馆并不在少数。因此，公共图书馆用户权利义务规范的实施必须坚持实质重于形式的原则，在符合用户需求的基础上，将实施重点放在制度的有效执行上。

7.4.2.4　提高用户对义务性规范的认识水平

　　用户义务性规范多以"读者须知""借阅（使用）规则""读者承诺"的形式呈现。如果对违反规范的行为缺少具体的惩治措施，无论用户还是图书馆管理者，那就都有可能对用户义务性规范的约束力产生质疑。前文调查中发现，个别用户根本不了解用户权利义务规范的内容，规范配置形同虚设，因此提高用户对义务性规范的认识水平至关重要。

　　首先，每一位用户在利用公共图书馆之前都应充分认识到，国家颁布《中华人民共和国公共图书馆法》，以法律形式保护用户权利的同时，也规定用户必须履行相应的义务，用户对于义务的内容不可随意转让和违反。其次，公共图书馆与用户之间需要通过各种渠道随时随地进行沟通，图书馆与用户之间需要增进互相了解的程度，提高彼此之间的信任度。通过充分的沟通与协作，消除用户对义务性规范的质疑，建立必要的信任关系，是公共图书馆实现用户义务性规范配置控制的基本要求。对于成功的公共图书馆来说，用户与图书馆之间的相互配合、相互协调建立在彼此信任的基础之上。信任是一副良药，可以化解许多矛盾与冲突。图书馆通过与用户的交流，不仅可以让用户了解义务性规范的配置原则，而且能及时消除双方之间的误解和分歧。公共图书馆可以建立与用户之间的信息交流网络平台，以网络为媒介开展形式丰富的娱乐活动，加强非正式渠道的沟通以促进相互的信任和了解，同时让用户充分了解到用户义务性规范配置的必要性，从而提高用户对义务性规范的认识水平。

7.4.2.5 提升用户与权利义务规范的契合程度

用户与权利义务规范的冲突问题，起因主要涉及用户权利义务规范的配置是否实现有效沟通和用户对权利义务规范配置的认知度。

首先，图书馆用户权利义务规范如果要发挥作用，就需要用户本身能够做出适当的反应，获取用户反应信息的渠道可以是网络调研和一些非正式活动，以此来促进馆员与用户的交流。用户权利义务规范配置需要图书馆对用户有较为深入的了解，图书馆工作人员与用户之间进行有效的沟通与交流，从而熟悉用户的各种行为模式。虽然图书馆与用户的立场不同，但是也要重视用户与图书馆、用户与权利义务规范之间的冲突，在求同存异的基础上减少用户与后者之间的冲突。

其次，公共图书馆用户对权利义务规范的认知程度较低，可能更加难以理解用户权利义务规范的配置，使得冲突更加频繁。公共图书馆在必要的情况下，可投入专门的工作人员在馆内特定区域进行讲解和监督，例如在儿童阅览区将书面化的内容转化为能让儿童理解的通俗易懂的文字或标识，并督促家长对儿童进行监督。另外，也需要投入更多的资金和设备辅助图书馆员，提高用户对行为规范的认知程度，使用户认识到行为规范的作用和存在的必要性，降低冲突产生的可能性。

7.4.2.6 提高用户权利义务规范配置的监督水平

（1）利用现代信息技术提高用户的监督水平。

《中华人民共和国公共图书馆法》第八条规定："国家鼓励和支持发挥科技在公共图书馆建设、管理和服务中的作用，推动运用现代信息技术和传播技术，提高公共图书馆的服务效能。"[4]公共图书馆提供给用户的传统监督渠道一般是与馆员或管理者面对面交

261

流提出意见，或者通过图书馆提供的留言板、留言箱。目前，随着互联网向社会各领域的日益渗透，人们的生活越来越与网络密不可分，特别是微信、微博等新媒体的迅速崛起，网络监督的技术条件和群众基础日益成熟，用户对其监督权的行使关注度日益提高。[5]

一项规范、政策要顺利贯彻实施，离不开民意的支持，至少不能招致民意的反对。用户有权直接或间接对用户权利义务规范的配置提出自己的看法和建议并进行监督和约束。现代信息技术条件下，只要具备上网的硬件条件和基本的操作技能，用户都可以参与用户行为规范配置的表达与交流，网络舆情的复制速度与传播效应可以大大提高用户网络监督的威力。

（2）公共图书馆内部监督常态化。

监督活动是公共图书馆用户权利义务规范配置控制体系中不可或缺的部分，是控制得到有效实施的保障。通过监督图书馆管理者和馆员，有助于发现控制体系的症结，促进公共图书馆的良性运行。

馆员作为公共图书馆的一线员工，在执行日常工作的过程中将与用户沟通后获得的一线数据和资料汇报给图书馆各部门，各部门通过开展会议进行讨论或提交报告的方式对用户利用图书馆的行为进行综合分析，分析规范配置过程中出现的问题，将问题产生的原因和可能造成的影响整理后反馈给图书馆决策者，由决策者决定是否进行整改、如何整改。公共图书馆决策者可以通过培训、计划会议或其他方式接受图书馆内部控制是否有效的反馈；通过召开部门主任会议和专题会议制定具体的控制措施、听取下级部门的汇报、讨论用户权利义务规范配置事项；通过组织用户权利义务规范配置控制流程质量审核工作，评价控制流程的适宜性、充分性和有效性，并对不适宜的部分进行调整；通过效能检查工作，检查各部门落实用户权利义务规范配置的情况，发现问题，提出整改意见或建议，纠正不作为和消极怠工的行为。

◎ 参考文献

[1] 蔡景浩. 基于系统思考角度谈企业会计制度设计 [J]. 广西财

经学院学报，2011（2）：4-6.

[2] 池国华. 企业内部控制规范实施机制构建：战略导向与系统整合 [J]. 会计研究，2009（9）：1-6.

[3] 巫爽. 基于系统观的内部控制规范实施机制研究 [J]. 现代商业，2010（10）：4-6.

[4] 中华人民共和国公共图书馆法 [M]. 北京：法律出版社，2017：5.

[5] 杨光忠，张华. 网络监督制度创新模式探析 [J]. 中国监察，2012（10）：2-3.

7.5 公共图书馆用户权利义务规范配置的保障机制

公共图书馆用户权利义务规范配置的保障机制是一个大而广的概念，包含一系列举措，其功能是保障公共图书馆用户权利义务规范配置活动的运行安全。公共图书馆用户权利义务规范配置的保障机制包含法律保障、资金保障、信息保障、用户隐私保障、信息素养保障、信用保障、人才保障等层面，完备的保障机制是公共图书馆用户权利义务规范配置良性运行的基础。

7.5.1 法律保障

公共图书馆用户权利义务规范配置需要法律保障。法律是一种特殊的社会规范，由国家制定或认可，并由国家强制力保证实施的，反映统治阶级意志的规范体系，法律通过规定人们在社会关系中的权利和义务，确认、保护和发展有利于统治阶级的社会关系与社会秩序。[1] 通过立法可以明确用户权利义务规范，为用户提供行为准则，并且明确公共图书馆活动中相关主体（政府、图书馆、馆员、用户）的职责。

公共图书馆用户的各项权利和义务，如果没有立法保障，其约

263

束力和执行力将会大打折扣。公共图书馆用户权利义务规范配置的正当性与合理性，也需要通过法的形式得到承认、实践、检验和完善。良好的法律有助于贯彻实施，取得预期的效果，得到人们的普遍遵循，从而更好地保障用户权利的实现和义务的履行。

《中华人民共和国公共图书馆法》自 2018 年 1 月 1 日起施行，作为我国第一部图书馆专门法，通过对公共图书馆的性质、设立、运行、服务等内容的明确界定，可以对公共图书馆用户权利与义务规范配置给予保障。但由于公共图书馆事业本身涉及的内容较多，也需要遵守不同的法律法规，而这些法律法规立法主体的多元化导致了不同法律法规所体现的利益不尽一致。公共图书馆用户本身又具有公民、消费者、受教育者等诸多身份，包含残疾人、未成年人、老年人等特殊用户群体，多重身份维度下的用户也会在不同法律法规的保障下对应多重不同的权利义务规范。《中华人民共和国公共图书馆法》作为图书馆专门法，需要处理好与《中华人民共和国著作权法》《中华人民共和国文物保护法》《中华人民共和国档案法》等专门法的衔接问题，还需要处理好与《中华人民共和国公共文化服务保障法》等基础法的关系问题。公共图书馆和用户在遵守、适应不同法律法规时会产生一些问题，继而影响到对用户权利义务规范的保障，不同部门、群体之间的利益需要通过对相关法律的修改或解释来进行协调与平衡，才能确保公共图书馆用户权利义务规范配置活动的有效运行。

《中华人民共和国公共图书馆法》第四条涉及发展与经费问题，第六、十、十二、二十、二十一、二十四、二十六、三十五、三十七条等条款涉及捐赠、文献的提供、使用和保护、表彰和奖励有突出贡献的组织和个人、公共图书馆终止、文献收集、呈缴本等方面内容，均提到应当遵守有关法律、行政法规的规定来执行相关具体业务。而第二十五、四十三、四十四条等条款则涉及合法收集、利用文献、个人隐私保护等问题，第四十八条涉及法律的调整范围，第五章具体规定了相关行为的法律责任。相关条文主要存在以下问题。

第一，《中华人民共和国公共图书馆法》第四条规定将公共图书馆所需经费列入本级政府预算，并及时、足额拨付。而在现实中，公共图书馆作为公共文化服务体系的一部分，其发展经费列入文化事业费用，并由文化主管部门编制预算。在国家对文化事业费用总体投入不高的前提下，文化事业费用的分配必然存在不同文化单位之间的博弈，公共图书馆面临着与博物馆、纪念馆、文化馆、美术馆、群众艺术馆、文化团体、文艺演出单位等单位之间的预算经费协调平衡问题。公共图书馆作为公共文化服务体系的一部分，在经费保障方面也必须遵守国家通过《中华人民共和国公共文化服务保障法》对公共文化服务保障体系的整体安排，受限于各地财政能力、需求和文化特色的不同，各地公共图书馆的经费保障必然会有很大差异，《中华人民共和国公共图书馆法》对经费的规定也必须与《中华人民共和国公共文化服务保障法》的相关条款相适应和衔接。因此，《中华人民共和国公共图书馆法》第四条的保障作用在法律具体实施环节会有很大执行弹性，经费问题会直接影响到各地公共图书馆事业的发展，进而影响用户权利义务规范运行。

第二，适用的有关法律、行政法规指代不清楚。由于公共图书馆事业的建设、发展牵涉面较广，与之相衔接的有关法律、行政法规也较繁复，用户只看《中华人民共和国公共图书馆法》的有关条文也不可能完全清楚有关法律、行政法规到底是哪些。图书馆工作人员只依靠《中华人民共和国公共图书馆法》一部法律而搞不清具体衔接法律、行政法规是哪些的话，同样也无法保证公共图书馆的顺利运行，更遑论对用户权利义务规范的保障。

第三，《中华人民共和国公共图书馆法》有关条文与其他法律、法规之间存在不一致、衔接不妥的问题。如第十条、四十一条提到了古籍文献的保护、利用和宣传等问题，根据自身条件采用相关技术推进古籍整理工作，而《中华人民共和国文物保护法》和《可移动文物修复管理办法》则对文物修复、利用的不可损害、修复的资质管理等有明确规定，《中华人民共和国公共图书馆法》对该主题的表述不清晰。《中华人民共和国公共图书馆法》第二十六条提到了呈缴本制度，要求出版单位也要向所在地省级公共图书馆

265

交存正式出版物，而目前的《出版管理条例》第二十二条中并无此要求，出版单位是驻地单位还是全国各出版社也没有明确规定。以上问题的存在均会不同程度地影响《中华人民共和国公共图书馆法》的贯彻执行和用户的权利义务。

第四，《中华人民共和国公共图书馆法》第四十八条规定加强与其他类型图书馆的交流与合作，国家支持其他类型图书馆向社会公众开放。在现实中，由于经济文化发展水平的地区差异和资源共建共享的考虑，各地出现了公共图书馆与当地高校图书馆合并共建的现象，同时承担公共图书馆和高校馆的双重职能。深圳大学城图书馆（深圳市科技图书馆）、河南科技大学图书馆（洛阳市科技图书馆）、聊城大学西校图书馆（聊城市图书馆）、黄淮学院图书馆（驻马店市图书馆）、济源市图书馆（济源职业技术学院图书馆）、厦门市图书馆（华厦学院分馆）等图书馆均实行"两块牌子，一套人马"的管理模式。校地共建图书馆的模式出现的时间已经不短，但是2018年才实施的《中华人民共和国公共图书馆法》对于该种情形完全没有涉及和做出法律安排，而高校图书馆目前执行的《普通高等学校图书馆规程》只是教育部制定的调控高校图书馆的规范性文件。当校地共建图书馆运行过程中出现涉及图书馆发展的经费来源、人员归属、资源建设重点等方面的法律适应问题时，如何协调解决？当公共图书馆和高校图书馆用户权益出现不一致时如何协调解决？这些都影响校地共建图书馆用户权利义务规范的配置和运行。

因此，为了保证公共图书馆用户权利义务规范配置科学、合理、合法、切实，我们既需要制定全国性的公共图书馆法，又需要出台适应各地实际的地方图书馆法，还需要公共图书馆法律法规与涉及公共图书馆事业发展的相关法律法规协调配套，发挥涉公共图书馆事业法律法规体系的综合治理效能。

7.5.2 资金保障

公共图书馆自身的运行状况、资源保障和发展前景决定了用户权利义务规范配置的良性运行与否，其中资金保障是各种保障的前提。虽然《中华人民共和国公共文化服务保障法》和《中华人民共和国公共图书馆法》均提到了政府对公共图书馆发展的预算投入，但是政府对公共文化服务保障的投入整体比例仍偏低。在表7-2中我们可以看到，文化事业费用占财政支出总体比重一直不高，常年维持在0.4%左右，而公共图书馆总支出占文化事业费总支出的比重还有逐年下降的趋势，购书费支出比例也在下降，2018年人均购书费才1.766元，人均新购图书0.049本。[2]同时，由于各地经济发展水平和重视程度的不同，各省之间公共图书馆的费用支出差别也非常大，对应各省公共图书馆所要服务的人口总数，人均经费支出保障差距更大（参见表7-3）。

表7-2　　　　　部分年度公共图书馆财政支出相关数据

年份	按年份全国文化事业费财政总支出	文化事业费总支出占国家财政比重	按年份各地区公共图书馆财政拨款/总支出	公共图书馆总支出占文化事业费比重	按年份公共图书馆新增藏量购置费	按年份公共图书馆购书费支出比重	按年份公共图书馆新购图书
1995	33.39	0.49	6.58/7.40	22.16	1.67	22.7	551
2000	63.16	0.40	13.93/15.71	24.87	3.71	23.6	692
2005	133.82	0.39	27.78/31.25	23.35	5.97	19.1	1535
2010	323.06	0.36	58.36/64.36	19.92	11.10	17.3	2956
2015	682.97	0.39	127.03/134.04	19.62	19.74	14.7	5151
2016	770.69	0.41	141.56/145.14	18.83	21.60	14.9	6275
2018	928.33	0.42	175.45/187.60	20.20	24.65	13.1	6894

表7-3　　　　2018年部分地区公共图书馆财政支出与人口数据

	北京	上海	江苏	浙江	广东	河南	贵州
公共图书馆财政支出	74259	221557	136250	143649	202280	52348	28614
人口总数[3]	2154	2424	8051	5737	11346	9605	3600

公共图书馆在满足人们对精神文化需求方面起着重要作用，对精神文化需求的满足也是满足人们对美好生活的向往和追求，用户权利义务规范是满足精神文化需求的保障，而充足的经费保障是基础。公共图书馆作为具有正外部性的公共物品，其发展离不开政府的大力支持。[4]经费的投入需合理制定一般公共服务支出预算比例，避免拨付随意性，保持持续稳定增长，毕竟公共图书馆的各种资源更新、新馆建设、使用环境优化、各项社会服务开展、高素质专业人才引进等均需要加大经费投入的保障力度。同时，公共图书馆还要积极利用全国文化信息资源共享工程、公共电子阅览室建设、数字图书馆推广工程等专项文化建设工程，争取专项建设经费提升公共文化服务能力，保障用户权利义务规范配置的良性运行。

7.5.3　信息保障

公共图书馆开展各项公共文化服务，主要依托的是馆藏信息资源，确保馆藏信息资源建设质量是就是对用户权利义务的最基本保障。由于公共图书馆的财政支出占比较低、总额不高且地区间差异较大，如何确立合理的信息资源购置方案、优化馆藏信息资源结构、推动资源共建共享、提升保障能力，是公共图书馆尤其是经济欠发达地区公共图书馆要常抓不懈的重点工作。

7.5.3.1　纸质资源建设

纸质资源建设主要存在以下问题：一方面，2016 年全国公共图书馆新书购置费用 21.60 亿元，共购置图书 6275 万册，图书均价 34.42 元，经费涨幅较 2015 年增加 9.42%，同年的书籍（初版、重印、不含课本）出版定价均价 21.29 元/本，总金额增长 9.82%。[5]而在人工成本、纸价快速上涨等因素的影响下，图书价格一直在快速上涨，2018 年 1—6 月新书平均定价已达 88 元。[6]另一方面，公共图书馆纸质文献资源采取政府招标采购模式，在经费有限和图书成本增长过快的压力下，如果片面追求低价中标，必然导致供书质量下降。如果缺少能够传播和积累有益于提高民族素质、有益于经济发展和社会进步的优秀纸质文献信息资源，公共图书馆就开展不了更好的文化服务。由于纸质资源具备携带方便、阅读方便、对视力的伤害较轻等特点，深受很多用户的欢迎，在今后相当长的时间内都不会消失，因此公共图书馆要加大纸质资源建设的力度。

7.5.3.2　数字资源建设

信息时代，数字资源在图书馆馆藏结构中的比重越来越大，公共图书馆不像高校图书馆那样以重点保障教学、科研需求为主，数据库建设相对专一且经费充足。满足不同层次、不同年龄段读者的多类型需求是公共图书馆数据库建设的特点，但在进行数据库采购时最大的问题就是重复建设和浪费经费，数据库厂商定价的随意性也比较大，针对不同类型的图书馆采取同库不同价的销售模式。为了避免这一问题，使有限的经费产生最大的效益，一个地区内的公共图书馆要大力推进图书馆服务联盟建设，面对种类繁杂、质量参差不齐的各类型数据库，统筹规划采购原则，联合采购、共建共享数据库资源，保证内容质量且无知识产权纠纷。同时，各公共图书馆还要充分挖掘本馆资源，加大自建数据库力度，提升数字资源保障力度。

7.5.3.3　特色资源建设

各个地区的历史文化传承、经济科技发展水平不同，均会形成地域、行业特色鲜明的特色文献。加强特色资源建设，既有利于本地区的文化传承和创新，又有利于发挥经费使用效益的最大化，还有利于推动地区间信息资源共建共享工作，挖掘文献信息资源的潜力、增强用户权益保障力度。

7.5.3.4　隐私保障

公共图书馆用户的个人隐私信息范围主要有以下几类：①用户的个人身份信息。用户在办理借阅证的时候一般均需要凭本人身份证、户口簿、军人证等有效证件办理并填写用户登记表，并在公共

269

图书馆主页完成注册和密码修改等步骤。②用户在使用图书馆的资源过程中形成的阅读习惯、爱好、数字资源访问记录等个人隐私信息。③用户在与公共图书馆的互动沟通过程中，其电话、邮箱、认证用户账号、社交账号等个人隐私信息。④用户在公共图书馆区域内的个人行为图像隐私信息。

公共图书馆用户在使用图书馆过程中会产生各种问题，诸如不知道如何查找使用馆藏资源、用户所需类型资源不足、馆内指示标识不清、设备使用不便、阅读环境不舒适等。用户需要知道如何解决上述问题，这需要图书馆提供充分、多样的沟通渠道来收集用户意见和建议。随着我国经济社会发展和人民生活水平提高，人们的权利意识不断增强，用户在使用图书馆过程中如果发生自身权利受到侵害的情况，更需要图书馆有畅通的沟通渠道来有效维护用户权益，对用户的批评、投诉能及时反馈处理。图书馆为了自身的发展和服务水平的提升，也需要互动沟通来收集广大用户的献言献策并接受用户的监督。

传统的沟通方式，如设立馆长邮箱、监督电话、用户意见簿等措施，图书馆接受的大多是用户的匿名投诉、批评、建议，沟通渠道是单向的，用户并不知晓图书馆对相关问题及工作人员的内部处理流程。只有图书馆及时公布处理结果，用户才可能知晓。用户信访工作的面谈效果会比以上措施更明显，图书馆接访人员能够现场听取用户的投诉、批评、建议，通过沟通协商与来访用户达成共识，较合理圆满地解决诉求。但信访工作的开展对图书馆的要求更高，需要图书馆真正重视并常抓不懈，并切实能够解决用户信访的问题。传统的沟通渠道在以往并不会过多涉及用户隐私泄露问题。

随着信息技术尤其是网络技术的迅猛发展，人际沟通的渠道和方式得到极大的丰富，公共图书馆出于扩大宣传影响、密切与用户联系、加强监管力度、回应网络舆情等方面需求，也要积极进行互动沟通渠道建设。电子邮箱服务、QQ 在线咨询、微信公众号、微博、移动图书馆平台、自建读者留言系统等平台的应用，极大地拉近了图书馆与用户的距离，双向实时沟通反馈也更加便捷。与此同时，大数据的深度利用与广泛共享越来越普遍，各行各业都在利用采集、存储的大数据来分析应用开展针对性服务。公共图书馆用户在使用图书馆过程中也积累了海量数据，办证信息、借阅信息、检索信息、个性订阅信息、数字资源使用记录甚至阅读座位偏好等信息都会很容易地被图书馆采集到。一方面，图书馆可以借助大数据分析来更好地开展用户服务；另一方面，用户的隐私权利也面临着被侵犯的危险。网络攻击导致用户隐私信息泄露、网络和数据服务商的技术或者系统安全漏洞造成用户隐私信息泄露、图书馆内部管理不善造成用户隐私信息泄露等情况都有可能发生。用户与图书馆的良性互动沟通是基于自身隐私权利不被侵犯为前提的，如果用户在使用图书馆过程中以及与图书馆互动沟通中的各种隐私信息被泄露，尤其是当用户对图书馆的服务产生不满进行投诉、批评或者在网上进行情绪宣泄时发生个人隐私权利被侵犯的情况，用户会对图书馆产生严重的不信任，并产生负面舆情。不管是用户向上级文化管理部门投诉，还是走法律渠道进行维权，网络舆情的持续发酵，都会对公共图书馆的社会形象造成难以挽回的影响。

因此，图书馆在任何情形下，都必须严格守法，按照公共图书馆用户权利义务规范配置的相关要求，加强网络信息安全建设和行风建设，完善用户信息管理使用制度，保护好用户的个人隐私信息。对用户个人隐私信息的保护，是图书馆和用户之间顺利互动沟通的重要前提，而互动沟通渠道的畅通，则是对用户权利义务的有效保障。

7.5.4 信息素养保障

公共图书馆各项服务的开展，都是围绕用户对馆藏资源的利用为中心进行的。随着信息技术在公共图书馆的深入应用，馆藏资源的种类越来越丰富，各种智能化设备、自助设备以及移动互联应用的配置也越来越常见，这种变化不仅带来了资源管理和服务模式的变化，也对用户的信息素养提出了越来越高的要求，并给老年人、少年儿童等特殊用户群体使用图书馆造成了新的不便。信息素养包括信息意识、信息能力、信息伦理等多个方面。[7]

271

公共图书馆用户的信息素养主要存在以下问题：（1）用户准确寻找、有效获取信息能力差异较大。公共图书馆信息资源多是按照《中图法》进行分类的，22 个大类系统、科学、严谨地满足了对信息、知识、文献的标引、管理和检索。但是《中图法》本身的细分类目体系较繁琐，普通用户要了解和使用它仍有一定难度。用户如果对《中图法》的基本分类不了解，也不熟悉馆藏布局和书刊排架方法，将难以准确找到所需纸质资源，这方面新老用户能力差距较大。同时，如果用户信息检索技能不足，就很难准确获取馆藏数字资源。如果书库管理员和咨询服务人员疲于应付用户在查找资源时的简单重复求助，就会影响服务效率和服务质量，甚至造成用户的抱怨和不满。（2）不同年龄用户的信息意识差别较大，很多用户主动搜集利用信息意识不强，信息搜集利用处于碎片化、随意性状态。（3）用户信息伦理知识比较欠缺。主要体现在很多用户的知识产权意识较淡薄，下载、使用和传播网上资源时，常有用户不遵守相关义务性规范。

要有效提升用户信息素养，公共图书馆必须建立长期、系统、完善的用户信息素养培养机制。针对用户的信息素养培训应包括馆藏资源介绍、图书馆服务方式、《中图法》使用、馆藏资源检索技能、智能设备使用、移动图书馆、图书馆微信公众号使用等内容。上述培训应长期开展并及时进行内容更新，根据新增用户年龄、职业、需求等开展专场培训。与此同时，图书馆也可以借鉴书店的经验在馆内设置各类专题书架，开展丰富多样的阅读推广活动，通过优化服务加大宣传，使用户在图书馆良好的文化氛围中接受潜移默化的信息素养教育，从而提升信息素养水平。

272

7.5.5　信用保障

公共图书馆用户的权利义务规范规定了用户在享受图书馆服务的同时也需要遵守相应的义务。用户的义务有遵守馆纪国法、尊重馆员和其他用户、爱护馆内公物、勇于承担违法或违规责任等。用户违反义务性规范的行为主要涉及对馆藏图书的随意涂改、描绘、撕页、污损或遗失图书行为，阅读图书时有舔、捻书页的行为，对古籍特藏图书擅自拍照行为，在馆内大声喧哗、吵闹行为，破坏图书馆设施设备的行为，携带食品、饮料进入书库或阅览室吃喝造成书刊损坏的行为，在馆内随意丢弃垃圾的行为，在馆内对其他用户进行广告推销的行为以及其他不文明行为等。

图书馆对造成图书和设施设备损坏的行为往往采取罚款、赔偿等手段，对于其他不文明行为除了当场制止、设置文明提示语外并没有很好的约束手段。国内一些公共图书馆开展的利用信用办证服务可以给我们提供一个借助个人信用规范用户义务的思路。浙江图书馆使用身份证等有效证件免费注册，支付宝芝麻信用积分 550 分及以上者，可凭身份证和芝麻信用分免押金借阅。武汉图书馆规定，支付宝中芝麻信用积分 650 分及以上的读者可通过关注"借阅宝"生活号，享用凭信用免押金办证的权利。[8]上海图书馆利用诚信免押金办证，并将用户借阅信用信息纳入上海市公共信用信息服务平台。[9][10]通过个人信用管理，用户违反义务性规范的行为都会影响到个人的信用积分和信用信息，这样可以极大提高用户的行为自觉，对一些不文明使用图书馆的行为进行约束，从而提升公共图书馆的文明程度和推进信用社会建设。

7.5.6 人才保障

公共图书馆上述各项保障措施的落实，离不开图书馆员在其中发挥的作用。公共图书馆要重视人才队伍建设，人作为图书馆运行中最积极、最活跃、起决定作用的因素，决定了公共图书馆用户权利义务规范配置能否有效运行。首先，要加强馆员对图书馆法及其相关法的针对性学习，馆员只有清楚了解图书馆法及其相关法的内容，才能在图书馆活动中更好地管理用户；其次，公共图书馆要提升各项专业服务能力水平，提高用户对权利义务规范配置的认可、配合和满意度；最后，公共图书馆要优化人员使用结构，加大人才激励力度，对促进用户权利义务规范配置有效运行的人员在评优评先、继续教育培训、职称晋升、薪酬奖励等方面予以倾斜，切实推

273

动人才队伍在用户权利义务规范配置运行中积极发挥作用，既提升用户满意度，又增强馆员自身成就感。

◎ 参考文献

[1] 陈雪平. 立法价值研究——以精益学理论为视阈［M］. 北京：中国社会科学出版社，2009：55.

[2] 中华人民共和国文化和旅游部. 中国文化文物统计年鉴：2019［M］. 北京：国家图书馆出版社，2019.

[3] 国家统计局. 分地区年末人口数［M/OL］.［2019-03-27］. http：//www. stats. gov. cn/tjsj/ndsj/2019/indexch. htm.

[4] 庄伟. 财政支持公共图书馆发展探析［J］. 山东经济战略研究，2017（11）：59-62.

[5] 国家新闻出版广电总局. 2016 年全国新闻出版业基本情况［EB/OL］.［2019-03-27］. http：//www. sapprft. gov. cn/sapprft/govpublic/6689/350251. shtml.

[6] 出版商务网. 开卷发布 2018 上半年图书零售市场报告［R/OL］.［2019-03-27］http：//www. cptoday. cn/news/detail/6127.

[7] 钟志贤. 面向终身学习：信息素养的内涵、演进与标准［J］. 中国远程教育，2013（8）：21-29.

[8] 罗媛，朱子龙. 部分公共图书馆办证情况调查研究［J］. 文化产业，2018（7）：20-21.

[9] 上海市人民政府. 上海图书馆联手蚂蚁金服芝麻信用超 650 分可免押金办读者证［EB/OL］.［2019-03-27］. http：//www. shanghai. gov. cn/nw2/nw2314/nw2315/nw4411/u21aw1083487. html.

[10] 上海图书馆. 读者信用公告［EB/OL］.［2019-03-27］. http：//www. library. sh. cn/zthd/xywd/index. htm.

附录1　公共图书馆用户权利义务规范配置评价指标专家咨询表

敬爱的专家，您好！

首先感谢您在百忙之中参与本次调查！我是郑州大学 2017 级情报学硕士生高珊珊，由于毕业论文的撰写需要运用德尔菲法，因此展开本次专家调查。本人学位论文的主题是"公共图书馆用户权利义务规范配置评价研究"，笔者建立了一套不成熟的评价指标体系（参见表 A）。为保证指标体系的科学性，特请您提出宝贵的意见。本次调查以匿名形式展开，请您不要有任何顾虑，您的意见对评价指标体系的确定和完善至关重要，恳请您大力支持。

请您于 1 周之内将此问卷反馈到：1216103672@ qq. com

最后，对各位专家的辛勤付出表示衷心的感谢！

表 A　　公共图书馆用户权利义务规范配置评价指标体系

一级指标	二级指标	指 标 内 涵
规范制定	科学性	①规范制定的程序以及方法是否科学
		②规范制定人员是否具有权威性
		③规范制定过程中是否进行了充分的调研和论证
	必要性	规范急需解决问题的严重性以及规范实行的紧迫性
	合法性	①规范是否与上位法衔接，内容是否与上位法不冲突
		②规范是否与同级规章、制度等相协调，内容与同级规范不矛盾

一级指标	二级指标	指 标 内 涵
规范内容	技术性	①规范中相关概念、术语、标点符号、数字等使用是否规范、统一、准确 ②用词是否准确、严谨，无歧义 ③规范是否规定了明确的规范执行主体、客体和内容三个基本要素
	正当性	规范内容是否充分体现平等性、公益性以及便利性等公共图书馆的行业特色
	完备性	权利性规范和义务性规范配置是否完备、具体
	目标性	①规范内容对实际问题解决的针对性以及预期目标的可实现程度 ②体现办馆宗旨
	操作性	①规范内容表达清晰，易于用户理解 ②各相关主体之间权责分配是否明确 ③规范中用户违约处罚方式是否明确、适当 ④规范内容不搞大而全，无宣示性规范
	可行性	规范内容符合图书馆的实际发展水平，人员、馆藏、软硬件设施以及经费等均具备可行性
	前瞻性	规范对未来可能发生的问题具有较强的预见性，并提出相应的解决方案
	系统性	①权利性规范和义务性规范配置是否相协调 ②积极义务性规范与消极义务性规范是否配置均衡 ③规范文本是否集中体现
用户监督	用户参与度	①用户的参与度以及相关意见是否在规范制定过程中得到充分体现 ②用户是否参与政策评价和监督的长效机制
	监督救济	是否建立了与规范内容相匹配的监督救济机制
	监督反馈	是否建立了与规范内容相匹配的监督反馈机制

● 概念解释

（1）用户权利性规范

用户权利性规范，是指明确规定用户在利用图书馆时可以享有哪些权利的书面条款。

（2）用户义务性规范

用户义务性规范，是指明确规定用户在利用图书馆时应履行哪些义务的书面条款。

（3）积极义务性规范与消极义务性规范

用户义务性规范分为积极义务性规范和消极义务性规范两种。积极义务性规范是指用户在利用图书馆时必须为某种行为的规范，如用户必须从安检通道出馆、用户必须将书包放在指定的位置等；消极义务性规范是抑制用户在利用图书馆时为某种行为的规范，如禁止用户在馆内大声喧哗、禁止用户在阅览室内吃东西等。

（4）用户行为规范

用户行为规范，是用户权利性规范和义务性规范的集合，是所有关于用户权利和义务的条款、规范的总和。

（5）用户权利义务规范配置

用户权利义务规范配置，是指科学地对用户权利性规范与义务性规范进行设置和搭配，将用户在利用图书馆时享有的权利与承担的义务进行条文化与制度化。

1. 对一级指标的评估

（1）您认为一级指标的设计是否合理？（请在对应栏里打✓）

    A. 非常合理（   ）   B. 比较合理（   ）

    C. 一般（   ）   D. 不合理（   ）

    E. 非常不合理（   ）

（2）如果您认为一级指标可以接受，请您评估上述3个一级指标的相对重要性，并在对应的方格中打✓（这里使用9级标度表，从左到右重要性逐级递减）。

重要性 指标	非常重要→→→重要→→→非常不重要								
	9	8	7	6	5	4	3	2	1
规范制定									
规范内容									
用户监督									

（3）如果您认为一级指标不合理，您建议的一级指标及权重分别是什么？

2. 对一级指标"规范制定"下3个二级指标的评估

（1）请对一级指标"规范制定"下的3个二级指标比较其相对重要程度。

重要性 指标	非常重要→→→重要→→→非常不重要								
	9	8	7	6	5	4	3	2	1
科学性									
必要性									
合法性									

（2）如果您认为"规范制定"的二级指标不合理，您建议的二级指标及其权重分别是什么？

3. 对一级指标"规范内容"下8个二级指标的评估

（1）请对一级指标"规范内容"下的8个二级指标比较其相对重要程度。

重要性 指标	非常重要→→→重要→→→非常不重要								
	9	8	7	6	5	4	3	2	1
技术性									
正当性									

续表

重要性 指标	非常重要→→→重要→→→非常不重要								
	9	8	7	6	5	4	3	2	1
完备性									
目标性									
操作性									
可行性									
前瞻性									
系统性									

（2）如果您认为"规范内容"的二级指标不合理，您建议的二级指标及其权重分别是什么？

4. 对一级指标"用户监督"下3个二级指标的评估

（1）请对一级指标"用户监督"下的3个二级指标比较其相对重要程度。

重要性 指标	非常重要→→→重要→→→非常不重要								
	9	8	7	6	5	4	3	2	1
用户参与度									
监督救济									
监督反馈									

（2）如果您认为"用户监督"的二级指标不合理，您建议的二级指标及其权重分别是什么？

5. 您认为除了表 A1 中的指标外，是否还有更重要的指标？

附录2　公共图书馆用户权利义务规范配置评价指标专家咨询表
（第二轮）

敬爱的专家，您好！

"公共图书馆用户权利义务规范配置评价指标"第一轮咨询已经完成，专家们抱着认真负责的态度和可贵的耐心及时地给予了回复，并且又提出了几条宝贵的意见和建议，有助于对指标体系做进一步完善。

根据专家的意见，我们对指标体系做了一些调整。特做如下说明：

（1）有专家认为一级指标"规范制定"下的"科学性"和"必要性"两个二级指标存在一定的交叉关系，因此将"必要性"指标删除，在"科学性"的指标内涵加入"规范亟需解决问题的严重性以及规范实行的紧迫性"一条。

（2）几位专家认为一级指标"规范制定"的命名有待调整，笔者在权衡整个评价指标体系的基础上，将一级指标的"规范制定""规范内容""用户监督"分别修改为"基础标准""内容"和"用户"。"基础原则"是指任何一套规范条例均应具备也是必须具备的标准，即"合法性"和"科学性"，没有法律依据的图书馆用户权利义务规范只能是纸上谈兵，没有实际意义，同时一套规范要想成功应用于实践则必须具备科学性。"内容"是指本规范应具备的具体的标准。"用户"是指从用户角度出发，对规范配置水平进行衡量。

（3）在一级指标"用户"下增加二级指标"满意度"。笔者认为用户对规范配置的满意程度是规范的可操作性、科学性、民主性等方面的综合表现，反映了广大用户对规范配置的满意水平。

（4）将原一级指标"用户监督"下的二级指标"用户参与度"修改为"参与度"。

请各位专家参考"第一轮专家意见汇总"（已发送至您的邮箱）和以上所做的说明，对新的指标体系进行评价。

请您于1周之内将此问卷反馈到：1216103672@ qq. com

最后，对各位专家的辛勤付出表示衷心的感谢！

表B　公共图书馆用户权利义务规范配置评价指标体系（修改版）

一级指标	二级指标	指 标 内 涵
规范制定	科学性	①规范制定的程序以及方法是否科学 ②规范制定人员是否具有权威性 ③规范制定过程中是否进行了充分的调研和论证 ④规范急需解决问题的严重性以及规范实行的紧迫性
	合法性	①规范是否与上位法衔接，内容是否与上位法不冲突 ②规范是否与同级规章、制度等相协调，内容与同级规范不矛盾
内容	技术性	①规范中相关概念、术语、标点符号、数字等使用是否规范、统一、准确 ②用词是否准确、严谨，无歧义 ③规范是否规定了明确的规范执行主体、客体和内容三个基本要素
	正当性	规范内容是否充分体现平等性、公益性以及便利性等公共图书馆的行业特色
	完备性	权利性规范和义务性规范配置是否完备、具体
	目标性	①规范内容对实际问题解决的针对性以及预期目标的可实现程度 ②体现办馆宗旨

281

续表

一级指标	二级指标	指标内涵
内容	操作性	①规范内容表达清晰，易于用户理解 ②各相关主体之间权责分配是否明确 ③规范中用户违约处罚方式是否明确、适当 ④规范内容不搞大而全，无宣示性规范
	可行性	规范内容符合图书馆的实际发展水平，人员、馆藏、软硬件设施以及经费等均具备可行性
	前瞻性	规范对未来可能发生的问题具有较强的预见性，并提出相应的解决方案
	系统性	①权利性规范和义务性规范配置是否相协调 ②积极义务性规范与消极义务性规范是否配置均衡 ③规范文本是否集中体现
用户	满意度	用户对规范配置的满意度水平
	参与度	①用户的参与度以及相关意见是否在规范制定过程中得到充分体现 ②用户是否参与政策评价和监督的长效机制
	监督救济	是否建立了与规范内容相匹配的监督救济机制
	监督反馈	是否建立了与规范内容相匹配的监督反馈机制

1. 对一级指标的评估

（1）您认为一级指标的设计是否合理？（请在对应栏里打√）

    A. 非常合理（　　）　　　　B. 比较合理（　　）

    C. 一般（　　）　　　　　　D. 不合理（　　）

    E. 非常不合理（　　）

（2）如果您认为一级指标可以接受，请您评估上述3个一级指标的相对重要性，并在对应的方格中打√（这里使用9级标度表，从左到右重要性逐级递减。对于每一组指标，请您尽量区别它们之间的相对重要性，这种区别对于确定权重系数非常重要）。

重要性 指标	非常重要→→→重要→→→非常不重要								
	9	8	7	6	5	4	3	2	1
基础标准									
内容									
用户									

（3）如果您认为一级指标不合理，您建议的一级指标及权重分别是什么？

2. 对一级指标"基础标准"下2个二级指标的评估

（1）请对一级指标"基础标准"下的2个二级指标比较其相对重要程度。（请您尽量区别它们之间的相对重要性，这种区别对于确定权重系数非常重要）

重要性 指标	非常重要→→→重要→→→非常不重要								
	9	8	7	6	5	4	3	2	1
科学性									
合法性									

（2）如果您认为"基础标准"的二级指标不合理，您建议的二级指标及其权重分别是什么？

3. 对一级指标"内容"下8个二级指标的评估

（1）请对一级指标"内容"下的8个二级指标比较其相对重要程度。（请您尽量区别它们之间的相对重要性，这种区别对于确定权重系数非常重要）

283

重要性 指标	非常重要→→→重要→→→非常不重要								
	9	8	7	6	5	4	3	2	1
技术性									

续表

重要性 指标	非常重要→→→重要→→→非常不重要								
	9	8	7	6	5	4	3	2	1
正当性									
完备性									
目标性									
操作性									
可行性									
前瞻性									
系统性									

（2）如果您认为"内容"的二级指标不合理，您建议的二级指标及其权重分别是什么？

4. 对一级指标"用户"下 4 个二级指标的评估

（1）请对一级指标"用户"下的 4 个二级指标比较其相对重要程度。（请您尽量区别它们之间的相对重要性，这种区别对于确定权重系数非常重要）

重要性 指标	非常重要→→→重要→→→非常不重要								
	9	8	7	6	5	4	3	2	1
满意度									
参与度									
监督救济									
监督反馈									

（2）如果您认为"用户"的二级指标不合理，您建议的二级指标及其权重分别是什么？

5. 您认为除了表 B 中的指标外，是否还有更重要的指标？

附录3 公共图书馆用户权利义务 规范配置馆员访谈表

1. 规范制定的程序及方法

①规范制定的全过程分为哪几个阶段？

②规范制定过程中使用的研究方法有哪些？

③规范制定全过程遵守的原则是什么？

2. 规范制定人员的权威性

①规范制定人员的选取方式？

②规范制定人员的学历、专业、职称等综合素质水平？

3. 调研和论证情况

①规范制定前期是否做过充分的调研？调研的方式有哪些以及调研的对象的结构？

②规范制定过程中是否进行反复论证以保证规范配置的全面、科学？

附录4 公共图书馆用户权利义务规范配置用户满意度调查问卷

一、基本信息调查（请在对应的选项上打"√"）

1. 您的性别

 A. 男　　　　B. 女

2. 您的年龄

 A. 18 岁以下　B. 18~25 岁　C. 26~30 岁　D. 31~40 岁

 E. 41 岁以上

3 您多久来一次图书馆

 A. 每天　　　B. 一周左右　C. 半个月　　D. 一个月

 E. 偶尔

二、用户满意度调查（本部分均为单选题，采用 5 分制的形式，其中 1 分代表"最不满意"；5 分代表"最满意"，您只需要在选项下打"√"即可）

（1）基础标准

用户满意度情况调查					
打分	5	4	3	2	1
1. 规范配置的科学性					
2. 规范配置的合法性					

说明：

科学性：①规范制定的程序以及方法是否科学

②规范制定人员是否具有权威性

③规范制定过程中是否进行了充分的调研和论证

④规范亟需解决问题的严重性以及规范实行的紧迫性

合法性：规范与上位法相衔接，内容与上位法不冲突

（2）内容

用户满意度情况调查					
打分	5	4	3	2	1
1. 规范配置的技术性					
2. 规范配置的正当性					
3. 规范配置的完备性					
4. 规范配置的目标性					
5. 规范配置的操作性					
6. 规范配置的可行性					
7. 规范配置的前瞻性					
8. 规范配置的系统性					

说明：

技术性：①规范中相关概念、术语、标点符号、数字等使用是
否规范、统一、准确

②用词是否准确、严谨，无歧义

③规范是否规定了明确的规范执行主体、客体和内容
三个基本要素

正当性：规范内容是否充分体现平等性、公益性以及便利性等
公共图书馆的行业特色

完备性：权利性规范和义务性规范配置是否完备、具体

目标性：①规范内容对实际问题解决的针对性以及预期目标的
可实现程度

②体现办馆宗旨

操作性：①规范内容表达清晰，易于用户理解

②各相关主体之间权责分配是否明确

③规范中用户违约处罚方式是否明确、适当

④规范内容不搞大而全，无宣示性规范

可行性：规范内容符合图书馆的实际发展水平，人员、馆藏、软硬件设施以及经费等均具备可行性

前瞻性：规范对未来可能发生的问题具有较强的预见性，并提出相应的解决方案

系统性：①权利性规范和义务性规范配置是否相协调

②积极义务性规范与消极义务性规范是否配置均衡

③规范文本是否集中体现

（3）用户

用户满意度情况调查					
打分	5	4	3	2	1
1. 规范配置的用户参与度					
2. 规范配置中用户监督救济水平					
3. 规范配置中用户监督反馈水平					

说明：

参与度：①用户的参与度以及相关意见是否在规范制定过程中得到充分体现

②用户是否参与政策评价和监督的长效机制

监督救济：是否建立了与规范内容相匹配的监督救济机制

监督反馈：是否建立了与规范内容相匹配的监督反馈机制

三、建议

您觉得本图书馆在用户权利义务规范配置方面有哪些不足？

再次感谢您的支持与配合！

附录5 公共图书馆用户行为规范配置访谈调查提纲

访谈时间：2019 年 5 月—2019 年 7 月

访谈对象：公共图书馆相关人员

访谈发起人：

访谈内容：

1. 贵馆用户行为规范是由谁制定的？制定程序是怎样的？

2. 贵馆制定用户行为规范的宗旨是什么？考虑过哪些问题？

3. 贵馆用户行为规范的制定参考了哪些法律法规？是否吸收了馆员的意见？是否吸收了用户的意见？

4. 贵馆在制定用户行为规范的过程中，是否考虑过用户权利与义务的平衡？

5. 贵馆在制定用户行为规范的过程中，是否考虑过基层馆员的权利？

6. 贵馆在制定用户行为规范时，是否追求规范的系统性和可操作性？

7. 在用户行为规范的实施过程中，贵馆是否建立了一套比较完善的反馈监督机制？

8. 贵馆的用户行为规范是否进行过修改？如果修改过，原因是什么？

9. 贵馆是否对用户行为规范的执行效果进行评估？评估标准

是什么？

10. 您认为贵馆现行的用户行为规范对维护图书馆秩序、提高馆藏利用率以及改善图书馆与用户之间的关系是否起到了积极的作用？

附录6 图书馆用户行为规范配置调查问卷（用户卷）

第一部分 您的基本信息

填写说明：请您在认为合适的答案标号上画"√"。

1. 您的性别：

①男 ②女

2. 您的年龄阶段是：

①16 岁以下 ②17～30 岁 ③31～45 岁 ④46～59 岁 ⑤60 岁以上

3. 您的文化程度是：

①小学及以下 ②初中 ③高中/中专 ④大专/大学 ⑤研究生 ⑥其他

4. 您的职业是：

①学生 ②教师 ③专业技术人员（医生、律师、科研人员等） ④公务员 ⑤外来务工者 ⑥企事业员工 ⑦农民 ⑧自由职业者 ⑨离退休人员 ⑩其他

5. 您平均访问图书馆的频率：

①每天都去 ②每周一至两次 ③每月一至两次 ④每季度一至两次 ⑤几乎不去

6. 您去图书馆的目的通常是：

①科技查新 ②咨询馆员 ③借阅文献 ④休闲放松 ⑤参加

图书馆活动（讲座、展览、培训等）　⑥陪孩子去　⑦查阅、下载图书馆数据库资源　⑧其他

第二部分　图书馆用户行为规范配置的实际情况

填写说明：此部分内容均是单选题，您只需在您认为合适的答案上打"√"即可。请根据您对用户权利和用户义务的理解以及您在图书馆的真实感受进行选择。谢谢您的配合！

1. 关于图书馆用户的权利

	非常 符合	比较 符合	一般	有些 不符合	非常 不符合
1. 图书馆内的指引和标识等醒目易懂	5	4	3	2	1
2. 图书馆的服务时间/服务内容/服务公约/读者须知/借阅规则等基本服务政策布局合理，易于获取	5	4	3	2	1
3. 图书馆各类信息资源布局合理，易于获取	5	4	3	2	1
4. 图书馆定期发布公告信息与活动信息	5	4	3	2	1
5. 图书馆提供的各类文献信息资源可以充分满足您的需求	5	4	3	2	1
6. 图书馆开展的各种培训/讲座/展览/演出可以满足您的文化需求	5	4	3	2	1
7. 图书馆的开放时间可以使您方便地利用图书馆的各项资源	5	4	3	2	1
8. 图书馆内不存在隐形收费项目	5	4	3	2	1
9. 图书馆的工作人员不存在擅自收费的情况	5	4	3	2	1
10. 图书馆收费项目的费用可以接受（复印、打印等）	5	4	3	2	1
11. 图书馆内环境整洁舒适、具有文化氛围	5	4	3	2	1

续表

	非常 符合	比较 符合	一般	有些 不符合	非常 不符合
12. 图书馆提供的座位（阅览室、自习室、休息区）数量充足	5	4	3	2	1
13. 图书馆提供的电子设备（计算机、电子阅读器等）的性能与数量可以满足您的需求	5	4	3	2	1
14. 对图书馆内网络服务的速度和稳定性感到满意	5	4	3	2	1
15. 在利用图书馆资源的过程中受到了充分的尊重	5	4	3	2	1
16. 图书馆工作人员待人友善、礼貌、热情，服务周到	5	4	3	2	1
17. 图书馆工作人员能及时为您提供人性化、个性化的帮助	5	4	3	2	1
18. 馆内服务能做到公平公正，为您提供无差别的服务	5	4	3	2	1
19. 不存在图书馆工作人员滥用职权的行为	5	4	3	2	1
20. 图书馆设置了安全保障设施（防火/防盗）来保障您的人身安全和财产安全	5	4	3	2	1
21. 图书馆采取了积极的措施来保障您的信息安全	5	4	3	2	1
22. 图书馆不存在个人信息外泄的行为	5	4	3	2	1
23. 图书馆建立了一套比较健全、完善的用户参与管理程序，为您参与图书馆管理提供可实现的途径	5	4	3	2	1
24. 图书馆提供了一套明确的程序供您提出批评与建议	5	4	3	2	1

续表

	非常 符合	比较 符合	一般	有些 不符合	非常 不符合
25. 图书馆的工作人员能在您提出意见与 建议后认真听取并做出及时的回应	5	4	3	2	1

2. 关于图书馆用户的义务

	非常 符合	比较 符合	一般	有些 不符合	非常 不符合
1. 用户需凭证入馆（身份证或读者证）	5	4	3	2	1
2. 用户入馆需进行安全检查	5	4	3	2	1
3. 图书馆对用户携带入馆的物品范围进 行限制	5	4	3	2	1
4. 用户入馆需注意自己的言行举止、仪 表着装、个人卫生	5	4	3	2	1
5. 用户入馆需自觉遵守馆纪馆规	5	4	3	2	1
6. 用户入馆需尊重馆员和其他用户	5	4	3	2	1
7. 用户在馆内不应该从事危害图书馆信 息网络安全以及扰乱正常秩序的活动	5	4	3	2	1
8. 用户入馆应自觉维护图书馆环境的整 洁清新	5	4	3	2	1
9. 用户应避免在图书馆内饮食	5	4	3	2	1
10. 用户要爱护馆内公物，不乱涂乱画	5	4	3	2	1
11. 用户不可在馆内吸烟和使用明火	5	4	3	2	1
12. 用户进馆应自觉将通讯设备调成静 音/震动，仅在指定区域接打手机	5	4	3	2	1
13. 用户不应该在馆区内从事无关活动	5	4	3	2	1
14. 用户不应该占用多余空间与设备	5	4	3	2	1

续表

	非常 符合	比较 符合	一般	有些 不符合	非常 不符合
15. 用户应自觉爱护图书馆的信息资源	5	4	3	2	1
16. 使用图书馆的信息资源要注意保护他 人的知识产权，不得擅自复印	5	4	3	2	1
17. 用户在违反图书馆相关规定时要勇于 承担责任	5	4	3	2	1
18. 用户需及时反馈利用图书馆的体会	5	4	3	2	1

第三部分 对图书馆用户行为规范配置的反馈

1. 请您对图书馆现行用户行为规范配置做出综合评价
①非常满意 ②满意 ③一般 ④不太满意 ⑤非常不满意
2. 您对图书馆用户行为规范配置的意见与建议：

问卷到此结束，再次感谢您的配合！

附录7　图书馆用户行为规范配置调查问卷（馆员卷）

第一部分　您的基本信息

填写说明：请您在认为合适的答案标号上画"√"。

1. 您的性别：

①男　②女

2. 您的年龄是：

①25 岁以下　②26~35 岁　③36~45 岁　④46~55 岁　⑤55 岁以上

3. 您的学历是：

①专科及以下　②本科　③硕士研究生　④博士研究生　⑤其他

4. 您目前的具体岗位是：

①流通阅览部　②参考咨询部　③特藏部　④采编部　⑤技术服务部　⑥行政部门　⑦事业发展部　⑧其他部门

第二部分　图书馆用户行为规范配置的实际情况

填写说明：此部分内容均是单选题，您只需在您所选择的答案对应选项上打"√"即可。请根据您所在图书馆的实际情况进行选择。

一、关于图书馆用户的权利性规范

1. 图书馆是否明确制定了用户行为规范？

①非常明确　②基本明确　③一般　④不太明确　⑤非常不明确

2. 图书馆的规范条文中是否明确规定了用户享有的权利？

①非常明确　②基本明确　③一般　④不太明确　⑤非常不明确

3. 图书馆是否提供了不同类别和适应不同文化程度的资源来满足用户的需求？

①是　②否

4. 图书馆的资源是否可以做到与时俱进？

①是　②否

5. 图书馆的规范条文中是否明确规定不额外收取用户的费用？

①是　②否

6. 图书馆的规章制度中是否存在不平等对待用户的条款？

①是　②否

7. 图书馆是否有考虑到少儿/老年人/残疾人等群体的特殊需求，并为他们提供了合适的信息资源？

①是　②否

8. 馆内布局是否有考虑到少儿/老年人/残疾人等群体的特殊需求，并为他们提供了特殊的设备及服务？

①是　②否

9. 图书馆是否设置了安全保障设施（比如防火、防盗等设施）以及应急预案来保障人员安全？

①是　②否

10. 图书馆的制度条文里是否有保护用户在馆进出记录、借阅记录、上网记录等涉及用户个人隐私信息的内容？

①是　②否

11. 图书馆的规范条文中是否明确指出可能收集与保存个人信息的范围和类别？

①是　②否

12. 图书馆的规范条文中是否明确提出侵犯用户个人隐私的处

理方案？

①是　②否

13. 图书馆的规范条文中是否有关于用户可以参与图书馆管理、履行批评、建议、申诉、控告等权利的内容？

①是　②否

14. 图书馆是否建立了一套比较健全、完备的用户参与管理程序，使得用户可以更有效率地履行其参与管理的权利？

①是　②否

二、关于图书馆用户义务性规范

15. 图书馆的规范条文中是否明确规定了用户应承担的义务？

①非常明确　②基本明确　③一般　④不太明确　⑤非常不明确

16. 图书馆是否应该要求用户入馆要注意自身言行举止、仪表着装、个人卫生？

①非常必要　②比较必要　③无所谓　④不太必要　⑤非常不必要

17. 用户入馆时是否会注意自己的言行举止、仪表着装、个人卫生？

①非常注意　②比较注意　③一般　④不太注意　⑤不注意

18. 图书馆是否应该要求用户入馆需接受安全检查？

①非常必要　②比较必要　③无所谓　④不太必要　⑤非常不必要

19. 用户入馆是否配合接受安全检查？

①非常配合　②比较配合　③一般　④不太配合　⑤不配合

20. 用户入馆能否做到自觉遵守馆内纪律？

①非常遵守　②比较遵守　③一般　④不太遵守　⑤不遵守

21. 图书馆是否应该要求用户入馆需尊重馆员以及其他用户？

①非常必要　②比较必要　③无所谓　④不太必要　⑤非常不必要

22. 用户入馆是否有意识尊重馆员工作以及其他用户？

①非常尊重　②比较尊重　③一般　④不太尊重　⑤不尊重

23. 图书馆是否应该要求用户需自觉爱护馆内公共财产？

①非常必要　②比较必要　③无所谓　④不太必要　⑤非常不必要

24. 用户能否做到自觉爱护馆内公共财产？

①非常爱护　②比较爱护　③一般　④不太爱护　⑤不爱护

25. 图书馆对用户使用公共物品（座位、电子设备等）的时间进行限制是否合理？

①非常合理　②比较合理　③一般　④不太合理　⑤不合理

26. （接上一题）用户对此能否接受？

①非常接受　②可以接受　③一般　④不太接受　⑤不接受

27. 用户能否及时反馈利用图书馆的体会？

①及时反馈　②不及时反馈

28. 图书馆的规范条文中是否有提醒用户注意他人知识产权的内容？

①是　②否

29. 用户在利用图书馆的信息资源时是否有意识保护他人的知识产权？

①非常注意　②比较注意　③一般　④不太注意　⑤不注意

30. 用户在违反馆内相关规定时是否勇于承担违法、违规责任？

①是　②否

第三部分　对图书馆用户行为规范配置的综合评价

1. 您认为当前图书馆用户权利性规范与义务性规范的搭配是否合理？

①非常合理　②比较合理　③一般　④不太合理　⑤不合理

2. 您认为当前图书馆用户行为规范的实施效果如何？

①非常好　②比较好　③一般　④不太好　⑤不好

3. 您对图书馆用户行为规范配置的意见与建议

问卷到此结束，再次感谢您的配合！